本书为

《清华大学自主科研项目·儒家治道及其当代意义研究（2018—2020）》

项目成果

治道

概念·意义

方朝晖 著

生活·讀書·新知 三联书店

图书在版编目（CIP）数据

治道：概念·意义／方朝晖著．—北京：
生活·读书·新知三联书店，2022.6
ISBN 978 - 7 - 108 - 07355 - 6

Ⅰ.①治…　Ⅱ.①方…　Ⅲ.①儒学－研究
Ⅳ.① B222.05

中国版本图书馆 CIP 数据核字（2022）第 010274 号

责任编辑　黄新萍
装帧设计　刘　洋
责任校对　张　睿
责任印制　卢　岳
出版发行　**生活·讀書·新知** 三联书店
　　　　　（北京市东城区美术馆东街 22 号　100010）
网　　址　www.sdxjpc.com
经　　销　新华书店
印　　刷　北京隆昌伟业印刷有限公司
版　　次　2022 年 6 月北京第 1 版
　　　　　2022 年 6 月北京第 1 次印刷
开　　本　635 毫米 × 965 毫米　1/16　印张 26
字　　数　300 千字
印　　数　0,001－1,500 册
定　　价　128.00 元
（印装查询：01064002715；邮购查询：01084010542）

目　录

自　序

　　直到今天为止，我们仍然在为寻找理解中国传统文化的恰当途径而伤神。很多貌似宏大的建构，看似新颖的创新，急于入世的方案，可能并非建立在对古人思想的客观认知上，就过早地提了出来。还有一种倾向，就是受到现代学科的误导，急于提出自己的理论，忙于构建自己的"体系"（特别是哲学体系），而罔顾历史的真实。本来我们在研究古人时就容易先入为主，然而更有甚者，在"理解古人就是为了解决现代问题"这一思路支配下，一切学术似乎都是为了对今人有用，为了解决当下问题，于是把现代人认为重要的思想当作研究、分析古人思想的标准，乃至成为时尚。

　　也许今天是到了这样一个时候，即在寻求对古人思想的恰当理解时，需要先将一些先入为主的目的或目标暂时悬置起来（这有点类似于笛卡尔、胡塞尔当年的做法），这些目的或目标包括：为了建立具有现实指导意义的成套思想，或者说，为了中西结合，为了现代化，为了现实方案，为了指导当下，等等。不是说这一类关怀不重要，也不是说我自己不是带着强烈的现实关怀从事研究的，而是说，我们需要先对古人的思想有一个客观的理解。至少在我看来，如何更准确地理解我们的祖先，理解我们的文化，理解我们几千年的精神传统，至今仍然是无比重要的。

　　今人对古人概念的使用，往往容易根据个别资料肆意发挥、盲目夸大甚至刻意歪曲，而不愿意对古人的用法全面考证、客观分析，较少关注这些概念在历史上的真实含义，特别是其来源和演变。由此导致的问题是概念的含义越来越多，也越来越乱。正如读者所能看到的，本书所讨论的治道概念即是如此，它的使用率很高，含义也很混乱，也许是到了正本清源的时候了。本书试图展示一批儒家治道概念的原本含义，我给自己制定的基本任务，就是尽可能客观、深入、全面、准确地理解古人思想，不要有任何建构理论体系、提供指导原理、满足当下需要的想法，一切本着如实了解古人思想这一目的。

读者也许会说，任何对古人的理解和解释，都是站在今人立场上进行的，都是当下前见的产物，不可能完全客观、准确。但这并不等于说我们可以因此而放弃求真、求是的追求，随心所欲地裁剪古人之意。如果我们不能，甚至不愿对古人概念或思想的原义作深入、客观、实际的追寻，就急于根据当代需要、基于个人成见下判断，并称之为思想史或哲学史研究，那么我们的学问根基究竟在哪里？因此我甚至认为，在几千年学统中断，学人普遍精神空虚、找不到安身立命之本的大背景下，认知主义对于重建当代中国学人的意义世界，乃至于重建当代中国学统，还是有一定意义的，尽管只是在有限的程度上。

当然，我也认为，客观分析不等于深度理解，词义考证不等于思想阐释；特别是站在深厚的历史—文化—心理传统，甚至中外文化差异的大背景下来理解和解释，更不是文字训诂和还原真实所能代替的，从思想史学科的性质看，我不仅承认这是其主要任务，也视之为自己学术研究之职志。正是从这一角度看，我承认目前这本书并没有全面展示我有关儒家治道的理论看法，而只是我有关儒家治道的最基础研究。有关儒家治道的主要理论，需要另外一本书来阐释。我预计在另一本书中将自己以前有关儒家治道理论的研究作一全面展示。但是所有这一切，并不意味着我们不需要概念考证和意义还原的工作。

我对儒家治道的研究已有十多年时间，前后撰写过不少文章。除了分散发表的论文之外，也在《文明的毁灭与新生：儒学与中国现代性研究》（2011）、《"三纲"与秩序重建》（2014）这两部书中较系统地呈现了自己过往的习作。但是，我在撰写这两部论著及相关论文的过程中，并没有意识到自己的研究可纳入治道范畴，而只是作为儒家有关秩序的基本问题来关注。直到2015年，我应邀参加了陈来先生主持的"中华优秀传统文化的创造性转化与创新性发展"这一国家社会科学基金重大项目，有幸承担了其中的"两创与治国理政"这一子项目，才意识到治道问题的重要性。"两创"项目促使我从治道这一角度将自己多年的研究贯通起来。项目结束后，我又申请了清华大学2017年校内自主项目"儒家治道及其现代意义"，项目的获批唤起了我的巨大热情，使我想进一步把儒家治道的有关基础问题搞清楚，进而有了目前这本书。

本书也可以说是一部有关儒家治道的概念史著作。全书围绕着治道一词以及与治道相关的八个基本概念，即治法、治具、治术、治体、政道、王道、人道、中道等，以《四库全书》《四部丛刊》《四部备要》以及一批现代新版古籍资料为基础，以经、史、子、集文献为框架，以先秦至明清两千多年历史为跨度，试图分析每个概念在中国古代历史上的起源、使用、含义及其演变。全书结构如下：

第一章：治、道考义。从文字学角度分析治、道两个字的本义，揭示此二字鲜为人知的重要含义。比如治字如何从辝、辭等与嗣相关的汉字演变而来及其含义特点；道字在先秦文献中的本义是什么及其具体体现。

第二章：治道含义。统计归纳治道作为一个术语在先秦古籍及以后历史上的使用情况，深入分析此词的主要含义及特点，总结古人对它的使用方式及其历史演变过程。

第三章：治道相关概念（上）。逐个分析治法、治具、治术、治体这四个概念的使用、含义及特点。

第四章：治道相关概念（下）。逐个分析政道、王道、人道、中道这四个概念的使用、含义及特点。

附录一、二、三、四为文献附录。特别是附录一，主要提供各概念在四部中发生的原貌，是本书不可缺少的重要组成部分。

除了本书专门讨论的九个术语外，先秦至汉代文献中还有诸如"为国""为君""为上""为政""王政""为治""治国""治世""治平""治政""治民""治人""治下""治要""治略""治天下""平天下""王天下"等概念，含义与"治道"相近，尤其是当后面加上"之道"二字时。此外，还有一些概念，亦与"治道"义近（不常用，故列举书名），如"救世"（《左传·昭公六年》）、"抚世"（《庄子·天道》）、"经世"（《庄子·齐物论》）、"济世"（《庄子·庚桑楚》）、"畜天下"（《庄子·天地》）、"为天下"（《庄子·应帝王》）、"用天下"（《庄子·天道》）、"持天下"（《荀子·王霸》）、"王治"（《申鉴·政体》）、"均国"（《中庸》）、"君国"（《盐铁论·复古》）、"君万物"（《管子·心术下》《管子·内业》）、"君天下"（徐干《中论·爵禄》）、"均天下"（《中庸》《庄子·天道》*）、"政体"（《申鉴·政体》）、"经国（家）"（《左传·隐公十一年》《荀子·非十二子》）等。这些皆有助于理解古人的治道思想，不过相比于本书专门讨论的这九个术语，它们的重要性或规范性稍有逊色，故本书未作专门考证。这一方面是因为本书以治、道二字为中心选取相关术语，另一方面也是因为文献整理工作量太大。我计划在接下来的研究中，重点来阐释儒家治道的另外若干核心概念，诸如德治、礼治、贤能、风化、政刑等，不过将不再以概念／术语考证为重心，而是从思想史角度来揭示儒家治道的深层结构。

对我来说，本书所做的工作是为一个更大的目标服务的，即将儒家治道的核心理论，它存在的文化土壤、理论结构、主要观点及现实意义彻底说清楚。这方面的工作，我希望今后能在过去两本书的基础上来开展。我的下一步计划是，站在现代人的角度，用现代学术的话

---

* 《中庸》原文："天下国家可均也"，《庄子·天道》："所以均调天下"。

语，基于现代学科的知识，寻求对古人思想之恰当理解。我希望将来能出一本中国思想史研究方面的专题性论集，同时希望自己站在文化习性——文化心理学角度揭示儒家治道的真正秘密。

我认为，儒家治道思想需要从儒家有关秩序的基本理念出发，才能得到较好的理解。这是因为，儒家治道基于它对于秩序——从宇宙秩序到人间秩序——的某种崇高理念。如果把治道仅仅理解为治理方式，它就变成了类似于工具的东西，从而大大降低了地位。我们应该从儒家有关秩序的原本观念出发，来完整地理解儒家治道思想。即，治道并不是为了少数人的统治需要而发明出来的，而是为了实现一种高远的文明理想而提出来的。它不为任何一个特定的阶层服务，也与任何利益集团的需要无关，它致力于追求一种可在天地间永存的人类生活秩序，其中包括一种真正合乎人性的人伦关系、一种以统治集体高度自觉为前提的意识形态、一种公正合理的利益分配体系以及一种人民自我觉醒和道德进步的文明生活方式等。如果我们遗忘了儒家治道背后的文明理念，忽略了儒家治道预设的宇宙秩序，而将其价值贬低到对统治者有利这一工具性层面，实在是以今度古，过于肤浅和片面了。

本书的研究方法或许会遭到这样的批评，即堆砌文献资料，缺乏思想深度，尤其在文献大量电子化的时代，这样做似乎意义不大；何况许多文献有待甄别，有些概念含义演变，不能简单地堆在一起。这样的批评无疑是有道理的。我在研究中似乎更偏重横向的共性含义，较轻忽纵向的历史演变。因此，所引文献时间跨度虽大，但以历史长河中不变的基本含义为主。不过从方法上讲，我还是力图将每个概念/术语放在更大的文本和更大的历史语境中来理解，以揭示概念内涵的丰富性和复杂性，并尽可能抓住要害、深入分析。

古籍引用体例

本书涉及古文献较多，古籍以《四部丛刊》《四部备要》及《四库全书》为基础，引用时考虑到信息既要准确又要简明，标注遵守以下体例：

一、部分原文献名较长者压缩，如《朱文公校昌黎先生集》简称为《韩愈集》；《晦庵先生朱文公文集》简称为《朱子文集》。所有书名简称见书末参考文献表 16 "古籍简称及电子数据库"。

二、卷名及卷名以下标题或名称，也适当简化。包括：

● 简化标列方式。如：

a）《二程集》〈河南程氏文集卷第一·明道先生文一·表疏·论王霸札子〉简写为《二程集·明道文集·论王霸札子》，或《二程集》〈明道文集·论王霸札子〉；

b）《明儒学案》卷 16〈江右相传学案一·文庄邹东廓先生守益·东廓论学书〉压缩为《明儒学案》卷 16〈江右相传学案一·邹守益论学书〉；《宋元学案》仿此例；

c）《汉书》卷 89〈列传第五十九·循吏·黄霸〉简称为《汉书》卷 89〈黄霸传〉；《晋书》卷 28〈志第十八·五行中〉简称为《晋书》卷 28〈五行志中〉。

正史类书仿此例；

d）《皇朝经世文》卷20〈吏政六·大吏·复秦小岘廉使论吏弊书〉简称为《皇朝经世文》卷20〈复秦小岘廉使论吏弊书〉。

● 压缩过长名称。如：

a）《续资治通鉴》卷48〈宋纪四十八·仁宗体天法道极功全德神文圣武睿哲明孝皇帝〉简称《续资治通鉴》卷48〈宋纪·仁宗〉(《资治通鉴》同例)；

b）《文选》卷26〈赠郭桐庐出溪口见候余既未至郭仍进村维舟久之郭生方至〉(任彦升撰)简称为《文选》卷26〈赠郭桐庐〉(任彦升撰)；

c）《真德秀文集》卷22〈赐通奉大夫权刑部尚书兼太子右庶子兼同修国史实录院同修撰兼给事中兼学士院曾从龙辞免除礼部尚书兼职并依旧日下供职恩命不允诏〉，引时简称为《真德秀文集》卷22〈赐通奉大夫〉。

三、大体来说，先秦、两汉文献及古代韵书等一般不注卷数(《史记》《汉书》例外)，只注各章节名；其他文献尽量标明卷数(用阿拉伯数)，而次级标题则可能压缩。文献排列时按经部、子部、集部、史部、政书、类书、通书顺序(参书末参考文献)。

四、注释中标注视情况而定，可能稍有不同，未作统一。

第一章　治、道考义

　　"治"字晚出，不见于甲骨文、西周金文，不见于先秦六国文献，仅见于秦文献。今日作治理义的治，可能从甲骨文辭演变而来，本义为诉讼或理罪，后者在战国时分化为辭、嗣、台（詞）、辭（辭）甚至司等。这些字最初从亂（luàn）分化而来，亂本义为理乱丝，故这些字获得了治理等义。有理由认为，汉代以后"治"普遍出现于先秦文献，并作治理义，是由于秦统一后用秦文字根据同音假借代替上述几个原形字的结果。由此我们也理解，治之所以有治理义，与作为其源头的亂字本义相关。道的本义可能为導（导），而非道路，含义与直、正有关；还可从理、通等来解释其义，道字的道路、方法、道理等义亦由此衍生。

（一）治字考

治之问 [1]

　　治，小篆写作鬻。《说文解字·水部》（本书以下简称《说文》）"治"条：

治，水。出东莱曲城阳丘山，南入海。从水、台声。[2]

《说文》以治为水名，与我们看到的其他传世文献中对此字的解释颇不一致。古人早就注意到此字有"理"之义，例如：[3]

- 《荀子·修身》："少而理曰治。"
- 《玉篇·水部》："治，修治也。"
- 《类篇·水部》："治，理也。"
- 《广韵·至韵》："治，理也。"
- 《集韵·至韵》："治，理也。"
- 《正韵·真韵》："治，理效也。"
- 《韵会·去声》："治，理也。"

今按：治，不见于甲骨文及西周金文，目前仅见于出土的战国秦文献。[4] 在出土秦文献中，治字确实常见。据统计，"治"字在《睡虎地秦墓竹简》中共出现 48 次，在《天水放马滩秦简》中共出现 4 次，在《周家台秦简》中共出现 20 次，在《龙岗秦简》中共出现 1 次。[5] 在只有少量发布的《里耶秦简》中，"治"也时有出现。虽然治字在这些出土文献中时常假借为"笞""怠""志"等[6]，但亦时常为治理义。[7]

治字为何在秦文献中从水名获得了治理义？

朱骏声曾推测，治的原形可能是"汩"或"準"，其中汩有治水之义，準有衡平之义。[8] 然从读音或字形上看，这样说问题均很大。汩，上古音为鱼部见纽，準字上古音为文部章纽，而治上古音属之部定纽。更重要的是，朱的说法未能在今日出土的大量文献中找到证据。另外，不少人猜测治可能是从治水演变成治理[9]，然而既然治字在先秦出现如此之晚、使用如此有限（限于秦），又非列国正规字，如此解释就显得牵强。也许治初发明时是指某水之名，[10] 但何以从水名变成治理，目前不得而知，也许只能解释为同音假借；但即使是假借，也是秦国（或极个别地方）独有的用法，在列国中并不通行。

问题是：既然治不见于六国出土文献，那么今日传世的先秦文献中的治，在先秦六国文献中是如何写的？后者如能找到，是否为后世作治理义的治的原形？答案应该是肯定的，这是因为考虑到治字晚出（不见于甲骨文、西周金文），先秦时期作治理义为秦国独有。应该说，找到治在六国文献中的写法，才能解开治作治理义的谜底。

我们都知道，治字在传世的先秦文献包括《尚书》《诗经》《仪礼·丧服传》《春秋》《左传》《国语》以及许多诸子著作中时常出现，且往往为治理义。出土文献让我们产生这样的疑问：在先秦文献中，治字的原形是否另有他字，只不过后来由于秦国的影响，用秦文字治代替了原形字，原形字遂趋消失？如果是这样的话，那么治在先秦的原形字是什么呢？

亂辭嗣

今按：《汗简》《古文四声韵》中"治"有如下几种写法，皆不从水，而从糸：[11]

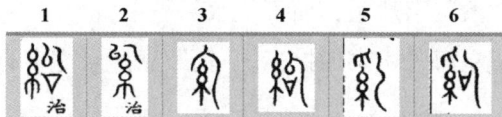

上面6字中，第2、3、5个字均可隶作"乿"。乿，《集韵·至韵》："治、乿，理也，古作乿"，《类篇·糸部》亦以理释乿。然此字亦常读作luàn，可视为亂字异体。[12] 乿与亂的字形差别甚小，乿相当于亂的左偏旁少了左下一只手，可视为后者（亂字）的省形。《说文·乙部》："亂，治也。"[13] 另外，上面第1、4、6三字可隶定为嗣，《说文》称䛅为辝（辞）之籀文，后面我们将说明：䛅、辝皆可读为治。这里着重要指出，乱、䛅、辝三字皆从𤔔。

我们知道，𤔔的本义是理乱丝。𤔔，见于甲骨文、金文，其金文、小篆、籀文写法有如下几种：[14]

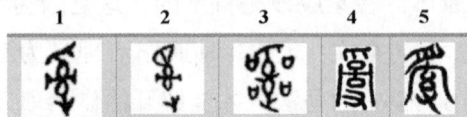

上面前三个字分别见于《番生簋》《五年琱生簋》和《毛公鼎》[15]，后两个字见于《说文》。《说文·𠬪部》：

> 𤔔，治也。幺子相乱，𠬪治之也。读若乱同。一曰理也。[16]

杨树达指出，《说文》释𤔔字为"幺子相乱，𠬪治之也"为误，此字的字义就是"一手持丝，一手互以收之"，即理乱丝；其中的幺为系之省形，指乱丝；而其间横工字形为"收丝之器"。他还指出此字与"𤴐"（《说文》籀文作𤴐）音义皆同，为同一字（字形上的唯一差别在于后者中间的乡不是一个，而是三个）。[17]《诗·邶风·绿衣》"绿兮丝兮，女所治兮"，其中的"治"字，古人训为织线[18]，尤能体现治之来源字𤔔之理丝义。如此我们可以理解，为何《汗简》《古文四声韵》中的"治"字从系，而不从水。

又：清人毕星海《六书通摭遗》"治"条所录之字有：[19]

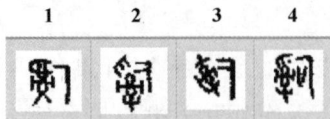

据作者所写，这几个字分别见于《焦山寺鼎》《颂尊壶》《卯敦》和《古老子》，它们的左偏旁即是𤔔，故都可隶定为䛅，小篆写作䛅。《说文·辛部》："䛅，籀文辝，从司。"[20] 故这些字可视作辝（辞）的异体，后世或简化为"司"，而在古文中读为治理之治。《说文解字系传》："司者，主于理乱也。"[21]

关于辭、辭、司三字之通用，于省吾曾有精辟概括。例如于省吾《双剑誃诸子新证》对《管子·君臣下》"治斧钺者，不敢让刑；治轩冕者，不敢让赏"一句解释道：

> 按："治斧钺""治轩冕"，二"治"字不词。"治"本应作辭。金文治字通作辭，与司同用。经传司徒、司马、司空，金文作辭土、辭马、辭工，是治、辭、司古字通。然则"治斧钺者"即"司斧钺者"，"治轩冕者"即"司轩冕者"。旧读治如字，失之。[22]

可以发现，在先秦古文中，由辭引申出一系列跟治（治理义）相关的汉字来，字形结构又皆含系：辭、乿、亂、辭、辭等。这几个字均有理或治理之义，可看作治字在先秦的原形或前身。

另需指出，出土文献中还出现了皆可读为辞，且有治理义的另外几个字，即辝和辝（或隶为辝）等[23]，这两个字均有台偏旁，而另一偏旁或为辛，或为司。

一是辝，读音同辞，见于金文。[24]《说文》以辝为辥之籀文，然《康熙字典》《汉语大字典》皆以之为辭之异体字。《左传·哀公六年》"五辞而后许"，陆德明《经典释文》称："辞，本又作辝。"[25]下面为辝字的金文（前三个）及《说文》籀文（最后一个）写法：

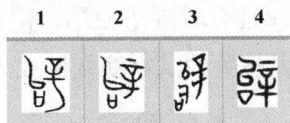

上述四字皆从台从辛，而第3个字则似乎从台、从辛又从司，可视为辝的异体字。辝又作辥，故辝、辥、辭通用。

二是辝（或隶作辝），见于出土楚文献，不见于《说文》。其写法有：

5

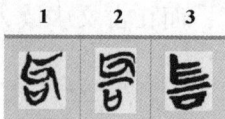

这三个字分别见于郭店简、上博简和信阳楚简。李守奎等指出，[26]

此字在楚文字中习见，有"始""辝""治"等多种读法。其字形是由"㠯"和"司"两个基本声符构成的双音符字。字形隶作"㠯""詞""㠯"，皆有理据。

治之变

通过上面的考察，我们初步断定，"治"字（作治理义）的原形字当是上述与䛅相关的几个先秦汉字。其中，辭出现时间最早，见于殷墟花园庄东地甲骨刻辞（甲骨文仅一见），其字形如下：[27]

到了金文，由辭（今读 cí）分化出䛅；到战国时，又进一步分化出辝、辥、㠯等，读音相同（或相近）。另由䛅（今读 luàn）分化出乿、亂、緣等字，读音相同或相近，但与辭音异。后世作治理义的"治"字的前身应该是对应于今读 cí 的这一组字。而今读 luàn 的这一组字，虽然也有治理义，且有时混淆使用，但由于读音不同，不当与前一组字混同。现将与䛅相关的汉字演变做成下表：

表 1　䛅字演变

源头	甲骨文	金文	战国文	后世
䛅	䛅	乿、亂、緣		乱
	辭	辭	辝、辥	治、辞、司、词
		䛅	㠯、詞	

上页表中，除了第一行从矞的字读音不同外，其他几个字，即辝、辤、辞、乿这四个字，音、义相同或相近（后三个字常视为辝的异体字）；而辤、辞、乿这几个字后世消失，只有辝（辞）保留下来。矞、亂、乿、辝、辤、辞、乿皆有治理义，代表了后世作治理义的治或乱字的前身或原形。上表中，司这个字在甲骨文中已经存在，不可理解为是由辤演变而来的，但是传世文献中常将辤简化写作司，使其含义发生了与甲骨文不同的变化。甲骨文、金文司本无理义[28]，后世司获得了理义，想必是由于辤字的缘故吧？

因此，如果把矞、亂等几个与治读音迥异的字除外，至少可以认定辝、辤、乿等字为治（指治理）在先秦时期的前身或原形。从上古音看，辝、治二字均属之部，辝为邪纽，治为定纽，读音非常接近（辤、辝、辞、乿四字音同）。

强调一下，表1只是表示目前所发现的、作治理义的治字的前身或原形字，并不是说治从字源上是从矞演变来的。显然，秦文献中的治，包括《说文》中作为水名的治，其文字写法另有来源。我的想法是，治字最初可能在战国时期主要在秦文献中出于刻写方便而被发明，本指水名，并无治理之义，后因同音假借代替上表中辝、辤、辞、辟、乿等字，故获得了治理义。清代学者段玉裁、朱骏声[29]早已指出，治字获得治理义是出于假借。当然，同音假借之所以发生，极有可能是由于辝分化出辞、乿等从台的字，与秦文献治相近。

治之义

《说文·辛部》：

> 辝，讼也。从矞，矞犹理辜也。矞，理也。辤，籀文辝，从司。[30]

《说文》提示我们，辭（辞）字本义为理罪或治狱，进一步引申为治理。从文字学上看，辭（辞）为会意字，左侧嗣可训为理，右侧的辛本为刑具，商代字形为 ，"古代对俘虏或有罪之人常施黥刑，即在其面部刺上标志，而'辛'就是实施黥刑的工具"。[31] 辭应该是"治"的本字。

到了周代，辭分化出两个写法：辭和嗣。这两个字虽然含义相同，但又有了细微分别：辭指诉讼、辞讼，嗣指执掌、治理。[32] 到了秦汉时期，辭（辝、辤）由辞讼义日益演化出言词、言辞等后世含义，而嗣则由司理义演化出治理、司理等后世含义。因此，后世的治字似与周代的嗣含义更近。秦汉以来用秦文字转写战国文献时，改用治字代替嗣，而辭字虽保留但含义有变，原来的其他写法特别是嗣、辝、词等字逐渐停用和消失。因此，我们可以看出治字的演变过程如下：

嗣→辭→嗣、词、词→治

从源头上看，治是从嗣的理乱丝义而来；从发展看，辭似是治的本字；后来发展出来的嗣、词、词等字，有治狱、治理义，为后世治字的直接来源。

治之例

今天，我们仍可从先秦古文献中看出部分辞、治二字混用的情况。有如下几种情况。

第一种情况：传世文献中的"辞"保留了狱讼、理乱方面的原始义，指诉讼（之辞）：

● 《尚书·吕刑》："今天相民，作配在下，明清于单辞。"

孔传："听讼,当清审单辞。单辞特难听,故言之。"单辞指单面讼辞,与下文两辞相对。

- 《尚书·吕刑》:"民之乱,罔不中听狱之两辞。"孔传:"民之所以治,由典狱之无不以中正听狱之两辞,两辞弃虚从实,刑狱清则民治。"

- 《左传·僖公四年》:"君非姬氏,居不安,食不饱。我辞,姬必有罪。"辞,即治姬氏之罪,与后文"姬必有罪"呼应。

- 《左传·昭公十三年》:"告之以文辞,董之以武师。"这里的"文辞"指理罪之辞。

- 《左传·襄公二十五年》:"晋为伯,郑入陈,非文辞不为功,慎辞哉!"

- 《左传·文公十四年》:"晋赵盾以诸侯之师八百乘纳捷菑于邾。邾人辞曰:'齐出貜且长。'宣子曰:'辞顺而弗从,不祥。'乃还。"

- 《礼记·表记》:"故仁者之过易辞也。"郑注:"辞,犹解说也。"仁者重礼义,故有过则易讼之。

- 《诗·大雅·板》:"辞之辑矣,民之洽矣;辞之怿矣,民之莫矣。"郑笺:"辞,辞气,谓政教也。"辞指理罪、狱讼皆公正合理,故民和睦。如将"辞"读为纯粹口头言词,则难解。

- 《说文解字系传·通论下》:"屈原虽放,忠厚之至,犹欲进言以救其国乱,楚人录其意,谓之楚辞。……故楚辞之文,下讽上也。"[33]据此,"楚辞"之辞亦有诉罪、理乱之义。

第二种情况:传世文献中的"治"仍指理罪或治狱等原始义:

- 《公羊传·成公十六年》:"公子喜时者,仁人也,内平其国而待之,外治诸京师而免之。"何休注:"讼治于京师,解免使来归。"
- 《周礼·秋官·方士》:"凡都家之士所上治,则主之。"郑注:"所上治者,谓狱讼之小事,不附罪者也。"
- 《周礼·宰夫》:"帅执事而治之。"郑注:"治,谓共辨。"治,有理罪之义。
- 《战国策·赵策》:"无敢与赵治。"吴注:"治,犹校。"校,有诉讼义。
- 《汉书·韩安国传》:"公等足与治乎。"颜师古曰:"治,谓当敌也。"指敢与之讼辩。

第三种情况:传世文献中的"治"指言辞,尤其是狱讼或申诉之辞:

- 《周礼·天官·小宰》:"听其治讼。"孙诒让疏:"凡咨辩陈诉请求必有辞,故治亦曰辞。《小司徒》云:'听其辞讼。'辞讼即治讼也。"
- 《管子·宙合》:"是以古之士有意而未可阳也,故愁其治,言含愁而藏之也。"房玄龄注:"有意济世,时乱方殷,未可明论,故曰理代之言,阴愁而藏之。"郭沫若《管子集校(一)》:"'治'读为辞,断句。下文'察于一治''博为之治''本乎无妄之治',均以'治'为言辞之辞。"[34]
- 《管子·立政》:"疏远无蔽狱,孤寡无隐治。"于省吾《双剑誃诸子新证·管子一》:"按金文治字均作'嗣',与'辞'同用。……此言孤寡无恃者,犹得尽其辞。"[35]

这些间接证明了后世用秦文字治代替了原先可能写作辭、嗣、辤、訇的一些字。

通过前面对治字在先秦的原形字的研究，我们对于其本义，以及为什么它在传世文献中大量地作治理解有了合理的认识。从这个角度出发，今天我们研究古文献中的治理思想，应该从具体语境出发，考证、分析其本来含义，而不能简单地从其后世写法断定其含义，这是其一。其二，我们可以治字在传世文献中的用法为线索，来分析先秦、秦汉文献中的治理或治道思想。

下面我们选列一些先秦（含个别汉代）文献中治作治理义之词组若干，非求备也：

- 治事（物）：《诗·邶风·绿衣》"绿兮丝兮，女所治兮"；《周礼·秋官·小行人》"治其事故"；《周礼·地官·乡师》"大丧用役，则帅其民而至，遂治之"；《墨子·经说上》"吾事治矣"；《孟子·告子下》"禹之治水"；《庄子·天道》"以此治物"；《庄子·人间世》"治繲"，郭注引司马云："浣衣也"；《管子·心术下》"治事加于民"；《吕氏春秋·贵当》"治物者"，高诱注："饬也"；《淮南子·主术训》"能多者无不治也"；《战国策·秦策》"号令不治"。

- 治兵（军、戎）：《春秋·庄公八年》"甲午，治兵"（《左传》《穀梁传》同，《公羊传》作"祠兵"）；《左传·隐公五年》"三年而治兵"；《穀梁传·庄公八年》"治兵而陈蔡不至矣"；《左传·成公三年》："二国治戎"；《论语·宪问》"王孙贾治军旅"。

- 治政：《尚书·禹贡》"治梁及岐"；《左传·庄公九年》"管夷吾治于高傒"；《周礼·天官·太宰》"以治官府"；《周礼·地官·司市》"治其市政"；《国语·齐语》"教不

善则政不治"。

- 治官：《周礼·天官·太宰》"以治官府"；《左传·成公十五年》"不能治官，敢赖宠乎？"；《盐铁论·论诽》"家治然后可以治官"；《孔子家语·辩政》"治官莫若平"。
- 治国：《礼记·大学》"古之欲明明德于天下者，先治其国"；《周礼·天官》"使帅其属而掌邦治"；《战国策·秦策》"穰侯之治秦也"；《管子·治国》"凡治国之道"。
- 治民：《尚书·召诰》"王厥有成命治民"；《管子·心术下》"功作而民从，则百姓治矣"；《吕氏春秋·振乱》"欲民之治也"。
- 治人：《孟子·滕文公上》"劳心者治人，劳力者治于人"；《孟子·离娄上》"治人不治"；《庄子·天道》"安能治人"。
- 治心：《荀子·解蔽》"此治心之道也"；《管子·心术下》"心治，是国治也……治心在中"；《管子·内业》"中不静，心不治"；《孙子·军争篇》"以治待乱，以静待哗，此治心者也"。
- 治己（身）：《墨子·经说上》"吾事治矣"；孙诒让《间诂》："言吾事治则自治其身"[36]；《说苑·谈丛》"学问不倦，所以治己也"；《法言·修身》"治己以仲尼"。
- 治亲：《仪礼·丧服传》"故名者，人治之大者也"；《礼记·大传》"一曰治亲"；《礼记·丧服四制》"门内之治"；《墨子·经说上》"顺长，治也"。
- 治礼：《周礼·春官·大宗伯》"治其大礼"；《孟子·梁惠王上》"奚暇治礼义哉"；《荀子·不苟》"礼义之谓治"。
- 治天下（治世）：《周易·系辞下》"黄帝尧舜垂衣裳而天

下治";《尚书·益稷》"在治忽",孔传:"在察天下治理
及忽怠者";《庄子·在宥》"不闻治天下";《墨子·非命
下》"天下之治也"。

（二）道字考

今人对道的理解,多受《易·系辞》"形而上者谓之道"以及
《道德经》"先天地生""独立而不改"(第25章)等的影响,强调其
超越的、形而上的含义。若从字源考察则发现,在先秦等早期文献
中,道的本字之一作导(導),本义为导人行。由导人行引申出直、
正两义。直为物理上导人行,正为人事上导人行。此外,道还有理、
通等义。理指文理、梳理,通指通达、通顺。总体上看,在早期文献
中,道的所谓超越的、形而上的含义并不明显;即使后世作为一个
重要思想范畴的道,其主要含义也是引导人们在这个世界上正确地行
走/生活。因此,道本质上是一个此岸取向的概念。

关于道,学者们已有很多分析,特别是宋明理学以来,道的形而
上之义倍加彰显,今人治哲学者尤为重视。本人拟从文字学和文献学
角度考证分析一下此字的本义。

道与导

道字出现较早,西周早期金文中已见,其典型写法之一如下:[37]

从字形结构看,这个字由辵(即辶)和首构成。两旁是行,下

面是止（趾），里面是首。行＋止＝辵，也就是我们熟悉的辶，代表行走，因为道是人所行；问题是，首在本字中是什么意思？《说文》："道，所行道也。从辵从䇓。一达谓之道。"《说文》称此字从辵、首，则首不仅是声符，亦与字义有关。段玉裁云："首者，行所达也。"[38]"行所达"是什么意思？是指行之所以达，还是行之所欲达？段注不清。然而，《说文》小徐本有个说法可以帮助我们理解首字之义。徐锴曰：

此道字，当作今導。[39]

今按：出土金文、竹简及《说文》中道字皆有加寸者，寸即手也。其典型字形如下：[40]

桂馥释云："从首、寸者，本书導。導，引也。"[41]段玉裁云："经传多假道为導，义本通也。"[42]《说文》："導，引也。"道本作導的例子还有，如：

- 《周易·系辞上》"道济天下"，陆德明《经典释文》卷2〈周易·系辞上〉引郑云："道，当作導。"
- 《毛诗注疏》
  ◇ 卷2〈江有汜〉郑笺"岷山道江"，陆德明《释文》云："道，本亦作導。"
  ◇ 卷22〈瓠叶〉毛传"酬道饮也"，陆德明《释文》云："道，音導，本亦作導。"
  ◇ 卷23〈绵〉毛传"疏附相道前后"，陆德明《释文》云："道，本亦作導。"

- 《周礼·春官·大司乐》"以乐语教国子：兴、道……"，郑玄注："道，读曰导。导者，言古以刬今也。"
- 《周礼·秋官·讶士》"客出入则道之"，孙诒让疏："《唐石经》作导。案：导，正字；道，叚字。"[43]
- 《论语》〈学而〉"道千乘之国"，〈为政〉"道之以政""道之以德"及〈子张〉"道之斯行"，皆以读为"导"为顺，古本亦多有写作"导"者。[44]
- 《荀子》〈不苟〉"以开道人"，〈非相〉"起于上所以道于下"，〈性恶〉"师法之化，礼义之道"，〈王霸〉"道王者之法""道霸者之法"及"道亡国之法"，杨倞注："道，皆与导同。"
- 《韩非子·定法》"利在故法前令则道之，利在新法后令则道之"，王先慎《集解》："道，读为导。"
- 《楚辞·离骚》"来吾道夫先路"，朱熹《集注》："道，一作导。"
- 《史记·五帝本纪》（卷1）"敬道日出"，张守节《正义》："道，音导。"

　　道之所以作导（导），因为它的本义是导人行走。如果寸指以手引导，首当指大脑引导。[45] 这样就可以解释《说文》道何以从首。因此，道的本义不能局限于现代汉语中所谓道路，导人行走才是其核心原义，故可引申为正确方法（唯此方能导人）。

道与直

　　从导出发，道的另一本义是直。
　　徐锴又称：

道者，蹈也，人所蹈也。一达谓之道，二达曰歧旁。[46]

　　所谓"一达谓之道"亦见于《尔雅·释宫》，指大路笔直，没有歧岔，这样方可导人。今按《尔雅·释诂》：[47]

　　　　桰、梗、较、颋、庭、道，直也。

　　郭璞注："桰、梗、较、颋，皆正直也。《诗》曰：'既庭且硕'，颋道无所屈。"

　　邢昺疏："桰、梗，至直也。……庭，条直也。道者，颋道无所屈。"

　　清人郝懿行云："道者，与廷同义。廷者人所停，道者人所蹈，皆挺然正直。……是皆道训直之义也。"[48]

　　方按：庭、颋、廷音、义同，皆指挺直。故道字本义指直道。唯直道方可导人，无歧岔故也。

道与正

　　从直出发，道的又一本义是正。

　　小徐本强调，道之直道义，乃是与僻道、邪道、权道等相对立，故又可称正道。[49] 所谓正道，可引申为一切正确走法（后世引申为永恒不变的道理，有明显的价值判断色彩）。今按：道之直道／正道义，可从古文献中找出不少证据。

　　《诗·谷风·大东》：

　　　　周道如砥，其直如矢。

这里强调（周）道为直道。然据郑笺，所谓直道指"贡赋平均、赏罚无偏"[50]。则所谓直道乃指治国之正道。

《左传·襄公五年》：

> 《诗》曰："周道挺挺，我心扃扃。"

杜预注："挺挺，正直也。"若从上下文看，周之直道针对楚共王滥杀无辜而发，亦指治国之正道。

《书·洪范》：

> 无偏无党，王道荡荡；无党无偏，王道平平；无反无侧，王道正直。

"王道平平""王道正直"皆申明王之直道为正道，包括"无偏""无党"等含义，正指治天下之正道。

《周易·履·九二》：

> 履道坦坦，幽人贞吉。

孔疏以"平易""无险难"释《履》之道，贴近（直）道之原始义。然王弼注称此爻"务在致诚，恶夫外饰"，与《易·象传》"中不自乱"呼应，则道之义已由物理直道上升为做人正道。[51]

今按：若以直训道可从字源上解，以正训道则似经转手。其实正字本亦有物理上直之义，只是正比直更容易引申来比喻人事。直本指视线之直；但导人行走不但可在物理意义上使用，亦可在人事意义上，进一步还可在万物甚至天地宇宙意义上使用，即人事、万物、宇宙皆有如何行问题（即《庄子·渔父》"道者万物所之由"之义）。如果说用直形容物理意义上之道最佳，那么用正形容人事及万物意义上之道则更妥。

以直、正释道，实来源于道之本义导（导）。

道与理

除了导（导）之外，还有两个字可以帮我们更好地理解道之原义，即：理和通。

一是理字。《管子·君臣》有："顺理而不失之谓道"；《庄子·缮性》称："道者，理也"；《韩非子·安危》云："先王寄理于竹帛，其道顺"；《荀子·正名》："道也者，治之经理也。"此古人以理释道之例。虽然《说文》以治玉释理，然理亦有纹理、条理之义。[52]

今按：理可以为动词，从治玉引申为梳理、整理；也可以为名词，从玉之理引申为纹理、条理等。导人行即理其行，使行有条理。后世所谓道理，本义道之理，即行道有条理，或治其行使有条理。当所治对象非玉这等可见的器物，而为难以捉摸的人事，理（作为名词）遂上升为抽象的道理或原理。以理释道，也与以正释道一样，容易由物理之道上升为人事、万物乃至宇宙之道，故古人有所谓"天地之道""天下之道""阴阳之道"等等。[53]此即《系辞》所谓"形而上者"，虽为形而上者，其指向仍是为了能引导人行。

二是通字。古人以通释道，其义亦甚佳。例如：

- 《尚书·禹贡》"九河既道"，王引之按："道，通也。"[54]
- 《左传·襄公三十一年》"不如小决使道"，杜预注："道，通也。"
- 《论语·述而》"志于道"，皇侃疏："道者，通而不壅者也。"[55]
- 《法言·问道》："道也者，通也，无不通也。"[56]

● 《国语・周语下》"气之導也"，韦昭注："导，达也，达亦通也。"[57]

道导人行，实现通达，故《说文》云"一达谓之道"。《说文》："通，达也。"以通释道，也与以理释道有关，唯理顺方能通达，故李轨以"通乎至理"解之。[58]

通即顺，故道又有"顺"义。例如：

● 《左传・成公十八年》"公薨于路寝，言道也"，俞樾按："道与顺同义。……道，即顺也。"[59]
● 《穀梁传・桓公九年》"尸子曰：'夫已，多乎道'"，俞樾按："道即顺也。"[60]
● 《国语・晋语七》"观道逆者"，王引之按："道，犹顺也。"[61]
● 《管子・小问》"百川道"，王念孙按："道，犹顺也。"[62]
● 《管子・任法》"道法以从其事"，丁士涵云："'道'，顺也，从也。"[63]

顺是由通引申出来的。其实，从通也引申出达、从等义。达、顺、从皆是对通的注解。

道之义

现代学者在理解道的本来含义时，往往比较多地受道路这一含义的影响，而忽略其引导义。其实正如《说文》《尔雅》所揭示的，古人之所以讲"一达谓之道"，正是因为古人心目中的道路一词的含义与今人有别。试想古时道路不像今日发达，行时容易迷路，因此随时发现或找出道路就特别重要。故而，道路之为道路，本来就有引导人走出迷途的重要含义。所以本文提出，抓住导、理、通等关键字（皆可作动词），才可以比较好地理解道的本义。

重提道的本来含义，亦可帮助我们正确理解其作为一个思想范畴的含义。现代学者多受《易传》"形而上者谓之道"以及《道德经》"先天地生""独立而不改"等的影响，强调道的超越、形而上含义。本文倾向于认为，即使在诸子百家兴起之后，道的本来含义（非形而上的含义）也一直保留下来，并依然是我们理解古人思想的极重要依据。事实上，即使后世作为一个重要思想范畴的道，其主要含义也是引导人们更好或正确地在这个世界上行走。因此，道的所谓超越义，并不指它可以脱离此生此世而独立存在。易言之，道本质上是此岸取向的。

最后，我们也可根据上述解释，将道的现代含义从来源上略加总结：

一、道路。由行、止之象形义而来。

二、途径、方法。由直、导人行走而来。

三、道理、原理。由正、理、通等义而来。

第二章　治道含义

（一）古籍中的"治道"

治道一词早在先秦文献中已有出现。最早可能见于《墨子·兼爱中》："此圣王之法，天下之治道也。"此外亦见于《乐记》（2 见）、《庄子》（2 见）、《管子》（2 见）、《荀子》（1 见）、《文子》（3 见）、《韩非子》（2 见）、《吕氏春秋》（2 见）、《韩诗外传》（3 见）、《淮南子》（6 见）、《新书》（2 见）、《新语》（1 见）、《说苑》（1 见）、《论衡》（2 见）、《孔子家语》（1 见）、《史记》（6 见）、《汉书》（12 见）等先秦两汉典籍中。[64]

治道一词最初应当是战国诸子基于现实需要发明的，由此可以理解，在先秦经籍中，除了可能晚出的《礼记·乐记》之外，包括《周易》、《尚书》、《诗经》、《周礼》、《仪礼》、《礼记》（除《乐记》外）、《大戴礼记》、《公羊传》、《穀梁传》、《左传》、《论语》、《孟子》以及《国语》等在内皆不见治道一词。

从后世的使用情况看，治道一词经常出现于两种情况，一是诸子百家的政论性论著，另一是朝廷君臣之间的交流，包括皇帝诏书及大臣上书等。这两者之中，以后一种情况使用治道一词为多。下面分别以子部、集部及史类书籍为例来说明。

从诸子论著看，治道一词虽然在先秦以来的子书中时有所见，但一直到宋代以前，它的使用还较为零星。这一点除了前述数据外，还

可从在《老子》《商君书》《鹖冠子》《孙子》《慎子》《晏子春秋》等
先秦子书以及《春秋繁露》《法言》《新序》《新论》《申鉴》《风俗通
义》《中论》《中说》《世说新语》等两汉至隋的子书中皆未见治道一
词这一事实得到说明。

如果将集部放进来看，上述事实就更明显了。在《四部备要·集
部》中，在从《楚辞》到唐末的文集类著作中，治道一词仅 3 见（除
去后人笺注），分别出现于《江文通集》（江淹）、《王右丞集》（王
维）、《刘禹锡集》（刘禹锡）。而在《楚辞》《文选》以及曹植、嵇康、
陆士衡、陆士龙、陶渊明、"初唐四杰"、李白、杜甫、孟浩然、白居
易、李商隐、韩愈、柳宗元、李翱等人的集中皆未出现治道一词。这
当然也可能与两个因素有关：一是这类文集的性质（非政论类），二
是唐人避高宗李治讳。到宋代，情况有了巨大变化。

宋以后论著的一大特点是，集部与子部内容难分。更准确地说，
自韩愈以来，集部论著中许多均反映学者思想，比如孙复、石介、王
安石、司马光、欧阳修、邵雍、朱熹、叶适、陈亮、真德秀、黄宗
羲、全祖望、钱大昕、阮元、龚自珍、卢文弨等一大批人的文集均有
典型的思想史意义。因此，我们将子部、集部合在一起看宋代以来各
家治道的用法，可以发现，治道一词在宋代各家的论著中出现得非常
频繁。虽然在宋初学者范仲淹、张载、邵雍、孙复、石介的论著或文
集中较少见，但在胡瑗、李觏、王安石、曾巩、司马光、欧阳修、苏
轼、二程、朱熹、陆九渊、叶适、陈亮、真德秀论著或文集中，治道
一词出现频率颇高。现列宋人著作中治道一词的出现次数如下：

表 2　宋代私人著述中"治道"统计

作者	书名	次数	作者	书名	次数
范仲淹	范文正公集	0	邵雍	皇极经世书	2
李觏	李觏文集	5	程颢、程颐	二程集	22
孙复	孙明复小集	2	苏轼	东坡七集	14
石介	徂徕集	1	邵雍	伊川击壤集	0

作者	书名	次数	作者	书名	次数
胡瑗	周易口义	8	朱熹	近思录	9
	洪范口义	2		朱子文集	23
司马光	司马光文集	6		朱子语类	17
王安石	王临川全集	10	陆九渊	象山全集	4
曾巩	元丰类稿	6	叶适	水心文集	19
欧阳修	欧阳修文集	4	真德秀	真德秀文集	12
张载	张子全书	1	陈亮	龙川集	14

在上表中，"治道"出现次数达20次左右者有《二程集》《朱子文集》《朱子语类》《水心文集》，达9—14次者有《王临川全集》《东坡七集》《近思录》《真德秀文集》《龙川集》；出现次数在5—8次的有《李觏文集》《周易口义》《司马光文集》《元丰类稿》。

到了明清两代，"治道"在诸家论著或文集中出现次数明显减少。明代著作中，治道一词在《王文成全书》中仅2见，《南雷集》（黄宗羲）2见，《亭林诗文集》（顾炎武）3见，《鲒埼亭集》（全祖望）6见。明代学者中，仅方孝孺著作中治道使用较多（《逊志斋集》24见）。

到了清代，考据学派、桐城派及常州学派似乎对治道的使用也远不如宋人多。在表3中，我们看到，治道一词不见于考据派惠栋、阎若璩、段玉裁、王念孙、洪亮吉的多部著作，唯在戴震《戴东原集》中1见，卢文弨《抱经堂文集》2见，钱大昕《十驾斋养新录》1见，焦循《孟子正义》3见，王引之《经义述闻》3见（皆为引《太平御览·治道部》卷名），孙诒让《周礼正义》4见（皆为提及郑笺"圣贤治道之遗化"一句）。考据派之外，治道一词在龚自珍、曾国藩相关论著中皆不见，唯章学诚《文史通义》《校雠通义》共3见，方苞全集2见，姚鼐文集3见，魏源《魏源集》3见。

表3 清代学者"治道"使用次数统计

惠栋	增补郑氏易	0	王引之	经义述闻	3
	周易述		焦循	孟子正义	3
	易汉学		孙诒让	周礼正义	4
	易例		洪亮吉	洪亮吉集	0
	左传补注		卢文弨	抱经堂文集	2
	九经古义		钱大昕	十驾斋养新录	1
阎若璩	尚书疏证	0		潜研堂文集	0
	四书释地		章学诚	文史通义	2
	潜邱札记			校雠通义	1
段玉裁	说文解字注	0[65]	方苞	方望溪全集	2
	六书音韵表		姚鼐	惜抱轩集	3
戴震	戴东原集	1	曾国藩	曾国藩集	0
	方言疏证	0	魏源	魏源集	3
王念孙	广雅疏证	0	龚自珍	定盦文集	0

宋朝治道概念盛行，还表现在《宋元学案》中"治道"出现49次，而《明儒学案》中仅出现5次。再从类书对比看，唐人四大类书《初学记》《北堂书钞》《白孔六帖》《艺文类聚》中"治道"分别出现1次、2次、4次和14次，而宋人所编类书《太平御览》《册府元龟》《文苑英华》《太平广记》中"治道"分别出现53次、91次、15次和0次。两朝类书篇幅悬殊，避讳要求有异，次数差异或不能说明问题。但是宋人编出两部直关治道的千卷大书，其中《太平御览》专设〈治道部〉，合占15卷；以文学为重的《文苑英华》亦专设"治道"类，合占3卷，这些也许说明宋人对于治道的重视。再以唐人《通典》（杜佑）与宋人《通志》（郑樵）相比，两书卷数相当，而"治道"出现次数分别为2次和14次。另外，《宋史》中"治道"出现65次，为二十五史之最；而以时间跨度与宋朝可比的汉、唐、明、清四朝正史对比，其中"治道"出现次数最少的是《后汉书》（仅1次），出现次数最多的是《明史》（34次），均远少于《宋史》（65次）。

比较而言，"治道"一词在历代史书中出现次数甚多，似乎说明君臣之间的交流比私家著述中使用治道的概率更大。具体来说，除《后汉书》、新旧《五代史》及《金史》等个别情况外，在其他史书中治道出现次数较为可观。二十五史之中，"治道"一词出现 30 次以上的有《宋史》《元史》《明史》；20 次左右者有《宋书》《魏书》《新唐书》；10 次左右者有《汉书》《三国志》《梁书》《辽史》《清史稿》；4—6 次者有《史记》《南齐书》《陈书》《周书》《隋书》《旧唐书》；1—3 次者有《后汉书》《晋书》《北齐书》《北史》《旧五代史》《新五代史》（早期古籍《国语》《战国策》中未见"治道"一词）。此外，"治道"在政治史著作如《资治通鉴》《续资治通鉴》《嘉庆一统志》中出现次数亦不少，分别是 20 次、67 次和 34 次。下列表 4 列出了"治道"在史书中出现次数：

表 4 "治道"在史书中出现次数统计

书名	次数	书名	次数	书名	次数
国语	0	陈书	5	新五代史	1
战国策	0	魏书	20	宋史	65
史记	6	北齐书	1	辽史	8
汉书	12	周书	4	金史	0
后汉书	1	隋书	5	元史	37
三国志	8	南史	0	明史	34
晋书	2	北史	1	清史稿	13
宋书	19	旧唐书	6	嘉庆一统志	34
南齐书	6	新唐书	20	资治通鉴	20
梁书	10	旧五代史	1	续资治通鉴	67

综合比较，我们倾向于认为：一此词在史部出现多，可能是因为政论场合多；二此词在宋代著述中出现多。

（二）含义一：以道治

治道一词，学者多从字面出发解释为治理之道。如牟宗三称治道为"治理天下之道"[66]，有的学者则称治道就是治国之道的简称[67]；还有学者根据个案研究，提出古代的治道概念可表述为"治理的方式、规律、原则和理论"[68]。我认为，把古人治道一词界定为治理之道虽然说得通，但如果忽视这一概念在先秦及后世含义的复杂性和多样性，也会失之简单。

董仲舒《贤良对策》云：

> 道者，所繇适于治之路也，仁义礼乐皆其具也。（《汉书·董仲舒传》）

董氏此言，以道为一个规范性价值。据此，治道可以读为治理之道，也可读为以道治理。在古人心目中，治理之道与以道治理含义并没有区别。但是我们在阅读古文献时发现，在多数情况下，把治道读为以道治理比读为治理之道更顺。

一个重要原因是，古人所用的术语如"治道得""治道康""治道隆""治道失""治道兴""治道衰""治道缺""治道坏""治道陵迟""治道光明"……多半是针对现实中的治理是否合理而言（合道即合理）；若读治道为治理之道，道做名词，容易被现代人理解为有一个完整、抽象、理想的治理之道悬在上方，等着今人去应用、实践，就像我们在现代数学中应用数学公式那样。

实际情况是，治道概念在多数情况下指针对具体政治事务所需采取的合理途径。为了避免上述混淆，我读作以道治理。"以道治理"这一表述的核心在于：道指动作，近乎动词，寓意引导，亦可指合理；故治道是针对具体事物的合理途径或办法，亦可读为引导治理。其中的道不能理解为某种抽象、独存的实体。我们将在下面用材料来说明这一点。

1973 年出土的定州八角廊《文子》竹简残本以治道为主题，其中有如下几段话：[69]

> 吾闻古圣立天下，以道立天下。（2262）
> 故有道者立天下，则天下治。（0717）
> 毋道而立之者则乱。（0695）
> 子以道德治天下，夫上世之王……（2255）

这些与今本《文子·道德》"以道治天下""古之王者，以道莅天下"含义相近。简本《文子》不仅大大消除了人们对传世本《文子》为伪书的疑虑，而且与郭店竹简本《老子》一起，证明了老子、文子的思想与后世儒家思想可能有深刻的渊源关系，因为它们都对德、礼、仁、义持肯定、赞赏的态度，视其为治国利器。

后世学者以以道治天下论述治道之义甚多。今录《四库全书》"以道治"文献十余条如下，其中多指二帝三王以道治天下：

- 《新论·王霸篇》："三皇以道治，而五帝用德化。"[70]
- 《二程集·遗书·端伯传师说》："先王之世以道治天下，后世只是以法把持天下。"[71]
- 《书经集传·序》（[宋]蔡沈著）："二帝三王之治本于道，二帝三王之道本于心。得其心，则道与治固可得而言矣。"
- 《宋名臣言行录·权邦彦》："尧舜以道治天下，不过无心。"（李幼武纂集，此为宋皇帝问语）
- 《吴都文粹》卷 8〈天峰院记〉（[宋]曾旼撰）："先王以道治天下，使人心化而不自知。"（此书[宋]郑虎臣编）
- 《洺水集》卷 8〈四明高氏春秋解后序〉（[宋]程珌撰）："王者以道治天下。"

- 《读书录》卷 10（[明]薛瑄撰）："三代圣人皆以道治天下。"
- 《周礼删翼》卷 2（[明]王志长著）："先王封建诸侯，以道治天下。"（此魏庄渠语）
- 《见素集·奏议卷六》（[明]林俊著）："古圣神以道治天下，如黄帝尧舜。"
- 《经义考》卷 256〈胡氏广等四书大全〉（[清]朱彝尊著）："朕惟昔者圣王继天立极，以道治天下。自伏羲、神农、黄帝、尧、舜、禹、汤、文、武相传授受，上以是命之，下以是承之，率能致雍熙悠久之盛者，不越乎道以为治也。"（此为明成祖文皇帝御制序）
- 《日讲四书》卷 15〈孟子上〉（[清]康熙御定）："尧舜以道治天下。"
- 《书经衷论·原序》（[清]张英著）："人君之以道治天下，至尧舜禹汤文武之盛而极矣。"

以下数条则非针对上古圣王而发：

- 《叶氏春秋传》卷 12〈宣公一〉（[宋]叶梦得著）："《春秋》以道治。"
- 《演山集》卷 40〈论语孟子义·当务之为急〉（[宋]黄裳著）："以道治天下，以心治四海。"
- 《包拯奏议集》卷 2〈晏殊罢相后上〉（[宋]包拯著）："宰相者，上佐人主以道治天下。"
- 《经义考》卷 161〈程氏时登大学本末图说〉（[清]朱彝尊著）："宋受天命，以道治天下。"（此引程氏自序）

通过《四库全书》电子检索，可以发现"以道治"共 152 见，其中"以道治天下"（68见）、"以道治国"（4见）、"以道治民"（8见）乃至"以道治水"（21见）是比较常见的。

那么，古人所谓以道治（理），其中的道究竟是什么意思呢？我认为，其中的道读若导，治道有导治之义，主要指针对具体事物的合理、恰当途径或办法，而非像数学公式那样等待应用的独立、抽象、严格的原理，或类似于柏拉图所谓对经验有直接决定作用的理念。即使在古人明确地说"治国之道""治之道"时，也同样没有把道当作一抽象、超然的实存，或单一、独立的实体，而只是强调引导治理过程，使之合理化。

这并不是说中国人没有抽象、单一的道概念——最高层次上的道，抽象而且单一，也许可称为天道，具体政治过程中的道乃是天道的体现，即所谓月映万川。但即使如此，也很难说天道是一个独立、抽象的原理或实存，因为它本质上就是天地运行的方式，即所谓天地之道。易言之，天道也是针对具体经验对象的；它之所以有无比强大的力量，乃因为它所代表的具体对象——天地——至大无外、不能超越。

自古以来，中国人所谓天道，具体内容并不确定统一（有多种说法）。古人也许把这个天道称为阴阳之道（《易·系辞》），或五行之道（《白虎通·乡射》），或中和之道（《中庸》），或生生之道（《系辞》），等等，但这些并不是一种脱离天地而独立自存的实体，而只是具体事物（宇宙或天地）的合理过程或途径而已。同时更重要的，中国人从来也不能从它出发建立一种绝对合逻辑的推理过程，推出具体现实事物中的治理之道来。

也许有人会问：治理之道不也能表示针对具体事物的治理方式吗？人为区分以道治理和治理之道，是不是画蛇添足？表面看来，这一说法很有道理，而且对于古人来说，这两者之间确实没有区别。但是对于深受西方语言文化影响的现代人来说，就不一样了。

关键在于，治理之道是名词，容易误导人们想象一个抽象、独立的原理（像我们在数学、物理学中所看到的原理那样）存在，代表一个关于天下治理的完整而全面的最高原理体系。现代中国人从小从自然科学课本上所学到的思维方式，导致他们极容易这样来联想。然而没有受过西方文化熏陶的古人并没有此预设。虽然古人也经常使用"治之道""治国之道""治理之道""治天下之道"等一类术语，但他们不会有这样的联想，他们使用此类术语时想到的只是，针对具体事物、具体情境都有其合理的途径或办法。

当然，古人一定认为针对具体事物的道必须与最高层次上的、形而上的天道一致，但这个形而上的天道内容究竟是什么，从其内容能否严格地、合乎逻辑地推论出这些具体事物中的道，就像欧几里得几何学中从公理到定理的过程那样严格而合乎逻辑，则不得而知。事实上，也并不重要。因为具体事物之道与最高天道的一致，在中国人这里是建立在"世界只有一个，它必须总体上和谐有序，而保证总体和谐有序的力量就是道"这一预设之下。因此，人们在判断某一行为是否合道时，想的并不是如何从中推论出该行为来，而是该行为是否有利于世界或宇宙总体的和谐有序。

因此，回到古代文献的历史语境，现代人容易发现，在很多情况下，古人所用的治道一词，与其读为治理之道（亦可读作致治之道），不如读为以道治理（道读若导）。须知，以道治理是动作过程，强调具体的治理过程，即如何使政治事务、政治过程合理化；与此同时，古人也预设了这一过程与天道一致（注意：一致与应用不同，应用指如数学原理应用于具体计算中）。

（三）含义二：行道

将治道读为以道治理，还有一个间接的证据，那就是：在先秦甚至后世文献中，治道常常可读为政治意义上的践道、行道或修道。在这里，道虽然是名词，但是作为需要修治的对象，意味着针对具体事物而言什么是道，内涵并不明确，需要不断探索。正因为对于道的探索，并不是应用某种形而上的原理法则的过程，而是实践者面对具体问题去思索最合理的处理途径，所以需要不断地求道、修道和治道。行道、求道（政治意义上）与以道治理，都强调了针对具体事物、具体过程探求最大合理化，因此下面我们将看到，两种含义之间有可替换性。

治道指政治意义上践道、行道或修道，不仅经常出现于道家论著中，也常常出现于非道家，特别是儒家色彩的政论性言论中。[72]尤其在先秦文献中常出现这种理解，在后世也偶尔见到。在这种情况下，治道中的治不是指治理，而有修习、践行甚至求索之义；治道中的道接近于孔子所谓"天下有道"（《论语·泰伯》）、"道不行，乘桴浮于海"（《论语·公冶长》）、"鲁一变至于道"（《论语·雍也》）以及孟子所谓文王"望道而未之见"（《孟子·离娄下》）中的道。

例一，《庄子》中"治道"指个人意义上的修习道术：

> 夫子问于老聃曰："有人治道若相放，可不可，然不然。辩者有言曰：'离坚白，若县寓。'若是则可谓圣人乎？"老聃曰："是胥易技系劳形怵心者也。……"（《庄子·天地》）

> 古之治道者，以恬养知；生而无以知为也，谓之以知养恬。知与恬交相养，而和理出其性。（《庄子·缮性》）

例二，《管子》中"治道"（2见）皆只能读作政治意义上践道或行道：

> 缘故修法，以政治道。（《管子·侈靡》）
> 治权则势重，治道则势赢。（《管子·揆度》）

上两段话中，"以政治道"实指以政治的方式践道或行道，故戴望释为"为政不违于道"[73]。另一处治道与治权对应，治权指重视和运用权力，则治道指重视和实践道义。这两处治道皆为动宾结构，治不是指治国或治理，而是指践行或修习。因此，治道作为一个术语并不是名词，而是动宾词组；不是静止状态，而是动作过程。

例三，《吕氏春秋》亦以治道为政治治理意义上的践道或行道：

> 故治天下之要，存乎除奸；除奸之要，存乎治官；治官之要，存乎治道；治道之要，存乎知性命。(《吕氏春秋·审分览·知度》)

这里"治道"与"治官""治天下"相对应，是动宾词组。故治官是选用官员，治道是推行道义。

到汉代以后，治道这一明确的动宾用法日趋少见，而较多地转化为以道治理，二者在含义上可替换。

例一，《汉书》中有几处"治道"，一般读为治理之道，然细推可发现，读为动宾结构，即践道，意即以道治理，似更顺。例如：

> 凡治道，去其泰甚者耳。(《汉书·黄霸传》)
> 河间献王有雅材，亦以为治道非礼乐不成。(《汉书·礼乐志》)

"凡治道，去其泰甚者"是指治理宜简不宜繁，省文是黄霸批评当局"数易长吏""公私费耗甚多""徒相益为乱"，这里治道应指动作过程（即具体的治理实践），所以可读以道治理或政治上践道。若读治道为治理之道，则"治理之道"为"去其泰甚"的主语，虽仍可通，但于语法有病。"治道非礼乐不成"指只有重视礼乐，才能治合于道。句中治道读为治理之道，似不如读为以道治理，即政治意义上的践道更顺。因为本句不是指某种理想的治理之道取得成功，而是指现实的治理过程取得成功。

例二，何晏《论语集解·雍也·子见南子子路不说章》注：

> 欲因以说灵公，使行治道也。

"行治道"中的"治道"，通常读为治理之道（应然），但实际上孔子并非向灵公提供了一套完整的形上治理原理，只是希望灵公以道治理而已。因此，所谓行治道，就是指以道治理，也可以说是希望灵公行道，这样显然更加贴合语境。

例三，《周易·丰》王弼注有：

> 治道未济，隐犹可也。既济而隐，以治为乱也。

此处"治道未济"与治道既济相对，若读治道为以道治理，甚为通顺，指君王现实的治理过程。但若读治道为治理之道，变成某种抽象的形上原理是否得到了实施。从上下文语境看，我觉得指的应当是统治者行道或以道治理未成或已成。故治道不当读为治理之道。

例四，程子和朱熹的治道概念时常以读为以道治理或行道为顺：

> 上古世淳而人朴，顺事而为治耳。至尧，始为治道，因事制法，著见功迹。（《二程集·粹言·论书篇》）
> 治道在于立志。（《二程集·遗书·明道语一》）
> 大有为之主励精治道，事事要理会过。（《朱子语类》卷72〈易八〉）

"至尧，始为治道，因事制法"，治道指尧开始以道治理或行道，当为动宾结构。"治道在于立志"本义是立志方可行道或以道治理。

如果治道读为治理之道，就变成"治理之道在于立志"，语句不通。类似的例子还有"治道必本于正心"（《朱子语类》卷 108〈论治道〉），"治道亦有从本而言"（《二程集·遗书·伊川语一》），"治道别无说"（《朱子语类》卷 108〈论治道〉）等，其中治道均可读为动宾结构，即践道，若读为以道治理亦可。后段"励精治道"指早期皇帝（大概是神宗）曾发奋有为，"事事要理会过"。"励精"描述行为特点，为副词，故治道当指动作过程，励精治道就指奋力、严格地行道/以道治理。如果把治道读作治理之道或致治之道，做名词，指向静止状态，反而与"励精"不匹配。

此外，《太平御览》之〈治道部〉，分目包括君、臣、政治、贡赋、赋敛、贡举、荐举、赏赐、急假，其内容为古代经典及诸子之论点，或历朝名臣之言论，及具体政策措施。综合地看，〈治道部〉之宗旨是论说治理的道理或恰当方式，以规范性含义为主，但从不探讨一个最高的形而上的治理原理是什么，如何从它出发推论出针对这些具体领域的治理方式，而是以各朝治理的实际措施为辅证，来说明不同领域的合理治理方式。

再如《朱子语类》卷 108〈论治道〉共 71 条 [74]，内容涉及人主、天下事、为治、博约、修身、取才、道术、古礼、井田、封建、制法、人才、教化等，其内容皆是治理天下之方，皆为针对具体事物而探讨如何以道治理。

或许可以说，汉代以来以道治理这一用法代替了行道、践道（政治上）用法，但二者含义实同，都是针对具体事物、具体情境追求治合于道。

（四）含义三：别义

需要指出的是，治道虽可读作政治意义上行道、践道或以道治理，多数情况下针对具体事物而言，但是有些时候，古人确实用治道一词暗示某种完备、抽象、独立的治世原理，这套原理由古代圣王（如三皇五帝等）所代表，其具体内容只存在于想象中，不存在于现实中。我把这时的治道称为治理之道，而强调它的特殊含义，即不是针对具体事物而言的治理途径或办法，而是抽象、理想、完备的最高原理。不过要注意，这套原理仍然不是脱离天地而超验独立地存在，绝不能把它与西方思想中的 transcendence（超验存在）、essence（本质）、eidos（理念）或现代自然科学中的抽象原理相等同，后者具有独立于一切具体事物的独立性，且内容明确，可应用于一切具体事物的计算中。我把治道的这一含义称为治理之道。当然总的来说，正如下面所显示的，汉代以来，以道治理这一含义占据上风并独领风骚，远胜于治道的其他含义。

当然，无论是践道/行道、以道治理还是治理之道，治道都有非常强烈的规范性含义，所以有"讲求治道""访以治道""明治道者""晓达治道""极陈治道""治道在于""治道所司""治道出""治道成""治道得""治道尽""近治道""精治道""与治道相反"这类用法。又如《朱子语类》卷 108〈论治道〉中"治道"共出现 3 次，除标题 1 条外，另外 2 条亦皆从规范性角度使用治道一词。[75]

还有一种情况值得注意，当治道做名词时，也可做中性词，而不一定有褒义，此时的治道我也读作治理之道。比如"本朝治道""唐之治道""贤圣治道""治道未洽""治道庞杂""治道得失""治道有不当者""经纶治道""弥纶治道"之类用法。在这种情况下，治道有时接近于治理的同义词，指向治理的现状。这类用法还可找出如"羽翼治道""亲勤治道""缘饰治道""补于治道""有益治道""有裨治道""修复治道""治道修明""治道蒸蒸""治道缉熙""治道休明""治道多昧""治道方僻""治道方融""治道日坏"等用法。

基于上述分析，我从如下四个方面来概括治道概念：

一是现实中出现的治理方式，不一定是褒义，此时治道近于今日理政之义。（含义 a）

二是政治意义上践道、行道或求道，动宾结构。（含义 b）

三是指针对具体事物、具体时期或具体朝代的治理途径或办法，指治之导，可读为合理、恰当的治理途径或办法，亦可读为以道治理。（含义 c）

四是一套由古代圣王所代表的理想、完备、成熟的治理天下的最高原理，出自后人想象，本书读为治理之道（在特定意义下）。（含义 d）

前两种情况下，治道都不代表某种理想、完备、抽象的最高原理。所有这四种治道概念有时都可延伸为指针对某种官职、某个地方、某件事务、某位贪官的治理方式。在阅读先秦以后的文献中，我感到苦恼的是，治道一词的上述三个含义——践道／行道、以道治理及治理之道，有时很难区分清楚。很多地方，两种或三种读法均显通顺。而在有些地方，如果治道读为治理之道就要区分实然与应然，而读作践（行）道／以道治理就不需要作此区分。

（五）治道含义例论

先秦治道概念

下面我们具体讨论四个案例来说明治道概念，即先秦诸子、《群书治要》、《资治通鉴》及程朱理学中的治道概念。其中《群书治要》反映经典文献中的治道概念，《资治通鉴》反映正史中的治道概念，程朱理学反映宋明以来儒学大宗的治道概念。

先秦治道概念不多见，今查得如下 14 例（按术语形式重排，后同）。每例后以 a、b、c、d 标明属于上面含义 a、含义 b、含义 c 或含义 d（不止一个含义时也只标一个优选义）：

> 治道具 c，治道通 c（2 见），治道备 c，治道之要 b，治道之源 c，治道若相放 b，治道则势赢 b，出治道 c，知治道 c，为治道 c，存乎治道 b，以政治道 b，天下之治道 c，古之治道者 b

讨论如下：

【治道指行道、践道】

如前所述，《管子·揆度》"治道则势赢"，《管子·侈靡》"以政治道"，《庄子·天地》"有人治道若相放"，《庄子·缮性》"古之治道者"，《吕氏春秋·审分览·知度》"存乎治道"及"治道之要"，治道皆指个人修道或践道。

【治道指以道治理】

- 《墨子·兼爱中》："今天下之君子，忠实欲天下之富，而恶其贫；欲天下之治，而恶其乱，当兼相爱、交相利。此圣王之法，天下之治道也，不可不务为也。"这里治道指圣王之法，内容是兼相爱、交相利。
- 《礼记·乐记》
  ◇ "礼、乐、刑、政，其极一也，所以同民心而出治道也。"出治道似指产生治合于道的局面，其中治道似可读作以道治理。
  ◇ "是故审声以知音，审音以知乐，审乐以知政，而治道备矣。"由乐而知政，才合乎以道治理。
- 《文子·符言》："原天命，治心术，理好憎，适情性，即治道通矣。"

- 《文子·微明》:"君不与臣争而治道通。"治道通当指打通以道治理之途。

- 《文子·上义》:"夫知法之所由生者,即应时而变;不知治道之源者,虽循终乱。"指唯有从根源上了解以道治理,才不会机械遵循法度。

- 《韩非子·八经》:"赏罚可用则禁令可立,而治道具矣。"令行禁止才可以道治理。

- 《韩非子·诡使》:"圣人之所以为治道者三:一曰利,二曰威,三曰名。""为治道"即践行道,亦即实现以道治理。

- 《荀子·正论》:"是不及知治道,而不察于扣不扣者之所言也。"批评世俗说者提倡薄葬不懂得以道治理,或者说不懂得践道。

以上14例中,含义b共6见,含义c共8见,含义a、d次数为0。

《群书治要》中的治道概念

《群书治要》(丛刊本)中治道一词共24见[76]:

治道通c,治道衰c,治道毕c(2见),治道清a(2见),治道之外d,治道未理c,治道不谬a,治道可隆c,治道不取c,治道失于下c,治道之兆c,治道之所患c,治道贵清静b,论治道c,言治道c(2见),有治道b,缉熙治道c,然后治道b,深原治道d,思虑于治道c,与治道相反c

试分析如下:

【治道指现实的治理方式或政治局面】

- 卷48〈典语〉:"俊乂在官则治道清,奸佞干政则祸乱作。"治道似指政局,治道清似指政治清廉。

- 卷48〈典语〉:"验之以实,效之以事能。推事效实,则贤愚明而治道清矣。"讲如何分辨臣下之贤愚,此处治道清似指政局不乱。合本卷而言,"治道清"指政局理顺。

- 卷45〈仲长子昌言〉:"自省无愆,治道不谬,则彼嘉物之生、休祥之来,是我汲井而水出,爨灶而火燃者耳。"治道当指现实治理。

【治道指政治意义上践道、行道】

- 卷15〈汉书三〉:"治道贵清静而民自定。"盖公为曹参言如何以道理政,治道可读为动宾结构,若读为以道治理亦可。

- 卷46〈中论〉:"民心莫不有治道。"从上下文看,此处治道指个人修习道术,含义近修身(民心指人心),不指天下治理之道。莫不有治道,指莫不知修道。[77]

- 卷29〈晋书上〉:"侍中臣顾言:夫杀生赏罚,治乱所由兴也。人主所谓宜生,或不可生,则人臣当陈所以宜杀;人主所谓宜赏,或不应赏,则人臣当陈所以宜罚。然后治道耳。"此处治道,读为践道为顺。

【治道指针对具体事物的治理之道,即以道治理】

- 卷22〈后汉书二〉:"夫有国之君,俱欲兴化建善,然而治道未理者，其所谓贤者异也。"治道未理当指未能理清如何以道治理。

- 卷31〈六韬〉："文王问太公曰：愿闻治国之所贵？太公曰：贵法令之必行，必行则治道通。"治道通指打通了以道治理之途。

- 卷45〈政论〉："吏不平则治道衰。"治道衰指治不合于道，不能理解为某种形而上原理衰退。

- 卷8〈韩诗外传〉："原天命，治心术，理好恶，适情性，而治道毕矣。"

- 卷10〈孔子家语〉："孔子曰：人有五仪，有庸人，有士人，有君子，有贤，有圣。审此五者，则治道毕矣。""毕"做动词当读为终、竟，故治道毕可读为足以实现以道治理，并非说治理的全部原理都已包罗无遗。

- 卷29〈晋书上〉："故人知厥务，各守其所，下无越分之臣，然后治道可隆，颂声能举。"治道可隆指致治之途兴隆，或日益走向以道治理，不当理解为某种抽象整全的治理原理走向兴隆。

- 卷50〈袁子正书〉："夫可赦之罪，千百之一也。得之于一而伤之于万，治道不取也。"批评对罪人宽赦过多，治道不取指非以道治理。

- 卷40〈新语〉："治道失于下，则天文变于上。"治道失于下指治不合于道。

- 卷48〈典语〉："君子慕义，治道之兆。"讲帝王慎用爵禄，合于以道治理。

- 卷50〈袁正子书〉："人执异端，窥欲无极，此治道之所患也。"指"安宁天下者不爵，斩一将之功者封侯，失封赏之意"这一行为不合乎以道治理。

- 卷26〈魏志下〉："虞表论治道曰：昔周有乱臣十人，有妇人焉;孔子称才难不其然乎;明贤者难得也。"讲求贤合乎以道治理。

- 卷45〈仲长子昌言〉:"令夫王者诚忠心于自省,专思虑于治道。"

- 卷26〈魏志下〉:"诚非所以息奸省讼,缉熙治道也。"为高柔批评文帝鼓励告奸,缉熙当指彰显,缉熙治道当指彰显以道治理。

- 卷29〈晋书上〉:"刘颂屡言治道。"具体内容不知,当指针对现实问题讨论以道治理。

- 卷48〈体论〉:"今之从政者,称贤圣则先乎商韩;言治道则师乎法术。"治道指以道治理。

- 卷27〈吴志上〉:"夫人情惮难而趋易,好同而恶异,与治道相反。"此孙权臣下张纮论人性自然趋势与以道治理相反。

【治道指理想的治理之道,或致治之道】

- 卷29〈晋书上〉:"古之圣哲深原治道。"据上下文,治道包括"设官建职,制其分局","选贤举善",使"人知厥务,各守其所"等。

- 卷37〈尹文子〉:"仁、义、礼、乐、名、法、刑、赏,凡此八者,五帝三王治世之术也……过此而往,虽弥纶天地,缠络万品,治道之外。"治道即运用此八者之术。

上述24例中,含义a共3例,含义b仅3例,而含义c共16例,含义d仅2例。

《资治通鉴》中的治道概念

《资治通鉴》（丛刊本）中治道一词共 24 见，除含义不相干者[78]，共出现 20 次：

> 治道集 c，治道衰 c，治道所以未成 c，思治道 c，通治道 c，知治道 c，论治道 c（2 见），陈治道 c，经纶治道 c，屡言治道 c，思弘治道 c，不及治道 c，咨讲治道 c，留心（于）治道 c（2 见），无益于治道 c，古今治道 c，与治道相反 c，凡治道去其泰甚者 b

试析其用法如下：
【治道指具体治理过程，动宾结构，读为践道、行道】

- 卷 25〈汉纪·中宗孝宣皇帝上之下〉："霸曰：数易长吏，送故迎新之费及奸吏因缘绝簿书、盗财物，公私费耗甚多，皆当出于民，所易新吏又未必贤，或不如其故，徒相益为乱。凡治道，去其泰甚者耳。"

【治道指针对具体事物的治理之道，即以道治理】

- 卷 175〈陈纪·高宗宣皇帝下之下〉："陛下留心治道，无惮疲劳，亦由群官惧罪不能自决。"治道指理政，当即以道治理。
- 卷 179〈隋纪·高祖文皇帝中〉："李文博所撰《治道集》。""治道集"为书名，当为作者讨论具体政论的汇集。
- 卷 26〈汉纪·中宗孝宣皇帝中〉："吏不廉平则治道衰。"治道衰指治理日益不合于道，并不是指某种抽象的治理原理衰退。

- 卷 290〈后周纪·太祖圣神恭肃文孝皇帝上〉："陛下躬亲庶务，故宰相不得尽其才，此治道所以未成也。"治道未成指治不合于道，或未能实现以道治理。

- 卷 192〈唐纪·高祖神尧大圣光孝皇帝下之下〉："朕……每思治道，或深夜方寝。"思索如何以道治理，重点当不在寻找一套完备的形上原理，后者理论性、抽象性及思辨性很强，未必是帝王首要关怀。

- 卷 13〈汉纪·太宗孝文皇帝上〉："古之治天下，朝有进善之旌、诽谤之木，所以通治道而来谏者也。"通治道当指通向以道治理。如果读为通向某种整全、抽象的治天下之道，虽亦可通，有过度拔高之嫌。

- 卷 17〈汉纪·世宗孝武皇帝上之上〉："建元元年冬十月，诏举贤良方正直言极谏之士，上亲策问以古今治道。"古今治道，指各朝各代如何治理。

- 卷 71〈魏纪·烈祖明皇帝上之下〉："陛下以圣德当成康之隆，愿先留心于治道，以征伐为后事。"

- 卷 89〈晋纪·孝愍皇帝下〉："刘颂屡言治道，传咸每纠邪正。"

- 卷 99〈晋纪·孝宗穆皇帝中之上〉："健勤于政事，数延公卿咨讲治道。"

- 卷 123〈宋纪·太祖文皇帝中之上〉：刘湛"善论治道，谙前代故事，叙致铨理，听者忘疲"。

- 卷 191〈唐纪·高祖光孝皇帝下之上〉："听百官各陈治道。"

- 卷 236〈唐纪·德宗圣文皇帝十一〉："叔文谲诡多计，自言读书知治道。"

- 卷 238〈唐纪·宪宗孝皇帝上之下〉："上尝与宰相论治

道于延英殿，日旰，暑甚，汗透御服。"

上面数条（卷 17 以下）所谓问治道、知治道、论治道，回到当时语境，当指治道如何处理某朝或当时国家事务，故以读为以道治理为上。

- 卷 137〈齐纪·世祖武皇帝中〉："古者葬而即吉，不必终礼。此乃二汉所以经纶治道，魏晋所以纲理庶政也。"经纶治道即实施以道治理。
- 卷 32〈汉纪·孝成皇帝中〉："独以偏辞成罪断狱，无益于治道。"无益于治道指无益于以道治理。
- 卷 71〈魏纪·烈祖明皇帝上之下〉："夫人情惮难而趋易，好同而恶异，与治道相反。"与治道相反指不合乎以道治理。
- 卷 138〈齐纪·世祖武皇帝下〉："子良善相毗辅，思弘治道。"弘扬以道治理，针对的是尽宰相之责。
- 卷 149〈梁纪·高祖武皇帝五〉："察孝廉唯论章句，不及治道。"

以上含义 b 得 1 例，含义 c 共 19 例，含义 d 共 0 例。

二程、朱熹的治道概念

以《二程集》（21 见）和《朱子语类》（14 见）为例，其中"治道"一词用法如下（共 35 见）（本节以下《二程集》只著卷名，《朱子语类》简称《语类》）：

治道斋 c（2 见），治道策 c，治道出 c，治道大原 c，治道在于立志 b，治道之要 b，治道最紧切处 d，治道别无说 b，治道必本于正心 b，治道亦有从本而言 b，治道有自本而言 b，治道积累以成泰 b，论治道 c（3 见），言治道 c（2 见），说治道 c（3 见），明治道 c（2 见），成（其）治道 c（2 见），陈治道 c，始为治道 b，天下有治道 c，晓达治道 d，推明治道 c，修明治道 d，修复治道 d（2 见），诏以治道 c，唐之治道 a

以下分析含义：
【治道指现实治理方式，或政治局面】

● 〈遗书·伊川语一〉："唐之治道付之尚书省，近似六官，但法不具也。"治道即实际治理方式，中性词。

【治道指实际治理过程，或政治意义上践道、行道，可读为以道治理】

● 〈遗书·明道语一〉："治道在于立志。"治道当指推行治道，动宾结构，亦可读为以道治理。
● 〈遗书·伊川语一〉："治道亦有从本而言，亦有从事而言。从本而言，惟从格君心之非，正心以正朝廷，正朝廷以正百官。"
● 〈周易程传·上经〉："掘隍土积累以成城，如治道积累以成泰。"治道即理政，本部分多数亦可读为以道治理。
● 〈粹言·论政篇〉："治道之要有三，曰：立志、责任、求贤。"治道指向统治者的行为动作，即践道，亦可读作以道治理。
● 〈粹言·论书篇〉："上古世淳而人朴，顺事而为治耳。至尧，始为治道，因事制法，著见功迹而可为典常也。"治道当为动宾结构。

- 〈粹言·论政篇〉："治道有自本而言，有就事而言。自本而言，莫大乎引君当道，君正而国定矣。"治道即今日参政从政之义，即个人政治上修道、践道。

- 《语类》卷108〈论治道〉："治道别无说。若使人主恭俭好善，有言逆于心，必求诸道；有言孙于志，必求诸非道；这如何会不治？这别无说。"

- 《语类》卷108〈论治道〉："治道必本于正心、修身，实见得恁地，然后从这里做出。"

【治道指针对具体事物的治理之道，即以道治理】

- 〈遗书·二先生语二上〉："胡安定在湖州置治道斋，学者有欲明治道者，讲之于中，如治兵、治民、水利、算数之类。"

- 〈外书·程氏学拾遗〉："文王望道而未之见，谓望天下有治道太平，而未得见也。"天下有治道即治合于道。

- 〈明道文集·论养贤札子〉："三代养贤必本于学，而德化行焉，治道出焉。"治道出即〈乐记〉"出治道"。

- 〈明道文集·论养贤札子〉："陛下时赐召对，诏以治道，可观其材识器能也。"

- 〈明道文集·论十事札子〉："此则陋儒之见，何足以论治道哉。"

- 〈伊川文集·论礼部看详状〉："此世俗鄙论，乌足以言治道。"

- 〈伊川文集·明道行状〉：明道先生"尝极陈治道"于神宗。

- 〈周易程传·下经〉:"救乱除难, 一时之事, 未能成治道也。"
- 〈伊川经说·书解〉:"至尧始明治道, 因事立法, 著为典常。"
- 〈伊川经说·书解〉:"至尧而与世立则, 著其典常, 成其治道。"
- 〈粹言·君臣篇〉: 明道于神宗前"一日极论治道, 上敛容"。
- 《语类》卷18〈大学五〉:"龟山于天下事极明得, 如言治道与官府政事, 至纤至细处亦晓得。"
- 《语类》卷83〈春秋〉:"胡安定、孙泰山、石徂徕他们, 说经虽是甚有疏略处, 观其推明治道, 直是凛凛然可畏。"
- 《语类》卷84〈论考礼纲领〉:"胡氏开治道斋。"
- 《语类》卷109〈论取士〉:"凡事须看透背后去……若只看这一面, 如何见得那事几, 更说甚治道。"
- 《语类》卷122〈吕伯恭〉:"或言东莱馆职策, 君举治道策, 颇涉清谈, 不如便指其事说, 自包治道大原。"
- 《语类》卷129〈本朝三〉:"文中子之书颇说治道。"
- 《语类》卷130〈本朝四〉:"范淳夫论治道处极善, 到说义理处, 却有未精。"

【治道指理想的治理之道, 或致治之道】

- 〈明道文集·请修学校尊师儒取士札子〉:"通明学业、晓达治道者。"
- 〈周易程传·下经〉: 论解卦:"圣人既解其难……则当修复治道, 正纪纲, 明法度, 进复先代明王之治, 是来复也。"修复治道指恢复先王治理之道，先王当指尧舜文武周公这类人。

- 《语类》卷79〈尚书二〉："说《洪范》。……今人只管要说治道，这是治道最紧切处。"
- 《语类》卷72〈易八〉："《程传》以为天下之难已解而安平无事，则当修复治道，正纪纲，明法度，复先代明王之治。夫祸乱既平，正合修明治道，求复三代之规模。"

上述数义之中，含义 a 得 1 例，b 得 8 例，c 得 21 例，d 得 5 例。

治道用法小计

现将古文献中治道概念的用法统计制成表 5，以便读者分析其义。

表中有些术语的含义需要从上下文来理解，如"赞成治道"指助成治道；"上下治道"可指上下求索治理之道，治道当读动宾结构；"与于治道"原句"不足与于治道"，指共图治道；"先治道"指首先考虑治道；"治道终""治道尽""治道毕""治道备"含义相近，皆指足以实现合理的治理；"治道得""治道穆""治道清""治道隆""治道康"含义相近，其中治道或指治理现状或政局；"治道无两端"指治理天下不能前后不一；"治道久则穷，穷必变"指懂得凡事久则穷，穷则须变的道理亦是治道之一。

读者也可以根据表 5 来初步分析，治道一词究竟该怎么理解，前面所总结的几种含义在这里是如何表现的。

表 5 "治道"一词古人用法统计[79]

治道前置	三字词	治道出，治道备，治道毕，治道具，治道成，治道行，治道隆，治道明，治道光，治道得，治道终，治道举，治道康，治道穆，治道清，治道修，治道盛，治道兴，治道衰，治道塞，治道病，治道损，治道失，治道尽，治道亡，治道误，治道坏，治道替，治道舛，治道隳，治道远，治道敝，治道策，治道事，治道疏
	四字及以上	治道在是，治道不取，治道大通，治道运行，治道开阖，治道日广，治道旁达，治道修明，治道蒸蒸，治道缉熙，治道休明，治道隆替，治道隆污，治道损益，治道庞杂，治道尽此，治道未尽，治道得失，治道明晦，治道消长，治道长久，治道必由，治道必本，治道所本，治道所急，治道所患，治道所出，治道所损，治道所司，治道所先，治道何先，治道迁移，治道积累，治道源于，治道原于，治道在于，治道本于，治道未济，治道未理，治道不登，治道不当，治道不进，治道疏阔，治道湮煜，治道愈下，治道未洽，治道多昧，治道陵迟，治道方僻，治道方融，治道弗昭，治道犹郁，治道日乖，治道不纯，治道有瘳，治道明范，治道本原，治道要术，治道要言，治道体要，治道要务，治道实要，治道之贼，治道之详，治道之丰，治道之兆，治道之大，治道之助，治道之具，治道之术，治道之象，治道之极，治道之基，治道之本，治道之要，治道之备，治道之纲，治道之蠹，治道之美者，治道之可否，治道之隆平，治道之大端，治道之偏端，治道之楷模，治道之兴废，治道之深规，治道之机括，治道之根柢，治道之本末，治道之遗化，治道之纲领，治道之体统，治道之纲目，治道之大者，治道之大体，治道之大蠹，治道之可以然，治道最紧切处，治道自此始，治道有相资之具
治道后置	三字词	出治道，言治道，论治道，语治道，说治道，谈治道，谭治道，谋治道，述治道，闻治道，图治道，询治道，问治道，见治道，兴治道，隆治道，开治道，通治道，康治道，弘治道，新治道，清治道，裨治道，资治道，适治道，及治道，有治道，近治道，精治道，先治道，起治道，臻治道，启治道，成治道，赞治道，切治道，为治道，立治道，明治道，达治道，知治道，识治道，补治道，坏治道，图治道，望治道，求治道，在治道，收治道，阙治道，辅治道
	四字及以上	共明治道，修明治道，推明治道，修复治道，敷洪治道，经纶治道，精通治道，励精治道，图谋治道，共弘治道，发挥治道，恢张治道，权舆治道，创始治道，根源治道，深原治道，缉兹治道，缉熙治道，赞成治道，赞扬治道，扬搉治道，敷宣治道，羽翼治道，亲勖治道，缘饰治道，劬劳治道，孜孜治道，上下治道，整理治道，疑塞治道，政先治道，存乎治道，阴诩治道，宣扬治道，颂圣治道，一心治道，虚心治道，垂心治道，专心治道，留心治道，留意治道，有意治道，永念治道，念兹治道，辨明治道，深惟治道，思惟治道，思复治道，思宏治道，思弘治道，思闻治道，郁于治道，志

治道后置	四字及以上	于治道，无懈治道，切劘治道，讲磨治道，忧勤治道，勤求治道，研求治道，无厌治道，深符治道，深明治道，明识治道，明乎治道，明达治道，晓达治道，明于治道，达于治道，深于治道，暗于治道，与于治道，昧于治道，缺于治道，妨于治道，切于治道，切中治道，庶几治道，不及治道，补于治道，有神治道，神益治道，有益治道，无益治道，害于治道，有资治道，咨诹治道，咨访治道，历访治道，访以治道，延访治道，访求治道，讲求治道，询以治道，询求治道，问以治道，策以治道，策问治道，亲策治道，商略治道，试以治道，教以治道，诰以治道，诏以治道，关于治道，关乎治道，主于治道，之于治道，开陈治道，敷陈治道，极陈治道，指陈治道，讲论治道，讲明治道，评讲治道，论说治道，敷析治道，推言治道，善言治道，善论治道，论思治道，议收治道，己之治道，唐之治道，古人治道，贤圣治道，圣王治道，本朝治道，古今治道，天下治道，五经治道，尧舜治道
其他用法		治道在君臣；治道莫大于君臣；治道不如三代；治道因事制法；治道从本而言；治道从事而言；作易在治道；治道去泰甚；治道贵清静；治道以清静为本；治道非礼乐不成；治道在于得贤；治道致太平；治道在广言路；治道无两端；治道贵致其实；治道久则穷，穷必变；治道在儒；因时而治道；与治道相乱；与治道相反；出于治道之外；所以根源治道者；以治道辅吾子；推致于治道；与治道通；于治道何损；何足为治道言；以治道自任；于治道人心关系甚巨

第三章　治道相关概念（上）

从本章开始，我们将研究一系列与治道有关的概念，即治法、治具、治术、治体、政道、王道、人道、中道等。这些词汇或从治，或从道，含义与治道或有重叠，但又不尽相同，但均与治道有关。

（一）治法

使用

治法一词不见于《周易》、《尚书》、《毛诗》、《仪礼》、大小戴《礼记》、《春秋》及三传。五经（加上《大戴礼记》实为10部经典）中仅于《周礼》1见，指刑法。较早见于《墨子·法仪》，在先秦文献中不时见到。先秦经、子文献中，此词于《周礼》1见、《墨子》3见、《管子》1见、《荀子》3见、《商君书》3见、《韩非子》2见；汉文献中《淮南子》2见、《新语》1见、《申鉴》1见、《法言》1见。不见于《春秋繁露》、《韩诗外传》、《新书》（贾谊）、《新论》（桓谭）、《白虎通》（班固）、《新序》《说苑》（刘向）、《盐铁论》（桓宽）、《中论》（徐干）、《论衡》（王充）、《风俗通义》（应劭）、《潜夫论》（王符）、《中说》（王通）、《颜氏家训》（颜之推）、《世说新语》（刘义庆）等。

表6 "治法"在古籍中出现统计

类	书	次	类	书	次	类	书	次
经部[80]	周礼	1	子部	王文成全书	0	史部	资治通鉴	0
	礼记（注）	1		文史通义	3		续资治通鉴	0
	经义考	5		宋元学案	3	政论	群书治要	3
子部	墨子	3		明儒学案	2[83]		贞观政要	0
	荀子	3	集部	韩愈集	1		名臣言行录	2
	商君书	3		欧阳修文集	2[84]		郡国利病书	9[85]
	韩非子	2		东坡七集	2		明夷待访录	3
	淮南子	2		朱子文集	2		皇朝经世文	49[86]
	新语	1		水心文集	2	类书	北堂书钞	1
	法言	1	史部	新唐书	1		太平御览	1[87]
	申鉴	1		新五代史	2		册府元龟	0[89]
	张子全书	3		宋史	3	通书	文献通考	5
	二程集	0[88]		元史	2		北堂书钞	1
	近思录	0		明史	0[81]		太平御览	1
	朱子语类	1		清史稿	9[82]		皇朝通考	21

　　魏晋至清末子部、集部文献中，"治法"出现亦甚少。不见于《楚辞》《文选》，不见于嵇康、范仲淹、陶渊明、陆贽、韩愈、柳宗元、李翱、王安石、司马光、张载、二程、陆九渊、真德秀、王阳明、顾炎武、钱大昕、龚自珍、曾国藩集或全书，亦不见于苏辙《栾城集》、曾巩《元丰类稿》、陈亮《龙川集》、黄宗羲《南雷集》、钱大昕《十驾斋养新录》、姚鼐《惜抱轩集》。清代各家文集中均少见。

　　正史之中，"治法"迟至《新唐书》始见[90]，且出现次数一直不多，各史仅见一二例（仅《宋史》3见），《资治通鉴》《续资治通鉴》皆未见。至《清史稿》增加至9例。魏源《皇朝经世文》治法共出现49条，联系顾炎武《天下郡国利病书》中出现达9次，两书有关治法的文字也多为讨论治人与治法关系。可以想见，清代有关治法的讨论出现了明显增加的趋势，或与清末言变法有关。

此词在类书中亦不多见，通书中稍多。《北堂书钞》《太平御览》各1见，《通典》《通志》不见，《文献通考》（马端临）5见，《皇朝通考》21见。

含义

今按：法本字作灋，从水、从廌，去声。水代表公平，廌代表正义。[91] 故法本义指刑法。《尚书·吕刑》"唯作五虐之刑于法"及《易·噬嗑·象》"先王以明罚敕法"，最能体现此字的本义。但法字可引申为指一切典章、制度。《韩非子·难三》云："法者，编著之图籍，设之于官府而布之于百姓者也。"孙诒让云："法本为刑法，引申之，凡典礼文制通谓之法。"[92] 不过，法所代表的制度含义不一定限于外在可见的书面条文，还可代表一切政治及社会行为的规范，包括纲纪、礼义、秩序等在内，故程子又称法为"道之用"[93]。梁启超在考察"法字之语源"时，曾将"法""刑""律""典""则""范"等合为一组，亦从较宽泛的角度解释法之义。[94] 与法多义性相应，治法一词也有多重不同的含义。

统而言之，治法本有三种典型含义：

（a）治理所需之刑法、法度或制度；

（b）治理所需之政治规范，包括纲纪、礼义等；

（c）亦时常概指治理之方法，包括大政方针、政策措施等。

治法的不常用含义有：

（d）针对一时一事一职之治理方法；

（e）法为动词，指效法，治法指治理所当效法[95]；

（f）在政治领域，也可指治病方法，或治河方法，等。[96]

治法的含义似乎有一个由窄而宽的演变：刑法→制度→纲纪、礼义→方针政策→治理方法。

下面辑录治法的前四种典型含义材料：

指刑法或法度

- 《商君书·去强》："以治法者强，以治政者削。"[97]
- 《商君书·壹言》："凡将立国，制度不可不察也，治法不可不慎也……治法明，则官无邪。"
- 《荀子·王霸》："有治人，无治法。"
- 《韩非子·制分》："夫治法之至明者，任数不任人。"
- 《周礼·天官》："掌治法以考百官府、群都县鄙之治，乘其财用之出入。凡失财、用、物，辟名者，以官刑诏冢宰而诛之。其足用、长财、善物者，赏之。"

在特殊情况下，治为动词，治法为动宾结构，即创制法律或制度[98]；有时治为形容词，指致治的，治法与乱法相对。[99]

指典章、制度

由典章、制度，引申为政治及社会行为的规矩、规范，包括纲纪、礼乐、伦理等。

- 《礼记·乐记》："有制于天下也"，郑玄注："言尊卑备，乃可制作以为治法。"此处治法当指纲纪、秩序等，可为天下法式。
- 《欧阳修文集》〈附录五〉："昔孔子作春秋因乱世而立治法，余述本纪以治法而正乱君。"
- 《朱子语类》卷55〈孟子五〉："孔子作春秋……只是存得个治法，使这道理光明灿烂，有能举而行之，为治不难。"治法当指政治行为规范，如后世所谓"三纲"。

- 《近思录》卷9〈治法〉："此卷论治法。盖治本虽立，而治具不容缺。礼乐刑政有一之未备，未足以成极治之功也。"据此，治法为治具之一，内容则指礼乐刑政方面的制度。
- 《文史通义》卷6〈和州志艺文书序例〉："夫文字之原，古人所以为治法也。三代之盛，法具于书，书守之官。"又云："《周官》之籍富矣；保章天文，职方地理，虞衡理物，巫祝交神，各守成书以布治法。"此处治法当指古圣王政治行为之典范，而记录于典籍中。
- 《皇朝通考》卷213〈钦定书经传说汇纂二十四卷〉："治法之垂为典章。"
- 《皇朝经世文》卷7〈王霸辨〉（俞长城撰）："今夫《周官》者，古今治法之全也。"

概指天下治理方法

有时与治道含义无别，如三代治法、尧舜治法、先王治法等，但有时侧重于方针、政策、措施等。[100]今录部分例证如下：

- 《荀子·荣辱》："三代虽亡，治法犹存。"
- 《水心文集》卷16〈陈公墓志铭〉："古人经制，三代治法。"
- 《水心文集》卷9〈六安县新学记〉："尧舜既垂治法。"
- 《逊志斋集》卷1〈杂诫〉："先王之治法详矣。"
- 《经义考》卷67〈易宗集注〉（孙宗彝著）自序："会通以行其典礼，是孔子传易之宗旨也，万世之治法以此禅，万世之世运亦以此禅也。"（孙氏为清顺治进士）
- 《经义考》卷81〈书解〉（唐仲友著）："三代治法悉载于经，灼然可见诸行事。后世以空言视之，所以治不如古。"（书佚，苏伯衡引其语）
- 《经义考》卷92〈尚书禅传十卷〉（朱鹤龄著）："盖《尚

书》者，帝王之心法，治法所总而萃也。"（原书自序）

- 《经义考》卷127〈周礼传〉（王应电著）："盖世有升降，治法不与推移也。"（原书自序）
- 《皇朝通考》卷73〈学校考十一〉："国朝列圣相承，治法、道统远迈唐虞。"
- 《皇朝通考》卷74〈学校考十二〉："圣治承天，治法、道法圣圣相传。"
- 《皇朝通考》卷211〈日讲易经解义十八卷〉："朕以经学为治法之意也夫。"
- 《清史稿》卷150〈志一百二十五〉："三代之治法，贵本而抑末，重农而贱商。"

清人陆陇其著《治法论》（见附录三），论述治天下之要在于宽严、繁简适中，且用心至仁主敬，称"帝王之道，中而已矣"；宽还是严，繁还是简，不可一概而论，当因事因时制宜；"宽而详者为体，严而简者为用"，而"治之本在皇上之一心"。故其治法一词指治理天下之道，与治道含义无别。

治法可指具体的政策措施。例如：《周礼·天官·大宰》"乃县治象之法于象魏"，郑注："布王治之事于天下，至正岁又书而县于象魏……皆所以重治法、新王事也。"治法即"治象之法"，亦即"王治之事"，当指政策、政令。又如程颢上神宗《陈治法十事》（《宋元学案》卷14〈明道学案下〉，参本书附录二），包括师友之道、六官之职、井田经界、乡里之教、学校之教、兵农关系、国库积蓄、四民之职、山泽之禁、礼制之修等，从内容看治法一词所指为治国要策，主要涉及政策层面。

指一地、一事或一职之治理方法，也包括治官方法

- 《韩愈集》卷21〈送石处士序〉："方今寇聚于恒，师环

其疆，农不耕收，财粟殚亡。吾所处地，归输之涂，治法征谋，宜有所出。"治法指地方事务治理方法。

- 《方望溪全集》〈集外文·汤潜庵先生逸事〉："盖公之诚明仁勇，皆自学问中出。故道足以济物，而政无所偏。即此四事，已足征公治法之全矣。"治法亦指治理方法，具体内容有严重地方恶霸等事。

- 《方望溪全集》〈集外文·记太守沧洲陈公罢官事〉："凡良吏，才性、治法，尚或有偏。"

- 《文史通义》卷7〈永清县志六书例议〉："州县修志，古者侯封一国之书也。吏户兵刑之事，具体而微焉。今无其官而有吏，是亦职守之所在。掌故莫备于是，治法莫备于是矣。"

- 《文献通考》卷166〈刑考五〉："唐太宗自临治兵，以部陈不整，命大将军张士贵杖中郎将等，怒其杖轻，下士贵吏。魏征谏曰：'将军之职为国牙爪，使之执杖，已非治法，况以杖轻下吏乎？'"治法指治将方法。

- 《辽史》卷104〈乌凌阿列传〉："按察转运司拘榷钱谷，纠弹非违，此平时之治法。"

- 《清史稿》卷133〈兵志四·乡兵〉："团练之举，本属有治人无治法。"

小结

关于治法，有两个问题值得注意：

一是治法与治人的关系。在中国思想史上将治法理解为致治之法律或制度，从而围绕治法与治人的争论绵延了两千多年。《荀子·王霸》"有治人，无治法"这一说法开启了这一争端。荀子的观点首先被他的学生韩非子之辈所否认，法家历来主张"有治法，无治人"。而在后世整个儒家思想史上，主流看法一直是支持荀子的观点的。然而，至明朝，黄宗羲在《明夷待访录·原法》中提出与荀子及过去整个儒家传统相反的看法，即主张"有治法，无治人"。[101] 顾炎武《天下郡国利病书》讨论治人与治法的关系达 9 次之多。《清史稿》"治法"出现 9 次，其中 5 次是关于治人与治法关系的。《皇朝经世文》中"治法"共出现 49 次，而讨论治人与治法关系多达 29 次。很可能入清以来，治人与治法的关系再次引起人们关注。近代学者梁启超亦撰论中国法理学长文[102]，并撰专著论述管子法治思想[103]，则与西学东渐以来中国社会变迁之大势有关。

二是治法与治道的关系。由于治法时常被理解为重视法律制度，也常被理解为与治道对立。比如《二程遗书·端伯传师说》云："先王之世，以道治天下，后世只是以法把持天下。"[104] 这话极为典型地代表古典儒家的治道思想，即把治道与治法相区别，与荀子以治人与治法对立相近。《近思录·政事》（卷 10）题语："此卷论临政处事。盖明乎治道而通乎治法，则施于有政矣。"朱、吕亦将治道与治法对举，而以政事属于治法。据此，我们或可把我们所用之治道与治法两个术语区分开来。至少在古人看来，治法主要涉及制度规范，与治道重视制度背后的道理、方法有别。

（二）治具

使用

"治具"，亦常写作"治之具""为治之具""致治之具"，偶作"辅治之具"。

表 7 "治（之）具"在古籍中出现统计

类	书	次	类	书	次	类	书	次
经部	五经	0	集部	元丰类稿	5	史部	新唐书	1[105]
	经义考	3		临川文集	0[106]		隋书	1
	罨经室集	0		栾城集	1		宋史	7[107]
	十驾养新录	0		东坡七集	1[108]		元史	1[109]
	日知录	2		朱子文集	5[110]		明史	0[111]
子部	庄子	1		象山全集	0[112]		清史稿	0[113]
	文子	1		真德秀文集	1		资治通鉴	0[114]
	淮南子	1		水心文集	1[115]		续资治通鉴	3[116]
	盐铁论	1		龙川集	0	政论	群书治要	2
	中说	0[117]		逊志斋集	4		贞观政要	0
	张子全书	0		亭林诗文集	0		名臣言行录	1
	二程集	1		南雷集	0		郡国利病书	0[118]
	近思录	1		潜研堂文集	0[119]		明夷待访录	0
	朱子语类	0		戴东原集	1		皇朝经世文	6[120]
	王文成全书	0[121]		抱经堂文集	1	类书	北堂书钞	0
	宋元学案	5		方望溪全集	0[122]		太平御览	1[123]
	明儒学案	4		定盦文集	0		册府元龟	4[124]
集部	文选	1		曾国藩集	0	通书	通典	0
	韩愈集	1	史部	史记	1[125]		通志	1[126]
	司马光文集	1		汉书	1[127]		文献通考	4
	欧阳修文集	3		旧唐书	1			

　　该词初见于《文子·上义》及《庄子·天道》，笔者在先秦文献中仅检得此 2 例（皆作"治之具"）。总的来看，此词在古文献中并不多见。具体来说，此词不见于五经及其古注（在儒家十三经及注疏中，笔者仅检得 1 条，出现于《论语·为政》"道之以德，齐之以礼，有耻且格"章，朱熹《集注》："愚谓政者，为治之具；刑者，辅治之法；德、礼，则所以出治之本，而德又礼之本也。"）。子书之中，《淮南子》《盐铁论》《二程集》《近思录》各 1 见，《宋元学案》《明儒学

案》分别为 5 见、4 见。

据笔者检索，"治具""治之具"作为术语在《四部丛刊初编》经部文献中未见，《四部丛刊初编》子部（主要为先秦至唐代文献）中，若除去与理政无关的含义，"治具"一词仅 2 见（《中说》阮逸注），"治之具"仅 5 见（《庄子》《淮南子》《盐铁论》各 1 见，《群书治要》2 见）。

集部之中，《文选》《韩愈集》《司马光文集》《栾城集》《东坡七集》《真德秀文集》《水心文集》《抱经堂文集》各 1 见，而《欧阳修文集》3 见，《元丰类稿》5 见，《朱子文集》5 见，《逊志斋集》4 见；不见于《楚辞》《陶渊明集》《陆贽集》《柳宗元集》《李文公集》《范文正公集》等。总之集部出现甚少。

正史之中多不见，唯《史记》《汉书》《旧唐书》《新唐书》《隋书》《元史》各 1 见，独《宋史》多达 7 见，《资治通鉴》不见。

此外，《太平御览》1 见，《册府元龟》4 见，《通志》1 见，《文献通考》4 见。

含义

今按：具字金文写作鼎[128]，本义为以手持鼎。《说文》："共置也。从廾，从贝省。"共置当读供置，以手捧鼎为备办食器之义；故具引申为指一切用具，包括有形的器具和无形的工具（如政策措施等）。因此，治具（或治之具）一词有治理用具之义。

具体来说，治（之）具有狭义与广义之分，狭义上指法度，引申为制度或措施，进一步引申为一切有助于治理之物。大抵来说，致治之具、为治之具含义较治具似更宽泛。

下面分述治（之）具之义：

指法度，尤其刑法

- 《庄子·天道》："骤而语形名赏罚，此有知治之具，非知治之道。"
- 《淮南子·泰族训》："故法者，治之具也，而非所以为治也；而犹弓矢，中之具，而非所以中也。"[129]
- 《盐铁论·刑德》："辔衔者，御之具也，得良工而调。法势者，治之具也，得贤人而化。"
- 《史记》卷122〈酷吏列传〉："法令者，治之具，而非制治清浊之源也。"

指各种制度

包括（a）礼、乐、刑、政等，（b）井田、官制、郡县、宗法等制度，（c）纲纪、风俗等软性制度。

- 《论语·为政》"道之以德，齐之以礼，有耻且格"，朱熹《集注》："愚谓政者，为治之具；刑者，辅治之法；德、礼，则所以出治之本，而德又礼之本也。"
- 《文子·上义》："法制、礼乐者，治之具也，非所以为治也。"
- 《二程集·外书·罗氏本拾遗》："'敬事而信'以下事，论其所存，未及治具，故不及礼乐刑政。"
- 《近思录》卷9〈治法〉："此卷论治法。盖治本虽立，而治具不容缺。礼乐刑政有一之未备，未足以成极治之功也。"治具当指治法，包括礼乐刑政。
- 《逊志斋集·杂诫》："古之治具五：政也，教也，礼也，乐也，刑罚也。"
- 《明儒学案》卷52〈诸儒学案中六·李经纶辨学〉："礼乐

教化，治之具也；贤才，治之干也；生养，治之基也。有冻馁之民，治具无所措，何以为基？有憸壬之士，治具不可张，何以为干？"

以上以礼、乐、政、刑等统称治具。

- 《文选》卷54〈五等诸侯论〉（陆士衡撰）："非谓侯伯无可乱之符、郡县非致治之具也。"并非否认郡县为致治之具。
- 《司马光文集》卷55〈四十乞合两省为一札子〉："国家设官分职，张立治具，上下相维，修饬明备。"当指官僚制度。
- 《朱子文集》卷84〈书万君行事后〉："自乡举里选之法废，取士者先文艺后材实，于是野多遗贤，朝多旷位，而治具、民俗每不能无愧于前世。"治具当指官僚体制。
- 《宋元学案》卷51〈东莱学案·吕祖谦东莱遗集〉："向见论治道书，其间如欲仿井田之意，而科条州郡财赋之类，此固为治之具，然施之当有次第。今日先务，恐当启迪主心，使有尊德乐道之诚，众建正人以为辅助，待上下孚信之后，然后为治之具可次第举也。"为治之具当指方针政策制度之类，包括科条、州郡、财赋之制等。
- 《宋元学案》卷53〈止斋学案·陈傅良〉："自井田、王制、司马法、八阵图之属，该通委曲，真可施之实用。先生既得之，而又解剥于《周官》、左史，变通当世之治具条画，本末粲如也。"治具可能指与井田、王制相似的制度或措施。
- 《逊志斋集》卷1〈睦族〉："井田废而天下无善俗，宗法废而天下无世家。圣人之立法，所以收万民之心，而使之萃于一者。治道之极，治功之盛……故三代之俗非固美也，为治之具既美，而习使之然也。"治具当指井田、宗法之类制度。

以上以井田、郡县、官制、财赋、科条等为治具。

- 《宋元学案》卷 8〈涑水学案下·司马光温公潜虚〉："一以治万，少以制众，其惟纲纪乎？纲纪立而治具成矣。心使身，身使臂，臂使指，指操万物。或者不为之使，则治道病矣。"治具似指纲纪等软性制度。
- 《逊志斋集》卷 5〈晋论〉："晋之君则不然，礼失于上而不知，法弛于下而不举，风俗弊坏而不能振，教化缺失而不能修。……三代者，以其有守之之具，故危而复安，衰而复盛。而晋之既微，累有篡弑之祸，以其治具之不完也。取天下而不以道，是以天下祸其子孙也。守天下而无其具，是使子孙祸天下也。"谓晋朝取天下不以道，守天下无其具，治具当指礼法教化之类。
- 《抱经堂文集》卷 1〈应殿试策〉："要其所以致治之具无他焉，在慎守其纪纲而已矣。"此处"治具"并非政策或制度之类，而指致治方法，即所谓"慎守纪纲"。

以上以纲纪、风俗等软性制度为治具。

指一切治理政策、措施或方法
包括六经、经注、人才乃至富国强兵措施等。

- 《欧阳修文集》卷 48〈问进士第三首〉："六经者，先王之治具而后世之取法也。"以六经为治具。
- 《东坡七集》卷 12〈贺驾幸太学表二首〉："经术，致治之具，而以爱民为心。"以经术为治具。

- 《栾城集》卷 19〈新论上〉："故夫王霸之略、富强之利，是为治之具，而非为治之地也。有其地而无其具，其弊不过于无功。有其具而无其地，吾不知其所以用之。"以王霸策略、富强之策为治具。
- 《经义考》卷 125〈朱氏周礼句解〉："曰法也者，治之具也。"治具指《周礼》之典章法制。
- 《隋书》卷 32〈经籍志一〉："诸子为经籍之鼓吹，文章乃政化之黼黻，皆为治之具也。故列之于此志云。"治具指经籍文章等。

小结

当代学者黎红雷界定"治具"为"治理的制度措施"，并分析其具体内涵。[130] 他的一个重要观点是，古人的"治道"概念同时兼含"治之道"和"治之具"，"在古人的用语中，'治道'是一个整全的概念，既包括'治之道'，又包括'治之具'"[131]，所以"广义的'治道'，既包括治国的思想原则，又包括治国的制度措施"[132]。

首先，古人并不是经常在上述黎所说的多个意义上——同时包括治之具、治之道的意义上——使用治道一词。这一点，从本书对治道含义专门辨析已明显可见。

其次，古人的治道概念如果涉及治之具，主要是指处理治具的方式，而未必是将治具当作治道的内容。比如董仲舒《贤良对策》曰："道者，所繇适于治之路也，仁义礼乐皆其具也。"（《汉书·董仲舒传》）董文以仁、义、礼、乐皆为治之具，而将治具与治道相区别：治道是道理，治具是手段；治道是根本，治具是途径。治道与治具的区别是本末之别，一目了然。

此外要知道，治具与处理治具的方式其实是不同的。比如下面两种表述：

表述一：使用舟楫是一种过河方式。

表述二：舟楫是一种过河方式。

从语法看，表述二是不当的。是否可以说，当我们讨论过河方式时，就不能说"过河方式包括舟楫"，而应当说"过河方式包括使用舟楫"。因为谁都知道，舟楫是静态的实物，而过河方式只能体现在动态过程中。诚然，古汉语语法简单，上述表述一、表述二的区分在古汉语中不明显，甚至可以说古人可能会使用表述二的格式来表达表述一的意思，但我们不能说古人在思维方式或思想逻辑上不明白这个基本的道理，乃至于混淆二者。比如古人可能会说，"舟楫者，过河之道也"，但其实际意思正是"假舟楫乃过河之道"。如果说治具类似于舟楫，治道则接近使用舟楫的方式。舟楫不同于使用舟楫的方式，治具不同于治道。

治具之所以不属于治道范畴，还因为它不是典型的抽象原理或途径、方法。将治具说成治道的内容，等于将治道等同于静态、具体的对象。既然道指道路、方式或理论，治具不同于原理、方式或理论，只能说运用治具的方式属于原理、方式或理论。因此，我认为古人所说的治道未必包含黎文所说的治具，但包含处理治具的方式。换言之，古人所谓治道，多数情况下是与治（之）具相区别的。

（三）治术

使用

"治术"，亦称"治之术""建治之术""至治之术""致治之术"等。

表8 "治（之）术"在古籍中出现次数统计

类	书	次	类	书	次	类	书	次
经部，含解经及小学	五经	0	集部	司马光文集	1	史部	南齐书	2
	孟子	0[133]		欧阳修文集	0		北齐书	3
	经义考	3		元丰类稿	0[134]		周书	4
	揅经室集	0[135]		临川文集	1		隋书	2
	十驾养新录	0		栾城集	5		旧唐书	1
	日知录	0		东坡七集	0		新唐书	5
子部	尹文子	1		朱子文集	2		宋史	0
	春秋繁露	1		象山全集	0		金史	1
	韩诗外传	0		真德秀文集	0		元史	0
	说苑	1		水心文集	2		明史	4
	申鉴	1		龙川集	0		清史稿	4[136]
	论衡	2		逊志斋集	0		资治通鉴	0
	张子全书	1		亭林诗文集	0[137]		续资治通鉴	1
	二程集	0		南雷集	2	政论	群书治要	4
	近思录	1		姜斋诗文集	0		贞观政要	0
	朱子语类	0		潜研堂文集	0		名臣言行录	1
	王文成全书	0		戴东原集	0		宋论	3
	文史通义	2		抱经堂文集	2		读通鉴论	2
	宋元学案	2		方望溪全集	1		郡国利病书	0[138]
	明儒学案	1		惜抱轩集	1		明夷待访录	0
集部	楚辞	0		鲒埼亭集	1		皇朝经世文	6
	文选	0		定盦文集	0	类书	北堂书钞	0
	陶渊明集	0		曾国藩集	0		太平御览	2
	陆贽集	0	史部	史记	0		册府元龟	9
	韩愈集	0		汉书	0	通书	通典	0
	柳宗元集	0		后汉书	0		通志	4
	李文公集	0		宋书	1		文献通考	0[139]
	范文正公集	0		梁书	1			

此词不见于五经及其古注，亦不见于《大戴礼记》《孝经》《尔雅》《论语》《孟子》《经典释文》《困学纪闻》等。《四部丛刊初编》经部中，"治（之）术"仅3见，其中《孟子》赵岐注2见（皆指个人治业），《春秋繁露》1见。

最早似见于《尹文子·大道上》，作"至治之术"，《韩非子·奸劫弑臣》"至治之法术"亦为此词源头之一。

先秦以来子书中，此词并不常见。《尹文子》《春秋繁露》《说苑》《申鉴》《张子全书》《近思录》《明儒学案》各1见，《论衡》《宋元学案》《文史通义》各2见，不见于其他众多子书。集部之中，见于《临川文集》《栾城集》《朱子文集》《水心文集》《南雷集》《抱经堂文集》《方望溪全集》等，不见于陶渊明、陆贽、韩愈、柳宗元、李翱、范仲淹、曾巩、苏轼、陆九渊、真德秀、陈亮、方孝孺、王夫之、戴震、龚自珍、曾国藩等人文集。

史部当中，不见于《国语》《战国策》《史记》《汉书》《后汉书》《宋史》《元史》《资治通鉴》。在《宋书》《梁书》《南齐书》《隋书》《旧唐书》《金史》《续资治通鉴》中或1见，或2见。唯《新唐书》5见，《明史》4见，《清史稿》4见，《周书》4见，《北齐书》3见，稍多。此外，"治（之）术"在《太平御览》2见，《册府元龟》9见，《通志》4见。

含义

《说文·行部》："術，邑中小道也。从行，术声。"[140] 術，今作术。以小道训术，恰与道之义形成对照，术与道之义有小道与大道、僻径与主路、曲技与正途等之别，故可以理解术何以后世引申为法术、手段、方术、技艺等。由此，所谓治术大体含义也应指致治的办法、途径、手段之类；而治道与治术含义之别亦可据此理解。

孟子称齐宣王行"仁术"（《梁惠王上》）、"教亦多术"（《告子上》），所用术字即有灵活变通之义。然孟子由矢人、函人言术不可不慎（《公孙丑上》），术指谋生技艺。由孔子"君子谋道不谋食"（《论语·卫灵公》）可以推测，何以谋生技艺称为术。由术之灵活变通义，发展到极端，就有了申不害、韩非等人与法相区别的术。韩非子称术为人主"藏之胸中"、"潜御群臣"、秘不示人的手段，故"法莫如显，而术不欲见"（《韩非子·难三》）。这种术容易沦为厚黑学中的诡诈之技。然而，术作为小径、邑道，实可包括一切办法、手段或途径，先秦学者所理解的术多取此义。比如《庄子·天下》所谓"古之道术者"，"天下之治方术者"，其术即有此义。由此，治术也可以理解为治道的途径，或者说治道的具体实施方式。

总之，从治道角度看治（之）术或指运用刑法之术，或指御人之术（申韩），或指百家之术，皆与治道相对。然多数情况下，治术指治理方式，或为中性词，无褒贬义；或为褒义词，义与治道甚近。

现分述治术（或治之术）之义如下：

指用刑法之术，或指御人之术（申韩）等，或一家之言，与治道相对

- 《韩非子·外储说左上》："有术而御之，身坐于庙堂之上，有处女子之色，无害于治；无术而御之，身虽瘁癯，犹未有益。"此处治术盖指御人之术。《奸劫弑臣》秦孝公采取"匿罪之罚重，而告奸之赏厚"之术，使民不敢"废法而服私"，赞其"此亦使天下必为己视听之道也，至治之法术已明矣"，这里治术主要指赏罚措施。
- 《论衡·书解篇》："韩非著治术，身为秦狱，身且不全，安能辅国。"其中"治术"当即韩非所倡的此类治理措施。
- 《司马光文集》卷60〈与王介甫书〉："夫侵官乱政也，介甫更以为治术而先施之。"治术似指御人之术。

- 《南雷集》卷 8〈清溪钱先生墓志铭〉[141]："良心泯而道术晦，道术晦而治术隳矣。"以道术与治术对，治术当为道术之用。

- 《南雷集·子刘子行状上》："治术劣以刑名，政体归之丛脞，天下事遂日底于坏，而不可救。"此转引刘宗周语。

- 《明儒学案》卷 61〈东林学案四·黄尊素怀谢轩讲义〉："心不受变而术则变，如学术流为申韩，此心不得不归于惨酷，治术流为杂伯，此心不得不向于杀伐。战国时人学皆刑名，治皆诛杀，都被术所弄坏。"此以治术与治道对立，术指申韩之学。

- 《文史通义》卷 1〈诗教下〉："名、法、兵、农、阴阳之类，主实用者，谓之专门治术。其初名有职掌，故归于官而为礼之变也。"治术指一家之言。

- 《新唐书》卷 157〈陆贽传〉："人情者，利焉则劝，习焉则安；保亲戚而后乐生，顾家业而后忘死；可以治术驭，不可以法制驱。"治术类似韩非子所谓御人之术。

- 《明史》卷 255〈刘宗周传〉："治术尚刑名，政体归丛脞，天下事日坏而不可救。"治术当指刑法类。

- 《明史》卷 97〈艺文志二〉："曹璜《治术纲目》十卷。"

- 《清史稿》卷 466〈袁昶传〉："辑农桑、兵、医、舆地、治术、掌故诸书。"治术相当于专门技艺。

指运用礼、乐、刑、法、政、名等一切制度措施的治理方式

- 《尹文子·大道下》："仁、义、礼、乐、名、法、刑、赏，凡此八者，五帝三王治世之术也。"仁、义、礼、乐皆为治之术，可见治术含义甚广。

- 《申鉴·政体》："致治之术，在屏四恶，崇五政。"所

谓"四恶"指伪（伪装）、私（自私）、放（放纵）、奢（奢侈）；所谓"五政"指"兴农桑""审好恶""宣文教""立武备""明赏罚"。荀悦所谓的"四恶"，实指官场恶习，或官员腐败行径；所谓的"五政"，类似今日所谓制度措施。

指一切好的治理方式，与治道含义甚近

- 《尹文子·大道上》："能鄙不相遗，则能鄙齐功；贤愚不相弃，则贤是等虑，此至治之术也。"
- 《春秋繁露·立元神》："是以建治之术，贵得贤而同心。"其中治术指广用贤人。这与《新唐书》卷45〈选举志〉"致治之术，在于得贤"之义一样。
- 《名臣言行录》〈后集·吕公著〉："公以《尚书》备二帝三王之道，尤切于治术。"显然以治术为治道也。
- 《抱经堂文集》卷5〈新校说苑序〉："此书之言治术略备矣，人主得此亦足以为治矣。"治术即治道也。
- 《北齐书》卷42〈阳休之传〉："肃宗留心政道，每访休之治术。休之答以明赏罚、慎官方、禁淫侈、恤民患，为政治之先。"
- 《北齐书》卷42〈齐炀王宪传〉："此乃乱代之权宜，非经国之治术。"治术指治道。
- 《隋书》卷1〈高祖纪上〉："朕君临区宇，深思治术。欲使生人从化，以德代刑。求草莱之善，旌闾里之行。民间情伪，咸欲备闻。"
- 《金史》卷110〈赵秉文传〉："又因进讲，与云翼共集自古治术，号《君臣政要》，为一编以进焉。"治术即治道。
- 《明史》卷255〈刘宗周传〉："一曰端治术，无以刑名先教化。"

- 《清史稿》卷486〈潘德舆传〉："其论治术，谓天下大病不外三言：曰吏曰例曰利。世儒负匡济大略，非杂纵横，即陷功利，未有能破利字，而成百年休养之治者。"

- 《清史稿》卷486〈严复传〉："举中外治术学理，靡不究极原委。"方按：《清史稿》治术多指治道。

指一般的治理方式

针对个人学者、地方官员或地方事务，亦可指帝王现实中的治理方式，中性，不一定是褒义。

- 《说苑·政理》："皆教不齐所以治之术。"其中不齐指宓子贱，其中"所以治之术"，据上下文包括任贤使能、以身作则、重情正伦、恤孤抚丧等。

- 《朱子文集》卷13〈垂拱奏札二〉："守，固自治之术，而亦有持久之难，至于和之策则下矣。"治之术指对外敌之策。

- 《水心文集》卷11〈前集·永嘉县社稷记〉："永嘉之社，名几不存，可畏也。夫治术同异，吏宜考详，地势偏隔，人且自恕，令姑罪之免，奚彼敢议哉。"治术当指地方事务之治理。

- 《惜抱轩集》〈文集·圣驾南巡赋〉："杜治术之陂邪，警愚蠢之失道。"此处治术指帝王的实际治理方式，并无规范含义，是中性的。

- 《北齐书》卷46〈宋世良传〉："世良才识闲明，尤善治术，在郡未几，声问甚高。"

- 《北齐书》卷46〈路去病传〉："自迁邺以还，三县令治术，去病独为称首。"治术指地方治理方式。

- 《周书》卷35〈郑孝穆传〉："卿莅职近畿，留心治术。凋弊之俗，礼教兴行；厌乱之民，襁负而至。"
- 《周书》卷37〈张轨传〉："在郡三年，声绩甚著临人治术，有循吏之美。"
- 《隋书》卷2〈高祖纪下〉："以临颍令刘旷治术尤异，擢为莒州刺史。"

综上所述，治道、治法、治具、治术四词之中，治道与治术含义更近，治法与治具含义较近；相近两者之中，治道较治术含义宽，治具较治法含义宽。治术可为治道之一种，而治法、治具为治道之用具。

小结

治术多数情况下指治理之术，与治道义近。或以治术指百家之术，或指运用刑法之术，或指御人之术（申韩），皆与治道相对。然多数情况下，治术即指治理方式，或为中性词，无褒贬义；或为褒义词，义与治道甚近。相对于治道，治术更多地用于地方官、地方事务，可指地方事务或地方官之治理方式（如《北齐书·路去病传》"县令治术"）。此外，此词也可用于指个人治业，或医家治术等。

（四）治体

使用

"治体"，亦称"治之体""为治之体""至治之体"等。

表9 "治体"在古籍中出现次数统计

类	书	次	类	书	次	类	书	次
经部，含解经及小学	尚书（传）	1		李文公集	0	史部	史记	0
	尚书正义	5		范文正公集	3[142]		汉书	2
	周礼注疏	1		欧阳修文集	3		后汉书	0
	困学纪闻	2[143]		司马光文集	15		三国志	5[144]
	经义考	5		栾城集	2		晋书	0
	十驾养新录	0		东坡七集	1[145]		新唐书	5
	揅经室集	1		朱子文集	8		宋史	17
子部	新书	2	集部	象山全集	0		元史	18
	傅子	3[146]		真德秀文集	7		明史	8
	颜氏家训	1		水心文集	2		清史稿	9
	世说新语	1		龙川集	2		资治通鉴	4
	近思录	1		元丰类稿	10[147]		续资治通鉴	28
	二程集	5[148]		逊志斋集	0	政论	群书治要	11
	张子全书	0[149]		南雷集	1		贞观政要	1
	朱子语类	5		亭林诗文集	2		名臣言行录	2
	王文成全书	0		方望溪全集	3[150]		皇朝经世文	48[151]
	宋元学案	12[152]		惜抱轩集	0	类书	北堂书钞	0
	明儒学案	1		戴东原集	0		艺文类聚	0
集部	嵇中散集	0		鲒埼亭集	1		太平御览	4[153]
	文选	1		抱经堂文集	6		册府元龟	40
	陶渊明集	0		潜研堂文集	2	三通	通典	0
	陆贽集	0		定盦文集	0		通志	11
	韩愈集	0		魏源集	1[154]		文献通考	15
	柳宗元集	0		曾国藩集	0			

此词不见于先秦诸子及十三经。《尚书·大禹谟》孔传1见，孔颖达疏一篇凡4见。治体一词最早可能见于汉初学者贾谊的《陈政事疏》（《汉书·贾谊传》）。

治体一词在汉至唐代的文献中甚少见。以《四部丛刊初编》为例，笔者在汉代著作中仅发现贾谊《新书》中 2 见 [155]，《汉书》《前汉纪》中各 2 见；而《汉书》及《前汉纪》所见之"治体"皆为引用贾谊原文。袁宏《后汉纪》"治体"一词 5 见（除后人序），然皆为晋人袁氏之语。在《四部丛刊初编》集部文献中，宋代以前的文集中"治体"一词仅 1 见（《文选》卷 46）。而子部文献中，宋代以前的著述中，"治体"一词除前述《新书》2 见外，仅有《颜氏家训》1 见，《世说新语》1 见（刘孝标注文）。[156]

在汉至两晋南北朝的正史中，"治体"一词偶有所见，其中《汉书》2 见、《后汉书》0 见、《三国志》5 见、《晋书》0 见、《宋书》2 见、《南齐书》3 见、《梁书》1 见、《陈书》3 见、《魏书》5 见、《北齐书》1 见、《旧唐书》1 见、《新唐书》5 见。

到了宋代，治体一词开始比较多地出现于私人著述及史类著作中。其中范仲淹集有治体专辑 [157]，宋人吕祖谦、吕中、陈谦皆作《治体论》[158]，朱子、吕祖谦《近思录》专设治体章。又如二十五史中，只有《宋史》《元史》中"治体"出现次数超过 10 次，分别为17 次和 18 次；其他各史中"治体"出现次数均未超过 5 次。又《宋元学案》与《明儒学案》中"治体"分别出现 12 次和 1 次，对比鲜明。

后世文献中"治体"出现次数分别如下：

——20 次以上者有《册府元龟》《续资治通鉴》《皇朝经世文》；

——10 次以上者有《群书治要》《司马光文集》《宋元学案》《通志》《文献通考》《宋史》《元史》；

——5—10 次者有《经义考》《朱子语类》《朱子文集》《真德秀文集》《抱经堂文集》《三国志》《新唐书》《明史》《清史稿》；

——2—4 次者有《新书》《汉书》《太平御览》《范文正公集》《欧阳修文集》《栾城集》《资治通鉴》《名臣言行录》《水心文集》《龙川集》《困学纪闻》《亭林诗文集》《潜研堂文集》。不见于《韩愈集》《柳宗元集》《李文公集》《象山全集》《王文成全书》《戴东原集》《曾国藩集》，亦不见于《史记》《后汉书》《晋书》等正史及唐人四大类书《北堂书钞》《初学记》《白氏六帖》《艺文类聚》。

又近人魏源所编《皇朝经世文》亦设治体类，共8卷（卷7—14），分"原治上下""政本上下""治法上下""用人""臣职"，共收录文章158篇，其内容涉及治理之主要方面。

含义

指治道、治道之要或治理之根本
今选列古人用法若干：

- 《尚书正义》卷4〈大禹谟〉："明于五刑以弼五教期于予治。"孔安国传："叹其能以刑辅教，当于治体"；孔颖达疏："'当于治体'，言皋陶用刑轻重得中，于治体正相当也。"
- 《新书·数宁》："以陛下之明达，因使少知治体者得佐下风，致此非难也。"（又见《汉书·贾谊传》）
- 《宋元学案》卷96〈元祐党案·鲜于侁〉："逆治体而召民怨。"
- 《宋元学案》卷54〈水心学案上·叶适习学记言〉："以势力威力为君道，以刑政末作为治体。"
- 《二程集·遗书·二先生语十》："正叔谓某接人治经论道者亦甚多，肯言及治体者诚未有如子厚。"
- 《二程集·伊川文集·论礼部看详状》："今以专任长贰为不可，是不知治体之甚。"
- 《司马光文集》卷57〈遗表〉："安石苟欲遂其狼心，无顾治体。"

- 《册府元龟》卷46〈帝王部·智识〉："明治体之要，通时用之变。"
- 《魏书》卷69〈崔休传〉："性严明，雅长治体。下车先戮豪猾数人，广布耳目，所在奸盗，莫不擒剪，百姓畏之，寇盗止息，清身率下，渤海大治。"
- 《太平御览》卷212〈职官部十·总叙尚书〉："诏曰：尚书万事之本，朕所责成也，而廪秩俭薄，甚非治体。"
- 《册府元龟》卷151〈帝王部·慎罚〉："狱滞虽非治体，不犹愈乎仓卒而滥也。"狱虽久不断，总比仓卒而滥判好。
- 《册府元龟》卷470〈台省部·奏议〉："非夫骞谔宏达，平彻闲雅，孰可以商确治体，建明王度，塞于荐绅之论哉？"
- 《通志》卷132〈宋·王弘〉："弘博练治体，留心庶事，斟酌时宜，每存优允，数上疏陈便宜，上皆从之。"博练治体当指主动熟稔治理之方。

可指现实中的治理方式，包括其特点、大概或核心

在所有例子中，这种情况非常常见。或与治道义近，不过偏于实然层面。用法有如：

当时治体，古今治体，国朝治体，本朝治体，当时之治体，一代治体，治体乖，治体遗阙，治体怠弛，治体如何，治体本末，治体大变，治体之醇疵，治体之升降，审治体（常指审明治理现状），精于治体，通达治体，明练治体，练习治体，害于治体，益于治体，切于治体（指切中现实治理问题之要害），实裨治体，不伤治体，亏伤治体，亏损治体，有损治体，损益治体

例如：

- 《困学纪闻》卷 15〈考史〉："先儒论本朝治体云，文治可观而武绩未振。"
- 《宋元学案》卷 42〈学案·吕祖谦东莱遗集〉："国朝典故，亦先考治体本末，及前辈出处大致。"
- 《宋元学案》卷 54〈水心学案上·叶适习学记言〉："自天下治体大变，虽君子无策以振起之。"
- 《宋元学案》卷 57〈梭山复斋学案·陆九龄〉："凡治体之升降，旧章之损益。"治体升降指治理方式时好时坏。
- 《明儒学案》卷 42〈甘泉学案六·王道文录〉："宋自庆历以前英贤汇出，当时治体、风俗、人才皆淳庞浑厚。"
- 《元丰类稿》卷 25〈开封府制〉："某爽迈开达，练习治体，阅试惟旧，功用显白。"
- 《朱子语类》卷 94〈周子之书·通书〉："至如史书……须当看人物是如何，治体是如何，国势是如何。"
- 《经义考》卷 161〈大学本末图说〉（程时登撰）："治体之醇疵，国祚之短长，世道之否泰。"
- 《魏书》卷 68〈甄琛传〉："治体严细，甚无声誉。"
- 《宋史》卷 434〈吕祖谦传〉："国朝治体有远过前代者，有视前代为未备者。"
- 《金史》卷 6〈世宗纪上〉："朕尝谕汝等，国家利便，治体遗阙，皆可直言。"
- 《元史》卷 19〈良吏一〉："班固有曰：汉兴与民休息，凡事简易，禁罔疏阔，以宽厚清净为天下先。……其言盖识当时之治体矣。"谓班固之言得汉代治理之要。
- 《明史》卷 224〈杨时乔传〉："弊之最重者九：曰治体怠弛，曰法令数易……"

- 《文献通考》卷248〈经籍考·皇朝文鉴一百五十卷〉："欲约一代治体归之于道，而不以区区虚文为主。"
- 《通志》卷141〈孔休源〉："休源风范强正，明练治体，持身俭约，学穷文艺，当官理务，不惮强御，常以天下为己任。"明练治体指熟练治理之方。
- 《太平御览》卷593〈文部·教〉："孔融之守北海，文教丽而罕施，乃治体乖也。"
- 《群书治要》卷49〈傅子〉："以异致同者，天地之道也；因物制宜者，圣人之治也。既得其道，虽有诡常之变、相害之物，不伤乎治体矣。"

指治理之实体成分，或指人，或指制度

治体或指国家政治体制，此用法不多见。

- 《周礼·天官》"惟王建国"，贾公彦疏："于是设官分职，助理天工，众人取中，以为治体。"其中"以为治体"，当指所设之官堪为民极，故能成为治体，因后文紧接着说"作序之意主在设官分职为民极耳"。"治体"可理解为治道，然亦可理解为治理之本，或指国家政治体制。
- 《魏书》卷54〈高闾传〉："闾以诸州罢从事，依府置参军，于治体不便，表宜复旧。"
- 《魏书》卷77〈高谦之传〉："在县二年，损益治体，多为故事。"这里"治体"似与制度有关。

小结

二程亦好用"治体"一词（《二程集》"治体"5见），其义亦与贾谊相近，指治道或治道之要。比如程氏曰："论治便须识体"[159]；"谈经论道则有之，少有及治体者。'如有用我者'，正心以正身，正身以正家，正家以正朝廷百官，至于天下"。[160] 又言："治道亦有从本而言，亦有从事而言。从本而言，惟从格君心之非，正心以正朝廷，正朝廷以正百官。"[161] 联系这几段话，可以发现，程氏将治体等同于治道或治道之本。二程所谓的"治体"，虽然具体内容与贾谊所言有别，但词义大体相同，均指为治之根本。又：《近思录》设治体卷（卷8），朱子注曰："此卷论治道。盖明乎出处之义，则于治道之纲领，不可不求讲明之。"据此，朱子亦将治体等同于治道（或治道之纲）。故现代学者张灏译"治体"为"治理的根基"（the doctrinal foundation of governance），与古人用法相近。[162]

当代学人任锋似以治体为治国之大体，包括政治思想之全部主要内容。按照他的说法，治体"属于经世思想传统的中心范畴。它显示出对于秩序形态与政治构造的一种整体意识、体系自觉，蕴含了对政治秩序之关键要素及其组合演进的认知和评判，就概念而言，治道、治法、治人、治纲、治术、治具是其重要构成，而国体、政体、政道、规模、宪章、典制是其约等义的同类概念。不同的议题侧重下，概念丛又各异。比如治体论的传统维度，就有成宪、经制、故事、国本、祖宗之法等，制度规则维度则有纪纲、法度、条贯、典宪、体统、统纪等，其动态演进有更化、革命、维新、损益、遵守等等"[163]。而"治体论"则是指"出于一种政治秩序构造的体系意识，围绕政治社会秩序的关键要素及其构造演进提出诸多概念、观念与议题"，其发展阶段包括先秦"以五经为根基"的"渊源阶段"，"由汉至唐"的"成长阶段"，宋至清的"近世成熟阶段"，"之后直到晚清"的"中落阶段"[164]。任锋的治体概念似乎涵盖一切政治制度及治理思想，涉及面甚宽，亦与古人用法有别。

最后，笔者综合各书搜集一部分"治体"用法，略窥古人词义：

三字词		究治体，审治体，勤治体，练治体，思治体，谋治体，明治体，识治体，知治体，通治体，论治体，说治体，资治体，协治体，达治体，关治体，伤治体，害治体，逆治体，长治体（指擅长治体），切治体，非治体，为治体
四字词	于	精于治体，当于治体，臻于治体，切于治体，暗于治体，达于治体，明于治体，昧于治体，害于治体，益于治体，逆于治体
	练	心练治体，练达治体，深练治体，识练治体，博练治体，明练治体，晓练治体，练习治体
	识	博通治体，深达治体，深识治体，通识治体，通晓治体，通达治体，洞达治体，鉴达治体，明习治体，明达治体，深明治体，识达治体
	求	讲论治体，讲磨治体，讲求治体，辨彰治体，导之治体，商确治体，损益治体，言及治体
	品	实系治体，实裨治体，亏伤治体，亏损治体，有损治体，切近治体，不知治体，无顾治体，国朝治体，古今治体，治体本末，治体之要，治体遗阙，治体所关
五字词		治体与时行

第四章 治道相关概念（下）

（五）政道

使用

表 10 "政道"在古籍中出现次数统计

类	书	次	类	书	次	类	书	次
经部，含解经及小学	五经	0	集部	柳宗元集	0[165]	史部	后汉书	9
				李文公集	0		三国志	0
	大戴礼记	0		范文正公集	0		晋书	39
	论语集解	1		欧阳修文集	0		宋书	10
	困学纪闻	1		司马光文集	0		魏书	10
	经义考	1[166]		临川文集	1		南史	7[167]
	十驾养新录	0		栾城集	0		北史	17[168]
	挈经室集	0		东坡七集	0		隋书	3[169]
子部	鹖冠子	0[170]		朱子文集	0[171]		旧唐书	17[172]
	新书	0		象山全集	0		新唐书	1[173]
	新语	1		真德秀文集	0		宋史	2[174]
	论衡	1		水心文集	0		元史	1
	傅子	0		龙川集	0		明史	1[175]
	颜氏家训	0		元丰类稿	0		清史稿	0[176]
	世说新语	0		逊志斋集	0[177]		资治通鉴	4[178]
	近思录	0		南雷集	0		续资治通鉴	3
	中说	0[179]		亭林诗文集	0		群书治要	2

类	书	次	类	书	次	类	书	次
子部	二程集	0	集部	方望溪全集	0	政论	贞观政要	4[180]
	张子全书	0		惜抱轩集	0		名臣言行录	0
	朱子语类	0		戴东原集	0		皇朝经世文	1
	王文成全书	0		鲒埼亭集	0		北堂书钞	1
	宋元学案	0		抱经堂文集	0	类书	艺文类聚	0
	明儒学案	0		潜研堂文集	0		太平御览	10[181]
集部	文选	0		定盦文集	0		册府元龟	101[182]
	嵇中散集	0		魏源集	0		通典	1[183]
	陶渊明集	0		曾国藩集	0		通志	39[184]
	陆贽集	0	史部	史记	0	三通	文献通考	4[185]
	韩愈集	0		汉书	0			

政道一词，最早可能见于陆贾《新语·慎微》"孔子遭君暗臣乱，众邪在位，政道隔于王家"[186]。此词在汉代以来文献中偶尔见到，比如《楚辞·沉江》（卷13）王逸注"君心常惑而不可开寤，语以政道"；《论衡·谴告篇》"天不告以政道"；《论语·为政》"奚其为为政"句，何晏《集解》引包咸曰"所行有政道，即是与为政同也"；《汉书·宣帝纪》"永惟罔极"，颜师古注"长思政道，恐无其中也"；《后汉书·安帝纪》"克念政道"；《张纯传》"政道至要，本在礼乐"；《新唐书·褚遂良传》"进善人共成政道"；《临川文集·燮说》（卷68）"人有礼以节文之，则政道成矣"；等等。

政道一词不见于十三经及《大戴礼记》（在唐以前十三经古注中，亦仅见于何晏《论语集解》1例），亦不见于先秦子书。在汉代以来的子部、集部著作中甚少见。不见于《中说》《张子全书》《二程集》《朱子语类》《王文成全书》以及《宋元学案》《明儒学案》，亦不见于韩愈、柳宗元、李翱、范仲淹、欧阳修、司马光、苏轼、苏辙、朱熹、陆九渊、叶适文集，在清代学者文集中基本不见。尤其在《宋元学案》《明儒学案》中不见。

此词主要出现于史书中。从《后汉书》开始，在《新唐书》以前的史书（不包括《新唐书》）中，还比较常见。其中《后汉书》9见，《晋书》39见，《宋书》10见，《魏书》10见，《南史》7见，《北史》17见，《旧唐书》17见。但是从《新唐书》开始，"政道"一词在正史中出现频率就大幅下降。其中《新唐书》《宋史》《元史》《明史》《清史稿》，"政道"在一书中最多出现2次，多数仅1见或0见。在宋人所编类书或通书中，"政道"一词出现次数尚多。其中《太平御览》10见，《册府元龟》101见，《通志》39。然其中政道一词多为辑录自唐以前旧著，不能反映宋人用语习惯。其含义与治道相近，大致指理政之道、以道理政或现实治理，也可指现实的政治局面。

由此看出，政道一词似乎主要是东汉至唐代政论场合的用语习惯。在宋代以来，此词逐渐不被人们所喜好，呈现淡出之势，以至于在《清史稿》中一次未见。应该说，政道后来被另一个术语即治道所代替，这一点我们从宋人好用治道而不好用政道，即可再明显不过地看出来。

含义

政道一词大致有如下三种含义：

一是中性词，指现实的治国理政方式，有时以读为理政或政治局面为妥；

二指以道理政，指向现实的政治治理过程，但有一定的规范性含义；

三指政治治理之道，不一定指现实，而是理想的政治治理之道，因而以规范性含义为本。

这三种含义，有层次之分，其中第二种含义（以道理政）介于现实层面与价值层面，或者同时兼有二种含义。在所有例子中，以第二种含义出现次数最多。

今以《册府元龟》等若干古籍为主，兼录其他文献中用法，分述这三种含义（《册府元龟》中"政道"出现达101次，而其内容以政治为主，多辑录其他各种史书或旧著，因而有代表性）：

指现实治理过程或现实政治局面

可读为政治治理、政治局面等，中性。用法有如：

政道云何，政道得失，政道未洽，政道未康，政道未理，政道多违，政道多阙，政道有亏，政道多昧，政道邕睦，政道休明，政道陵迟，政道日兴，政道郁郁，宏济政道，敷融政道，预闻政道，未涉政道（以上《册府元龟》）；政道之通塞，有益政道，赞明其政道（以上《晋书》）；弼谐政道（《通典》）

例如：

- 《册府元龟》卷198〈闰位部·节俭〉："方刻意从俭，弘济时艰，政道未孚，慨愧兼积。"
- 《册府元龟》卷330〈宰辅部·退让〉："预闻政道，竟不能敷融玄风、清一朝序。"
- 《册府元龟》卷407〈将帅部·谏诤〉："亲仗贤能则政道邕睦。"
- 《册府元龟》卷620〈卿监部·总序〉："方赖德训，宏济政道，不幸殂殒。"
- 《册府元龟》卷752〈总录部·孝第二〉："先朝政道休明。"
- 《汉书》卷75〈京房传〉"幸其瘳于彼"，颜师古注："言今之灾异及政道，犹幸胜于往日。"
- 《后汉书》卷58上〈桓谭传〉："夫有国之君俱欲兴化建善，然而政道未理者，其所谓贤者异也。"

- 《魏书》卷63〈宋弁传〉："卿比南行入其隅隩，彼政道
  云何，兴亡之数可得知不？"政道指敌方治理方式。
- 《困学纪闻》卷3〈诗〉："政道既衰，怨刺之诗始作。"

指以道理政，偏重现实理政过程，但有规范含义
这类含义的用法有如：

政道缺，政道或亏，政道惟新，政道未凝，政道未著，政道
未明，政道须贤，政道罔述，政道（之）所先，政道之急，政道
之本，政道在于得才，政道莫尚于无为，亏政道，禅政道，隆政
道，弘政道，谋政道，成政道，问政道，明政道，无忘于政道，
无亏政道，必先政道，专心政道，留心政道，虚心政道，光赞政
道，赞明政道，忧勤政道，励精政道，思求政道，未闲政道，缉
熙政道，昧于政道，有益政道，昼存政道，不持政道（以上《册
府元龟》）；弘益政道，昧于政道（以上《晋书》）

严格说来，这些术语的含义与本部分归纳的此词其他含义未必明
显，甚至有时分辨不清。
《册府元龟》例句有如：

- 卷33〈帝王部·崇祭祀第二〉："夙兴旰食，无忘于
  政道。"
- 卷67〈帝王部·求贤〉："朕今孜孜求士，欲专心政道。"
- 卷67〈帝王部·求贤〉："朕凝旒夙夜，虚心政道。"
- 卷83〈帝王部·赦宥第二〉："朕冲昧纂历，未闲政道。"
- 卷84〈帝王部·赦宥第三〉："克己勤躬，思隆政道。"
  思隆政道指思考如何更好地以道理政。
- 卷151〈帝王部·慎罚〉："滥杀无辜则政道缺。"政道缺

指政不合于道。

- 卷151〈帝王部·慎罚〉："今之所任或亏政道。"亏政道指不合于道。
- 卷157〈帝王部·诫励第二〉："诗赋非政道之急。"
- 卷191〈闰位部·政令〉："朕日昃劬劳，思弘治要，而机事尚拥，政道未凝。"政道未凝指未形成政合于道的局面。
- 卷195〈闰位部·惠民〉："朕当宸思治，政道未明，昧旦劬劳，亟移星纪。"政道未明指还未明显呈现政合于道的局面。
- 卷541〈谏诤部·直谏〉："昼存政道，夜以安身。"
- 卷672〈牧守部·褒宠〉："赏罚黜陟所以明政道也。"明不是明白，指彰明。

指理想意义上的理政之道，规范性色彩很强
如：

政道备，政道至要，闻政道，问政道，思政道，访以政道，留心政道，言及政道，昧于政道，询于政道，酬对政道，崇显政道，敦奉政道，晓于政道，咨询政道（以上《册府元龟》）；议政道，论政道，弘宣政道，缉熙政道（以上《晋书》）

例如：

- 《册府元龟》卷136〈帝王部·慰劳〉："吾承祖宗洪基，而昧于政道。"政道亦可指以道理政。
- 《册府元龟》卷648〈贡举部·对策〉："昔之圣王政道备。"

小结

政道的上述含义，与治道可以说非常接近，甚至连术语也与治道术语相近，诸如政道得、政道缺、政道亏、政道失、政道兴、康政道、隆政道、询政道、问政道、论政道、留心政道、缉熙政道、政道所先、政道未明、政道陵迟、政道休明、政道未洽、政道未理等，亦可将其中的政道替换成治道。

现代学者牟宗三先生曾主张从政权和治权二分的意义出发区分使用治道一词，即治道相对于政道而言。"政道是相应政权而言，治道是相应治权而言。"[187] 其中"政道者，简单言之，即是关于政权的道理"[188]。因此政道指一种政治体制建立的根据，尤其是政权的合法性基础。比如历史上有三种最典型的政体——封建贵族政治、君主专制政治以及立宪民主政治，其政道可从其崇德还是崇力，世袭还是选举等来区别。"治道就字面讲，就是治理天下之道，或处理人间共同事务之道。其本质就是'自上而下'的。"[189] 已有学者指出，政道与治道的区分在中国古代（主要指在儒家传统中）并不如牟宗三所说的那样清楚[190]，从前面的分析即可发现，牟的解读与古人此词的含义并不一致。

今按：政，甲骨文作𝄞[191]，从正、从攴，正亦声，会意兼形声。其中正，从止从丁，本义为征伐；攴，像手持器具，治事之义。学者指出，政、正古通用，本义为征伐[192]，后演化为匡正之义。盖古时天子征伐，为匡正秩序。故先秦文献中政常读为正，做动词。[193] 匡正即治理，故政又进一步引申为政事、政务，在先秦典籍中普遍可见。[194] 因此，政道本义即为政之道或政治之道，与治道含义甚近，既包括政治制度问题，也包括治理问题。而牟宗三以政道专指"政权的道理"，不及治理之义，确似偏颇。故杨琪认为："牟先生所论的'政道'显然不是中国传统政治哲学所指的'政道'，在中国古代，'政道'与'治道'是同义语，不但用法完全一致，而且内涵也一致。"[195]

（六）王道

使用

王道一词出现甚早，使用亦甚广。最早出现于《尚书·洪范》，在先秦至后世文献频繁出现。根据表 11，我们可对"王道"的使用情况作如下概括。

表 11 "王道"在古籍中出现次数统计

类	书	次	类	书	次	类	书	次
经部，含解经及小学	尚书	3	子部	孔子家语	2[236]	集部	欧阳修文集	20[222]
	毛诗	2		新语	1[239]		司马光文集	4[224]
	左传	1		新书	1		元丰类稿	11
	春秋穀梁传	1		新序	1[242]		临川文集	6
	礼记	3		白虎通	4		东坡全集	15[228]
	孟子	1		说苑	6[246]		朱子文集	48[231]
	孟子注	19[215]		法言	1		象山全集	12[233]
	尚书大传	0		论衡	6		真德秀文集	9[234]
	困学纪闻	11[202]		潜夫论	3		水心文集	6[235]
	经义考	82[205]		新论	4[196]		龙川集	5[237]
	十驾养新录	1		风俗通义	2		逊志斋集	19[240]
	揅经室集	1[210]		中说	13[197]		姜斋诗文集	3
子部	墨子	2		张子全书	4		南雷集	2[243]
	管子	2		二程集	39[199]		亭林诗文集	2
	文子	3[219]		近思录	5		鲒埼亭集	6[247]
	商君书	2		朱子语类	30[203]		方望溪全集	8
	荀子	3		王文成全书	6[206]		惜抱轩集	1
	韩非子	1		宋元学案	75[208]		定盦文集	1
	吕氏春秋	2		明儒学案	35[211]		曾国藩集	1
	淮南子	8	集部	文选	12[213]		抱经堂文集	6
	春秋繁露	14[230]		曹子建集	2		潜研堂文集	4[198]
	韩诗外传	4		陆贽集	1	史部	战国策	2
	盐铁论	5		柳宗元集	1		史记	23[200]
	孔丛子	2		范文正公集	23[220]		汉书	42[201]

类	书	次	类	书	次	类	书	次
史部	后汉书	10[204]	史部	明史	11[223]	政论	郡国利病书	2[238]
	晋书	19[207]		清史稿	12[225]		皇朝经世文	51[241]
	宋书	25[209]		资治通鉴	16[226]	类书	北堂书钞	5
	魏书	13[212]		续资治通鉴	10[227]		艺文类聚	19[244]
	隋书	13[214]	政论	群书治要	21[229]		太平御览	49[245]
	旧唐书	23[216]		贞观政要	5[232]		册府元龟	159[248]
	新唐书	7[217]		名臣言行录	12	通书	通典	8[249]
	宋史	32[218]		宋论	4		通志	53[250]
	元史	3[221]		读通鉴论	21		文献通考	25[251]

在十三经之中，出现于《尚书》《毛诗》《左传》《穀梁传》《孟子》《礼记》，一般每书只有1—3次。但不见于《论语》《周易》《周礼》《仪礼》《大戴礼记》《公羊传》《孝经》。

在先秦至汉唐子、集之中：

——不见于《老子》、《庄子》、《鹖冠子》、《六韬》、《尹文子》、《太玄经》、《中论》、《申鉴》、《世说新语》、《楚辞》、《韩愈集》等；

——出现于《墨子》《管子》《文子》《商君书》《荀子》《韩非子》《吕氏春秋》《淮南子》《春秋繁露》《韩诗外传》《孔子家语》《新语》《新序》《新书》《新论》《说苑》《论衡》《盐铁论》《潜夫论》《风俗通义》《中说》《文选》《曹子建集》《陆贽集》《柳宗元集》等。

这些著作中"王道"一般只有1—3见；出现达到4次及以上有《淮南子》（8次）、《春秋繁露》（14次）、《白虎通》（4次）、《说苑》（6次）、《论衡》（6次）、《中说》（13次），其中《春秋繁露》《中说》均在10次以上。

在宋代以来的子、集等之中：

——出现次数在5次以下者有《张子全书》、《司马光文集》、《姜斋诗文集》（王夫之）、《惜抱轩集》（姚鼐）、《定盦文集》、《曾国藩集》、《潜研堂文集》（钱大昕）、《十驾养新录》、《挈经室集》，以清代为多；

——出现次数在5—10次者有《近思录》、《临川文集》、《真德秀文集》、《水心文集》(叶适)、《龙川集》(陈亮)、《王文成全书》、《鲒埼亭集》(全祖望)、《抱经堂文集》(卢文弨)、《方望溪全集》等;

——出现次数在10次及以上者有《二程集》(39次)、《朱子语类》(30次)、《朱子文集》(48次)、《范文正公集》(23次)、《欧阳修文集》(20次)、《元丰类稿》(11次)、《东坡全集》(15次)、《象山全集》(12次)、《逊志斋集》(19次)。其中尤其以《二程集》《朱子语类》《朱子文集》均在30次甚至以上为最多。而范仲淹、欧阳修、苏轼、方孝孺使用次数亦在20次上下。除了方孝孺以外,其他皆为宋人;

——《宋元学案》《明儒学案》中分别出现75次和35次。

在正史中,此词从《史记》以来一直较频繁地出现于各种政论场合。我们没有对全部二十五史进行统计,但统计了其中次数在10次以上的正史,初步检索发现:

——出现次数在30次以上者有《汉书》(42次)、《宋史》(32次);

——出现次数在19—29次者有《史记》(23次)、《晋书》(19次)、《旧唐书》(22次);

——出现次数在10—18次者有《后汉书》(10次)、《魏书》(13次)、《隋书》(13次)、《明史》(12次)、《清史稿》(12次);

——出现次数在10次以下者有《新唐书》(7次)、《元史》(3次);

——《资治通鉴》《续资治通鉴》中出现次数分别为16次和10次。

在其他文献方面,查阅部分政论、类书及通书(不全),其中出现次数较多的有《艺文类聚》(19次)、《册府元龟》(159次)、《太平御览》(49次)、《通志》(53次)、《文献通考》(25次)、《群书治要》(21次)、《读通鉴论》(21次)、《皇朝经世文》(魏源,51次)。而

《贞观政要》(5次)、《北堂书钞》(5次)、《通典》(8次)、《宋论》(4次),均在10次以下。

由上可见,到了宋代,"王道"出现次数有了大幅增加的趋势,但到了明代,特别是清代,则又大幅减少。这一点可从子、集文献出现次数达10次及以上者基本上都在宋代这一事实看出。还可从《宋元学案》和《明儒学案》中分别出现了75次和35次的对比中看出。此外,《宋史》中此词出现达32次,为二十五史中除《汉书》之外出现次数最多者。宋明理学家使用此词较多,而宋人尤多。

来源

《尚书·洪范》云:

> 无偏无陂,遵王之义;无有作好,遵王之道;无有作恶,遵王之路。无偏无党,王道荡荡;无党无偏,王道平平;无反无侧,王道正直。会其有极,归其有极。曰皇极之敷言,是彝是训,于帝其训。……天子作民父母,以为天下王。

这应该是王道一词最早出现的传世文献。其中连续三次出现的王道一词,与前面出现的"遵王之义""遵王之道""遵王之路"及后面出现的"于帝其训""以为天下王"相呼应,说明王道是指古先王之道。由于整个段落内容据文本交代是天传于大禹的,故这里的王道应当是五帝,或者至少是尧舜之道。从《尚书》文本只记载尧舜,未记载五帝其他人来看,这里的王道应当是指尧舜之道。

《尚书大传·高宗肜日传》云:

> 成汤之后,武丁之先,王道亏。桑谷俱生于朝,七日而大

拱。武丁问诸祖己，祖己曰："桑谷野草生乎朝，朝噎亡乎？"武丁恐骇，侧身修行，思昔先王之道。[252]

这里也似乎以王道为古先王之道。

我们知道，古人以三代之前天子为"三皇""（五）帝"，三代天子为"三王"，故常有"二帝三王""五帝三王"之说，与此相对应而有"先王之道""帝王之道""三王之道""五帝三王之道""二帝三王之道"等说法。这是古人对先王之道的说法，"王道"一词应该是从这里演变而来的。

《朱子文集》卷 73〈李公常语下〉载朱熹语：

> 愚谓王道即尧、舜、禹、汤、文、武、周公、孔、孟相传之道。

此语道破王道来源，只是朱子注重内容，强调二帝三王相传之心法。据此，王道源于二帝三王，可以笼统地理解为古先王或圣王之道。

背景：帝、王、霸之分

一个很重要的事实是，古人是在帝、王、霸（或者更全面的：三皇、五帝、三王、五霸）相区分的意义上使用王道一词的。其中帝指二帝（尧舜）或五帝；王指三代圣王，主要是禹、汤、文、武等；霸，亦称伯，主要是春秋五霸（通常指齐桓、晋文、秦穆、楚庄和宋襄[253]）。相应于帝，有帝道；相应于王，有王道；相应于霸，有霸道。从这个意义上讲，王道主要是指三王之道。

最典型的说法较早见于《文子·自然》：

> 帝者，贵其德；王者，尚其义；霸者，通于理……王道者处无为之事……[254]

此以帝、王、霸相区分，王道对应于三王。《四库提要》谓《文子》虽"疑众为聚敛以成书，然其理道深至，笔力劲练，非周秦间人不能为"。1973年出土的定州八角廊《文子》竹简残本进一步证明了《文子》的可靠性。

桓谭《新论·王霸篇》对于三皇、五帝、三王、五伯（即五霸）之道作了也许是最完备的论述：

> 夫上古称三皇五帝，而次有三王五伯，此天下君之冠首也。故言三皇以道治，而五帝用德化，三王由仁义，五伯以权智。……而五帝以上久远，经传无事，唯王霸二盛之美，以定古今之理焉。……王道纯粹，其德如彼；伯道驳杂，其功如此。[255]

此段论王道含义及其区别于帝道、霸道。王道针对三王，而来自于皇、帝、王、伯之区分。

《艺文类聚》卷11〈帝王部·总载帝王〉引用佚书《礼斗威仪》，对于帝、王、霸之道区分亦甚清楚：

> 帝者得其根核，王者得其英华，霸者得其附枝。故帝道不行，不能王；王道不行，不能霸；霸道不行，不能守其身。

此段亦见引于《太平御览》卷76。后世学者从帝、王、霸三者区分的背景出发论述王道，还有如：

- 《文选》卷45〈答宾戏并序〉（班固撰）："商鞅挟三术以钻孝公"，周翰注："三术谓帝道、王道、霸道。"方按：《朱子语类》卷58〈孟子八·万章下〉亦称："商鞅初说孝公以帝道，次以王道，而后及霸道。"帝道、王道、霸道为次第。

- 《中说》卷1〈王道篇〉:"甚矣! 王道难行也。吾家顷铜川六世矣, 未尝不笃于斯。然亦未尝得宣其用, 退而咸有述焉, 则以志其道也。盖先生之述曰……晋阳穆公之述曰《政大论》八篇, 其言帝王之道著矣; 同州府君之述曰《政小论》八篇, 其言王霸之业尽矣。"文中子将"帝王之道"与"王霸之业"相区分而谈王道。

- 《新唐书》卷97〈魏征传〉:"征曰:'五帝三王, 不易民以教; 行帝道而帝, 行王道而王, 顾所行何如尔。'"又见《贞观政要》卷2〈政体〉:"征曰:'五帝三王不易人而理, 行帝道则帝, 行王道则王。在于当时所以化之而已。'……太宗每力行不倦, 数年间, 海内康宁, 突厥破灭。因谓群臣曰:'贞观初, 人皆异论云当今必不可行帝道王道, 惟魏征劝我……'"

- 《旧唐书》卷73〈令狐德棻传〉:"高宗初嗣位, 留心政道。常召宰臣及弘文馆学士于中华殿而问曰:'何者为王道、霸道? 又孰为先后?'德棻对曰:'王道任德, 霸道任刑。自三王以上皆行王道, 唯秦任霸术, 汉则杂而行之, 魏晋已下王霸俱失。如欲用之, 王道为最, 而行之为难。'"令狐德棻将三代、秦朝、汉朝、魏晋各时期王道霸道使用情况皆作了说明。

- 《册府元龟》卷643〈贡举部·考试〉:"调露元年十二月壬子……帝又问:'皇道、帝道、王道何以区别? 朕今可行何道?'长寿令萧思问、越州参军周彦昭以次应诏, 帝皆称善。"此唐高宗问大臣语, 未见于新、旧《唐书》及《贞观政要》。

王道即三王之道

正因为王道的背景是帝、王、霸三者之分, 后世多以三王说王道。《史记》卷130〈太史公自序〉云：

> 夫《春秋》上明三王之道，下辨人事之纪，别嫌疑，明是非，定犹豫，善善恶恶，贤贤贱不肖，存亡国，继绝世，补敝起废，王道之大者也。

此处王道等同于三王之道。又《文选》卷34〈七启八首〉（曹子建撰）"王道遐均"，周翰注：

> 王道，三王之道也。

又如王通《中说·问易篇》（卷5）"薛收曰帝制其出王道乎"章，阮注称：

> 问汉制出三王之道否乎。……昔之帝者以道，若三王是也。

阮逸明确将"王道"等同于"三王之道"，即三代圣王之道，且与后世百王之道相区别。

后世明确以三王之道等同于王道之例甚多，且往往区分于帝道而言：

- 《荀子·王制》："是知王道者也……王者之制：道不过三代，法不二后王。"
- 《新论·王霸篇》（桓谭）："三王由仁义，五伯以权智。……王道纯粹，其德如彼；伯道驳杂，其功如此。"
- 《陆贽集》卷4〈议减盐价诏〉："三代立制，山泽不禁，天地材利，与人共之。王道浸微，强霸争骛。"
- 《欧阳修文集》卷17〈本论上〉："及周之衰，秦并天下尽去三代之法，而王道中绝。"

- 《欧阳修文集》卷17〈本论下〉："三代既衰……王道不明而仁义废。"

- 《欧阳修文集》卷59〈本论〉："尧舜之书略矣，后世之治天下，未尝不取法于三代者，以其推本末而知所先后也。三王之为治也……其政易行，其民易使，风俗淳厚而王道成矣。"

- 《东坡全集》卷43〈乐毅论〉："自知其可以王而王者，三王也。……夫王道者不可以小用也，大用则王，小用则亡。"

- 《东坡全集》卷47〈策别八〉："民相与亲睦者，王道之始也。昔三代之制，画为井田，使其比闾族党，各相亲爱。"

- 《二程集·遗书·二先生语六》：《中庸》首先言本人之情性，次言学，次便言三王，酌损成王道。"

- 《王文成全书》卷2〈传习录中·答顾东桥书〉："三代之衰，王道熄而霸术焻。"（"来书云杨墨之为仁义"章）

- 《王文成全书》卷24〈外集六·竹江刘氏族谱跋〉："王道不明……天下无信史。三代以降，吾观其史，若江河之波涛焉，聊以知其起伏之概而已尔。"

- 《明儒学案》卷60〈东林学案三·刘永澄绪言〉："三代而上，黑白自分，是非自明，故曰'王道荡荡''王道平平'。"

- 《定盦文集》卷下〈五经大义终始论〉："三代之王也，必先其令闻；夫名士去国而王名微，王名微而王道薄。"

- 《新唐书》卷97〈魏征传〉："五帝三王，不易民以教；行帝道而帝，行王道而王，顾所行何如尔。"

- 《旧唐书》卷73〈令狐德棻传〉：高宗"问曰：'何者为

王道、霸道？又孰为先后？'德棻对曰：'王道任德，霸道任刑。自三王以上皆行王道。'"

- 《皇朝经世文》卷23〈治苏〉（沈寓撰）："王道治天下，三代以后，望之何人哉？"此明显以王道为三王之道。

王道指古圣王之道

下面举例说明王道的其他含义：

有以伏羲或三皇为例说王道。陆贾《新语·道基》：

> 于是先圣乃仰观天文，俯察地理，图画乾坤，以定人道。民始开悟，知有父子之亲，君臣之义，夫妇之道，长幼之序，于是百官立，王道乃生。

从上下文看，下面紧接着讲神农尝百草、教民食五谷，先圣似指伏羲。然以伏羲说王道，笔者仅见此一例。

有以尧舜等为例说王道。例如：

- 《说苑·君道》："尧知九职之事，使九子者各受其事，皆胜其任，以成九功，尧遂成厥功，以王天下。是故知人者，主道也。"
- 《范文正公集》：以舜、禹之道为王道，王道与尧舜之道同义。
  - 卷9〈上时相议制举书〉："观虞夏之纯，则可见王道之正。"
  - 卷11〈宋故乾州刺史张公神道碑〉："舜，天下知其德也，惟历试诸难。禹，天下知其功也，惟尽力沟洫。圣人率天下以勤，故能成其务。逮夫王道缺漓，坐饰话言，六代之风，亡实而落，君子弗观也。"

此外，《二程集·明道文集·论王霸札子》亦明确以王道为尧舜之道。

有合五帝三王或二帝三王说王道。例如：

- 《汉书》卷28下〈地理志下〉："孔子闵王道将废，乃修六经，以述唐虞三代之道。"
- 《汉书》卷56〈董仲舒传〉："盖闻五帝三王之道，改制作乐而天下洽和，百王同之。……圣王已没，钟鼓管弦之声未衰，而大道微缺，陵夷至乎桀、纣之行，王道大坏矣。"
- 《东坡全集》卷72〈应制举上两制书〉："仕者莫不谈王道，述礼乐，皆欲复三代追尧舜。"以王道为二帝三王之道。
- 《朱子文集》卷73〈李公常语下〉："愚谓王道即尧舜禹汤文武周公孔孟相传之道。"
- 《水心文集》卷3〈法度总论一〉："唐虞三代必能不害其为封建而后王道行。"

有以周先圣王（文武周公等）为例说王道，较多地见于《史记》《汉书》《春秋繁露》等；或以《诗》〈国风〉，特别是〈邹虞〉说王道，见于《毛诗》等，亦是以王道为周圣王之道。如《汉书·元帝纪》载汉宣帝称：

> 汉家自有制度，本以霸王道杂之，奈何纯任德教，用周政乎？

此似道出时人心目中之王道，或指周先王之道。

又《文选》卷50〈将传论〉（范蔚宗撰）"若乃王道既衰，降及霸德"句，张铣注曰：

> 王道，谓周道也。

此外例证还有：《吕氏春秋·有始览·谕大》论"武王欲及汤而不成，既足以王道矣"；《春秋繁露·王道》"孔子明得失，差贵贱，反王道之本，讥天王以致太平"；《淮南子·俶真训》"周室衰而王道废"；《白虎通·五经》"孔子居周之末世，王道陵迟"；《盐铁论·诏圣》"王道衰而《诗》刺彰"；《孔丛子·居卫》论周大王遭狄人围攻，"杖策而去"，"豳民之束修奔而从之者三千乘，……此王道之端也"；《汉书·郊祀志》"周公相成王，王道大洽"；《困学纪闻·诗》"《七月》见王业之难，亦见王道之易。孟子以农桑言王道，周公之心也"；等等。

亦有以王道为孔子之道者。孔子以《春秋》明王道，或以孔子为素王，并以王道指孔子之道。不过这是特例，极少见。《中说·叙篇》有：

> 文中子之教，继素王之道，故以王道篇为首。

此以王道为素王之道，即孔子之道。《法言》扬雄自序"降周迄孔，成于王道"，王道指周道，亦指孔子之道。然王道与孔子之道同义，当受公羊家影响，并不流行。盖后世皆认为古之王道备于孔子，即《史记·太史公自序》（卷130）所谓"孔子明王道"[256]。

王道指理想为王之道

王道还有一前面未及的，但十分重要，且在古籍中频繁出现的含义，即指理想的为王之道。古人亦有很多从理想意义上对王道的阐述。这种理想意义上的王道概念，未必直接与三王或古圣王直接挂钩。一方面,他们当然会认为其所用的王道概念应该是历史上黄金时代(三王或五帝时代或更久远)——如果存在的话——应该具有的特征(从这个意义上看它仍然具有古圣王之道之义);另一方面,在古人心目中,也是他们认为一切理想的、天下大治时的王道所应具有的特征。我们把古人的这种用法称为"理想的为王之道",也即古人在这些场合下主要是基于自己的理解,而不是基于对三王或古圣王治理之道的客观知识(那种知识是模糊的)。我们从董仲舒《春秋繁露》〈深察名号〉中皇、方、匡、黄、往五个方面,〈王道通三〉中贯通天、地、人来分析王之义,可以理解,古人讲王道,称其为三王或古圣王之道,带有借古证今的性质,他们的真正目的在于说明什么是理想的王者之道。从这个角度讲,王道一词只能说来源于三王之道或古圣王之道,但在现实使用中却比较多地代表理想的为王之道。由此看来,王道一词的两个面向,即历史的面向(古圣王之道)与未来的面向(理想为王之道),含义难分难解,也许古人同时在这双重意义上使用此词,现代人一定要将两者分得很清楚,未必适用于古人。这也就是我们在分析此词含义时有时无法明确归类的主要原因。例如:

- 《孟子》:赵注将孟子所谓"王"解释为"王道"。
  - ◇〈梁惠王上〉:"养生丧死无憾,王道之始也。"
  - ◇〈梁惠王下〉:"今王与百姓同乐,则王矣。"
  - ◇〈公孙丑下〉:"五百年必有王者兴。"
  - ◇〈梁惠王上〉:"是心足以王矣。"赵注:"孟子曰王推是仁心,足以至于王道。"
- 《礼记·乐记》:"礼乐刑政,四达不悖,则王道备矣。"以礼乐刑政说王道,与以人伦秩序、孔子或六艺说王道一样,既可以说是对先王之道的总结,也可以说是对理想王者之道的阐明。

- 《管子·七法》："王道非废也，而天下莫敢窥者，王者之正也。"

- 《商君书·农战》："常官则国治，一务则国富。国富而治，王之道也。故曰：'王道作外，身作壹而已矣。'"

- 《春秋繁露·基义》："仁义制度之数，尽取之天。天为君而覆露之，地为臣而持载之。阳为夫而生之，阴为妇而助之。春为父而生之，夏为子而养之，秋为死而棺之，冬为痛而丧之。王道之三纲，可求于天。"

- 《韩诗外传》卷5："王者之政，贤能不待次而举，不肖不待须而废，元恶不待教而诛，中庸不待政而化。"

- 《说苑·政理》："《春秋》曰：四民均则王道兴而百姓宁。"

- 《白虎通·礼乐》："磬有贵贱焉，有亲疏焉，有长幼焉。朝廷之礼，贵不让贱，所以明尊卑也；乡党之礼，长不让幼，所以明有年也；宗庙之礼，亲不让疏，所以明有亲也。此三者行，然后王道得；王道得，然后万物成，天下乐用磬也。"

- 《盐铁论·相刺》："孔子曰：'诗人疾之不能默，丘疾之不能伏。'是以东西南北，七十说而不用，然后退而修王道，作《春秋》垂之万载之后。"

- 《论衡·宣汉篇》："夫王道定事以验，立实以效。效验不彰，实诚不见，时或实然，证验不具。是故王道立事以实，不必具验；圣主治世，期于平安，不须符瑞。"

- 《中说》
  - 卷1〈王道篇〉："化至九变，王道其明乎。"阮逸注："变，变于道也。孔子曰三年有成，九成二十七年，仅必世之仁矣，故曰王道明。"王道当指理想的为王之道。
  - 卷1〈王道篇〉："子曰：悠悠素餐者，天下皆是，王道从何而兴乎？”

  ◇ 卷2〈天地篇〉："子曰：王道之驳久矣！礼乐可以不
    正乎？大义之芜甚矣，诗书可以不续乎？"王道为
    礼乐之道。

  ◇ 卷3〈事君篇〉："子曰：王道盛则礼乐从而兴焉。"

● 《范文正公集》卷7〈奏上时务书〉："人主纳远大之谋久
  而成王道。""伏望圣慈纳人之谋、用人之议，不以远大为
  迂说，不以浅末为急务，则王道大成，天下幸甚。""偶动
  宸衷，无益王道。"

● 《东坡全集》卷115〈集英殿春宴教坊词〉："臣闻人和则
  气和，故王道得而四时正。"

● 《张子全书》卷13〈文集·答范巽之书第一〉："大都君
  相以父母天下为王道，不能推父母之心于百姓，谓之王
  道可乎？"

● 《二程集·遗书·二先生语十》："正叔言：人志于王道，
  是天下之公议。"

● 《二程集·外书·时氏本拾遗》："王道与儒道同，皆通贯
  天地，学纯则纯王纯儒也。"

● 《朱子文集》卷73〈李公常语下〉："无王道，则三纲沦，
  九法斁，人伦废，而天理灭矣。""谓之王道者，即仁义
  也；君行王道者，以仁义而安天下也。"

● 《真德秀文集》卷47〈袁公行状〉："天大、地大、道大、王
  亦大，惟其至公，所以为大。论赏罚适中：上曰柔而不中，
  则为姑息；刚而不中则为霸道，刚柔皆得其中则为王道。"

● 《宋元学案》卷11〈濂溪学案上·周敦颐通书〉："《春
  秋》，正王道、明大法也。"

● 《宋元学案》卷99〈苏氏蜀学略·吕陶〉："君子小人之
  分辨，则王道可成。"

- 《明儒学案》卷12〈浙中学案二·王畿语录〉:"虽行一不义、杀一不辜而得天下不为,如此方是毋自欺,方谓之王道。"
- 《姜斋诗文集·姜斋诗话卷二》:"如止至善章,学修、恂慄、威仪,内外交尽,德乃盛,善乃至,仁敬孝慈、亲贤乐利,天德、王道之全,岂一敬字遽足以该括之?"
- 《战国策·刘向序》:"孔子虽论诗书、定礼乐,王道粲然分明,以匹夫无势,化之者七十二人而已,皆天下之俊也。时君莫尚之,是以王道遂用不兴。"孔子之王道,诚然可理解为对周文王乃至三王之继承,然是孔子本人阐明理想王者之道。或者,孔子借先王之道为理想王者之道正名乎?
- 《汉书》卷23〈刑法志〉:"仁爱德让,王道之本也。"
- 《汉书》卷75〈翼奉传〉:"《易》有阴阳,《诗》有五际,《春秋》有灾异。皆列终始,推得失,考天心,以言王道之安危。"以六艺言王道,既是对先王之道的总结,亦是对理想王道的阐明。
- 《宋史》卷346〈吕陶〉:"君子小人之分辨,则王道可成。杂处于朝,则政体不纯。"王道当指理想的为王之道。
- 《宋史》卷388〈周执羔传〉:"以为王道在正心诚意。"王道指理想的为王之道。

我们知道,王之义在《孟子》《春秋繁露》等书中不仅限于指先王,可指理想的统治者。所以,王道也可引申为理想意义上的为王之道。但是同时要知道:孟子、董仲舒等人对王的含义所作的规范性说明,乃是对古圣王之道的阐发,并不能说明他们说王道时,心中没有一个理想的古代圣王模范。

从字义上看,王既可指先王,亦可指为王(做动词),故有规范与事实之别。道亦有规范与事实之别，指正确道路（可导人行）为规范，指实际方式（道路）为事实。然而，在王道一词用法中，规范性含义往往来自于对先王之道的总结。

例如，《中说·问易篇》（卷5）"薛收曰帝制其出王道乎"章，阮注曰："昔之帝者以道，若三王是也"，即以"古先王之道"释王道，似可解释王道之规范性含义来源。

又如，《二程集·外书·游氏本拾遗》有："至孟子时，七国争雄，而天下不知有周。然而生民涂炭，诸侯是时能行王道，则可以王矣。盖王者，天下之义主也。故孟子所以劝齐之可以王者，此也。"此处定义王者为天下之义主，诸侯能行王道则可以王，似乎说明王代表理想意义上的统治者。然而，程子此言亦从古先王出发立论，"天下不知有周"，其所谓行王道，指尊周室，使王者实至名归。故行王道指尊周。

总而言之，后世提及王道，还是多指先王之道，特别是三代圣王之道，或者以古圣王为模板加以发挥，以之为理想意义上的为王之道。在先秦及两汉，比如在孟子、董仲舒等人处，确实表现出用王道指理想的为王之道，但未必不以古先王之道为背景；到了后世（汉代以后），王道指古先王之道，特别是三王之道或周道似乎更明显，这一点可以文中子、范仲淹、欧阳修、朱子、王阳明等人著作为例加以极为明确的证明。这或与后世学者多指三代为王天下之典范或目标有关。

王道指现实王者之道

王道还有一个特别的含义，即指现实的王者之道，或当下王者之治。这种意义上的王道不一定理想，也可以说是中性词，无褒贬。这种例子，据笔者观察主要出现于正史之中，在经、子、集部文献中少见。

以下例子似可证明王道亦可指当下王者之道（或现实王者之治）：

- 《管子·白心》："思索精者明益衰，德行修者王道狭。"

《晋书》

- 卷 20〈礼志中〉："屈家事于王道，厌私恩于祖宗。"
- 卷 34〈羊祜传〉："今王道维新，岂可不大判臧否。"

《宋书》

- 卷 3〈本纪·武帝下〉："今王道维新，政和法简。"
- 卷 14〈志·礼一〉："况今江表晏然、王道隆盛，而不能弘敷礼乐，敦明庠序，其何以训彝伦而来远人乎？"
- 卷 20〈志·乐二〉："容民厚下，育物流仁；跻我王道，晖光日新。"（张华撰）"王道四达，流仁布德。"（王韶之撰）
- 卷 22〈志·乐四〉："考功能，明黜陟；人思自尽，惟心与力；家国治，王道直。"
- 卷 61〈武三王传〉："今王道既亨，政刑始判，宣昭国体于是乎在。"王道指现实王者之道？
- 卷 62〈王微传〉："今虽王道鸿邈，或有激朗于天表，必欲探援潜宝，倾海求珠。"王道指现实王者之道？
- 卷 63〈王华传〉："王粲《登楼赋》曰：'冀王道之一平，假高衢而骋力。'"从下文看，王粲诗似指期望王者之道路宽广，自己可以自由驰骋。
- 卷 64〈裴松之传〉："以岁时多难，王道未一；卜征之礼，废而未修。""王道未一"当指天子治理方略未能整齐统一，因此王道当指现实中王者之道。
- 卷 69〈范晔传〉："虽豺狼即戮，王道维新，而普天无主。""王道维新"当指现实王者之道变革之际。

《隋书》

- 卷5〈恭帝纪〉:"王道丧乱,天步不康;古往今来,代有其事。"王道指古先王之道,还是现实王者之道?
- 卷20〈天文志中〉:"其星明大,王道太平,贤者在朝。""将有天子之事,占于斗。斗星盛明,王道平和。""星明大,王道昌,关梁通。"王道似读为现实王者之道为顺。
- 卷36〈后妃传〉:"实庸薄之多幸,荷隆宠之嘉惠;赖天高而地厚,属王道之升平。"

《旧唐书》

- 卷24〈礼仪志四〉:"太一掌十有六神之法度,以辅人极,征明而得中,则神人和,而王道升平。"
- 卷71〈魏征传〉:"自王道休明十有余载,威加海外,万国来庭,仓廪日积,土地日广。"
- 卷148〈裴垍传〉:"史臣曰:裴垍精鉴默识,举贤任能,启沃帝心,弼谐王道。"

《艺文类聚》

- 卷53〈治政部下·荐举〉:"汉高延商洛之隐,而王道以固。"王道当指现实王者之治。

《册府元龟》

- 卷67〈帝王部·求贤〉:"庶欲博访丘园,搜采英俊,弼我王道，臻于大化焉。"（贞观二十年太宗手诏）王道当指现实王者之治。

- 卷208〈闰位部·恩宥二〉："朕……企承鸿绪，王道未直，天步犹艰，式凭宰辅以弘庶政，履端建号，仰惟旧章，可大赦天下……"

- 卷213〈闰位部·求贤〉："迄今三载，宵分辍寐，日旰忘餐，思共力于庙谋，庶永清于王道。"王道指现实王者之道？

- 卷213〈闰位部·命使〉："以岁时多难，王道未一，卜征之礼，废而未修。"王道当指现实王者之道。

- 卷295〈宗室部·复爵〉："今王道既亨，政刑始判，宣昭国章于是乎在。"王道当指现实王者之道。

- 卷321〈宰辅部·礼士〉："禁网疏阔，时或优容；王道清夷，孰免祸败。"清夷当指清廉公平，王道当指现实王者之治。

以上例子主要见于史书、类书、通书中，而在经、子中，有些场合看似从理想意义上讲王道，其实亦是基于对先王之道的理解。比如《孟子·梁惠王下》"流连荒亡"章，赵注有"王道亏"；《说苑》〈君道〉〈敬慎〉有"先王道缺"（2见），王道可以亏、缺。是否这里的王道也指现实王者之道？答曰：非也。王道亏可作先王道亏，即指未完全符合先王之道，此可以《尚书大传·高宗肜日传》"先王道亏"为例说明，因前文有"武丁内反诸己，以思先王之道"句（参《困学纪闻》卷2〈书〉引《尚书大传》文）。

王道与霸道相对

正如前述，由于古人是在帝、王、霸相区分的历史语境中说王道，而春秋五霸的兴起是王道结束的标志，王道很自然地与霸道相对。当与霸道对举时，王道常指周先圣王之道，亦可指三王之道或其他古圣王之道。

王道之所以时常与霸道并举，还因为孔子作《春秋》，正是借霸道以明王道。霸道兴起于王道衰微之际，故与王道形成对比。王、霸的这一含义，在《孟子》《荀子》等书中十分明确。

严格说来，王道的外延不仅与霸道相对，亦与帝道甚至三皇之道相对。不过正如桓谭《新论·王霸篇》所说，"五帝以上久远，经传无事，唯王霸二盛之美，以定古今之理焉"。而且皇道、帝道与王道在古人心目中是一脉相承的，甚至本质上一致（参《朱子文集》卷73〈李公常语下〉朱子对王道的定义），而霸道则代表理想黄金时代结束，因而王道在外延上主要与霸道相对。

《孟子》一书以齐桓、晋文为霸者典型。其后《荀子》亦极论之。[257] 前人论述王、霸精彩者有《文子·自然》、桓谭《新论·王霸篇》、《旧唐书》卷73〈令狐德棻传〉、苏轼《东坡全集》卷43〈乐毅论〉、程颢《论王霸札子》（参《二程集·明道文集卷之二》）、《朱子文集》卷39〈答范伯崇〉及卷73〈李公常语下〉、《朱子语类》卷25〈论语七·八佾篇〉、《真德秀文集》卷47〈袁公行状〉、俞长城〈王霸辨〉（载魏源《皇朝经世文》卷7）等等。程、俞皆力主人主用心纯粹、有其德方可行王道，从主观用心是否至公、是否纯粹论述王、霸乃宋以来学人一大特色。

王道与霸道的区分，也许可借用韩非子所谓"上古竞于道德，中世逐于智谋，当今争于气力"（《五蠹》）中的上古与中世来类比。古人多认为三王与五霸统治天下的方式，具体表现为崇德与崇力之别，然宋以来学者亦常见以仁义与功利、无私与自私、天道与智力、天理与人欲等不同角度来区分王、霸。今录古人对于王、霸之说若干：

● 《文子·自然》："王者，尚其义；霸者，通于理。"以尚义与通理区分王、霸。

- 《孟子》：以仁界定王道。
  - 〈公孙丑上〉："以力假仁者霸"，"以德行仁者王"。
  - 〈尽心上〉："霸者之民，欢虞如也；王者之民，皞皞如也。"
  - 〈尽心上〉："尧、舜，性之也；汤、武，身之也；五霸，假之也。久假而不归，恶知其非有也？"
- 《荀子·王霸》："义立而王，信立而霸，权谋立而亡。"以信义与权谋区分王、霸。
- 《新论·王霸》："三王由仁义，五伯以权智。……王道纯粹，其德如彼；伯道驳杂，其功如此。"复云："赏善诛恶，诸侯朝事，谓之王；兴兵众，约盟誓，以信义矫世，谓之伯。"以仁义与权智相对，分别归于重德与重功之别。又兼以仁义界定王道，综合孟、荀，接近于《韩非子》〈外储说左上〉"夫称上古之传颂……道先王仁义"之说。
- 《春秋繁露·阳尊阴卑》："天数右阳而不右阴，务德而不务刑。刑之不可任以成世也，犹阴不可任以成岁也。为政而任刑，谓之逆天，非王道也。"以任德与任刑区分王、霸。
- 《二程集·明道文集·论王霸劄子》："臣伏谓：得天理之正，极人伦之至者也，尧、舜之道也。用其私心，依仁义之偏者，霸者之事也。王道如砥，本乎人情，出乎礼义，若履大路而行，无复回曲。霸者崎岖反侧于曲径之中，而卒不可与入尧、舜之道。故诚心而王则王矣，假之而霸则霸矣。二者其道不同，在审其初而已……苟以霸者之心，而求王道之成，是衒石以为玉也。"此段以用心是否无私、仁义是否有偏区分王道与霸道。
- 《二程集·伊川经说·春秋传》："王者奉若天道，故称天王，其命曰天命，其讨曰天讨。尽此道者，王道也。

后世以智力把持天下者，霸道也。"以天道与智力区分王、霸。

- 《朱子文集》卷39〈答范伯崇〉："天理、人欲，王道、霸术之所以分。"以天理、人欲区分王、霸。

- 《朱子文集》卷73〈李公常语下〉："谓之王道者，即仁义也；君行王道者，以仁义而安天下也。君行霸道者，以诈力而服天下也。"以仁义与诈力区分王、霸。

- 《朱子语类》卷25〈论语七〉："古人论王伯，以为王者兼有天下，伯者能率诸侯，此以位论，固是如此。然使其正天下、正诸侯皆出于至公，而无一毫之私心，则虽在下位，何害其为王道？惟其搂诸侯以伐诸侯，假仁义以为之，欲其功尽归于己，故四方贡赋皆归于其国，天下但知有伯而不复知有天子。此其所以为功利之心，而非出于至公也。在学者身上论之：凡日用常行、应事接物之际，才有一毫利心，便非王道，便是伯者之习。"此段论王、霸，以为虽无王者之位，而无一毫私心，即是王道。

- 《真德秀文集》卷29〈孟子要略序〉："推之于政事则纯乎王道，而不杂以霸功。"

- 《真德秀文集》卷47〈袁公行状〉[258]："天大、地大、道大、王亦大，惟其至公，所以为大。论赏罚适中：上曰柔而不中，则为姑息；刚而不中则为霸道，刚柔皆得其中则为王道。"此为皇上言，以是否偏离至公区分王、霸。

- 《史记》卷68〈商君列传〉："鞅曰：'吾说公以王道而未入也，请复见鞅。'鞅复见孝公，孝公善之而未用也，罢而去。孝公谓景监曰：'汝客善，可与语矣。'鞅曰：'吾说公以霸道，其意欲用之矣。'"霸道指以强国为本，则王道当以仁义为本。

- 《旧唐书》卷73〈令狐德棻传〉："高宗初嗣位，留心政道。常召宰臣及弘文馆学士于中华殿而问曰：'何者为王道、霸道？又孰为先后？'德棻对曰：'王道任德，霸道任刑。自三王以上皆行王道，唯秦任霸术，汉则杂而行之，魏晋已下王霸俱失。如欲用之，王道为最，而行之为难。'"以任德与任刑区分王、霸。

- 《皇朝经世文》卷7〈王霸辨〉（俞长城撰）："王霸之辨，何辨乎？辨之于心也。""心有诚伪，则治有纯杂。""夫纯则王，杂则霸，安有王杂乎霸者！""霸者，本之不图，而规规于法制之末。饰于昭明而偷于暗昧，勤于变乱而怠于治安，慎于重大而失于几微，成于少壮而败于老耄。其善者，不过偏陂驳杂之治，而下之或不免于乱亡。揆之王道，相去远矣。予尝谓三代以前无霸，三代以后无王。桓、文，霸也。汉高祖、唐太宗、宋太祖、明太祖，亦霸也。等而上之，周宣王亦霸也。""故人言汉高不事诗书而霸，然光武投戈讲艺而亦霸。唐太宗闺门不肃而霸，然明太祖修女戒、严宫政而亦霸。宋太祖乘势窃位而霸，然昭烈仗义讨贼而亦霸。盖所谓王与霸，特在于心辨之。"

以下数条为古人论王、霸的其他方面：

- 《吕氏春秋·有始览·谕大》："武王欲及汤而不成，既足以王道矣。五伯欲继三王而不成，既足以为诸侯长矣。"三王优于五霸。
- 《春秋繁露·俞序》："春秋之道，大得之则以王，小得之则以霸。"以春秋之道大小区分王、霸。
- 《史记》卷41〈越王勾践世家〉："图王不王，其敝可以伯。然而不伯者，王道失也。"
- 《陆贽集》卷4〈议减盐价诏〉："三代立制，山泽不禁，

天地材利，与人共之。王道浸微，强霸争骛。"霸者争
强，则王者行仁义。

● 《东坡全集》卷43〈乐毅论〉："自知其可以王而王者，
三王也。自知其不可以王而霸者，五霸也。或者之论
曰：图王不成，其弊犹可以霸。呜呼！使齐桓晋文而行
汤武之事，将求亡之不暇，虽欲霸可得乎？夫王道者不
可以小用也，大用则王，小用则亡。"批评图王不成，其
弊犹可以霸（其说源自《史记·越王勾践世家》）。

● 《宋元学案》卷79〈丘刘诸儒学案·游似〉："或谓霸图
速而王道迟，不知一日归仁，期月已可，王道曷尝不
速！"批评王道、霸道迟速之陋见。

含义

先王以道治
《文子·道德》有：[259]

古之王者以道莅天下。
古有以道王者……以道王者，德也。

此语说明"王道"一词本义，即王道本指古代圣王以道治天下。
1973年出土的定州八角廊《文子》竹简残本有很大一部分与传世本
《文子·道德》相同或相近（1000多字），且以王道为主题，其中有如
下几段话：[260]

吾闻古圣立天下，以道立天下。（2262）
以毋道立者，天下之贼也。（2442）

112

以道王者。（0850）

古之以道王者。（2210）

平王曰："王者几道乎？"文子曰："王者一道。"（2419）

过去人们习惯于将《文子》归入道家，而忽略了其与儒家的关联。其实，正像《郭店楚墓竹简·老子》所展示的那样，简本《文子》对于德、仁、义、礼均持肯定、赞赏态度，视其为治国利器。[261] 在老子、文子时代，所谓儒、道之分尚未出现，简本《文子》中的相关思想，可能为后世儒家王道思想之渊源。

《文子》中的用语可能源于《道德经》第60章"以道莅天下"之说。朱子曾引老子此语，暗示"以道莅天下"指行"王道"：

老子谓："以道莅天下者，其鬼不神。"若是王道修明，则此等不正之气都消铄了。（《朱子语类》卷3〈鬼神〉）

盖朱子以为，老子"以道莅天下"指若王道修明，则鬼神之说自消。

《朱子语类》四库全书本载明人彭时原序有：

自帝王道化不行于天下，而后孔孟道学之传兴。

此语说明古人心目中王道一词之本义。帝指五帝，尤其是二帝（尧舜）；王指三王，即三代圣王；所谓"道化"，指帝、王以道治天下，因此王道本义指三代及以前圣王以道治天下。

今录古书以三王或古先王"以道治"之文十余条：

● 《书经集传·序》（［宋］蔡沈著）："二帝三王之治本于道，二帝三王之道本于心。得其心，则道与治固可得而言矣。"

- 《书经衷论·原序》（［清］张英著）："人君之以道治天下，至尧舜禹汤文武之盛而极矣。"
- 《论语学案》卷1〈上论·为政第二〉（［明］刘宗周著）："夫子之道即三王之道，三王之道即尧舜之道。自尧舜以来所以治天下之大经大法，至三王而俱备矣。"
- 《日讲四书》卷15〈孟子上·公孙丑章句上〉（［清］康熙御制）："尧舜以道治天下。"
- 《经义考》卷256〈胡氏广等四书大全〉："朕惟昔者圣王继天立极，以道治天下。自伏羲、神农、黄帝、尧、舜、禹、汤、文、武相传授受，上以是命之，下以是承之，率能致雍熙悠久之盛者，不越乎道以为治也。"（明成祖文皇帝御制序）
- 《新论·王霸篇》："三皇以道治，而五帝用德化。"
- 《二程集·遗书·端伯传师说》："先王之世，以道治天下，后世只是以法把持天下。"[262]
- 《名臣言行录》〈别集·权邦彦〉："尧舜以道治天下，不过无心。"此为宋皇帝语。
- 《吴都文粹》卷8〈天峰院记〉（［宋］虎臣编，曾旼语）："先王以道治天下，使人心化而不自知。"
- 《洺水集》卷8〈四明高氏春秋解后序〉（［宋］程珌撰）："王者以道治天下。"
- 《读书录》卷10（［明］薛瑄著）："三代圣人皆以道治天下。"
- 《周礼删翼》卷2（［明］王志长著）："先王封建诸侯，以道治天下。"（引魏庄渠语）
- 《见素集》〈奏议卷六·辟异端疏〉（［明］林俊撰）："古圣神以道治天下，如黄帝尧舜。"

治道

王道之本义即为"先王以道治"，这是对王道与治道关系的最好说明。故古人一论王道，则及乎治道矣。一言以蔽之，王道即先王之治道。

《荀子》云：

> 天下之人……言治者予三王。(〈大略〉)

此极能说明王道与治道关系的渊源。又《真德秀文集》卷24〈明道先生书堂记〉称程明道云：

> 论治必以行王道为宗。

此语亦颇能说明王道与治道之关系。现初步概括王道作为治道的具体内容如下：

◇ 指推行公道。见于《尚书·洪范》《墨子·兼爱下》及《说苑·至公》。

◇ 指仁爱百姓。见于《孟子·梁惠王上》《荀子·王制》《春秋繁露·王道》及《新论·王霸》。

◇ 指人伦有序。见于《礼记·乡饮酒义》《春秋繁露·王道》《新语·道基》《白虎通·社稷》及《汉书·刑法志》。又《朱子文集》卷73〈李公常语下〉："无王道则三纲沦，九法斁，人伦废，而天理灭矣。"

◇ 指正始之道。见于《汉书》卷56〈董仲舒传〉："春秋之文，求王道之端，得之于正……正者，王之所为也。其意曰：上承天之所为，而下以正其所为，正王道之端云尔。"

◇ 指太平无患。见于《史记·龟策列传》《春秋繁露·盟会要》《淮南子·要略》《白虎通·五经》《论衡·宣汉篇》及《新论·王霸》。

◇ 指治官有方。见于《韩非子·心度》及《说苑·君道》。

◇ 指怀柔远方。见于《汉书》卷64上〈严助传〉："《诗》云：'王犹允塞，徐方既来。'言王道甚大，而远方怀之也。"

◇ 指修己之德。见于《汉书》卷81〈匡衡传〉："审好恶，理情性，而王道毕矣。"

内圣

王道含义从宋代起转向内圣，自从程明道称"有天德便可语王道，其要只在慎独"，明人多从慎独解王道，《明儒学案》中证据甚多。例如：

● 《二程集·遗书·明道语四》："'盖曰文王之所以为文也，纯亦不已'，此乃天德也。有天德便可语王道，其要只在慎独。"以王道为文王之道，然以慎独为王道功夫。

● 《朱子语类》卷25〈论语七〉："古人论王伯，以为王者兼有天下，伯者能率诸侯，此以位论，固是如此。然使其正天下、正诸侯皆出于至公，而无一毫之私心，则虽在下位，何害其为王道？惟其搂诸侯以伐诸侯，假仁义以为之，欲其功尽归于己，故四方贡赋皆归于其国，天下但知有伯而不复知有天子。此其所以为功利之心，而非出于至公也。在学者身上论之：凡日用常行、应事接物之际，才有一毫利心，便非王道，便是伯者之习。"此段论王、霸，以为虽无王者之位，而无一毫私心，即是王道。此宋人对王道之新解。

- 《宋元学案》卷60〈说斋学案·唐仲友文集〉："卿岂不知王道之出于诚哉！"出自其《荀卿论》，王道出于诚。

- 《明儒学案》卷10〈姚江学案一·王守仁传习录〉："我说个心即理，要使知心理是一个，便来心上做功夫，不去袭义于外，便是王道之真。"

- 《明儒学案》卷11〈浙中学案一·徐爱文集〉："学者大患在于好名……去之尽而纯故谓之天德，推之纯而达，故谓之王道。"以心纯为王道。

- 《明儒学案》卷16〈江右学案一·邹守益论学书〉："收视是谁收，敛听是谁敛，即是戒惧工课，天德王道只是此一脉。所谓去耳目支离之用，全圆融不测之神。"以戒惧工课为王道，此说来自程子。程子曰："有天德便可语王道，其要只在慎独中。"此书多提及此。

- 《明儒学案》卷19〈江右学案四·刘阳洛村语录〉："动出于至诚恻怛为王道。"

- 《明儒学案》卷30〈粤闽相传学案·薛侃语录〉："王道即是天德，即是眼前学问，廓然大公、物来顺应，一言尽矣。自其廓然名曰天德，自其顺应名曰王道。非有甚高难行之事。"以王道与天德相应。

- 《明儒学案》卷37〈甘泉学案一·湛若水语录〉："盘问何谓天德？何谓王道？……先生曰：体认天理与谨独，其功夫俱同。独者，独知之理。若以为独知之地，则或有时而非中正矣。故独者，天理也。此理惟己自知之，不但暗室屋漏，日用酬应皆然。慎者，所以体认乎此而已。若于是有得，便是天德，便即有王道，体用一原也。"以天德为体，以王道为用。

- 《明儒学案》卷38〈甘泉学案二·吕怀论学语〉："天德不可强见，须涵泳从容，不着一物。优而游之，厌而饫之，恍然而悟，悠然而得，方是实见。此则所谓莫见莫显，人所不知而己独知之者。只此意流行不塞，便是王道。"此人人可以入王道之意（与杨朋石）。

- 《明儒学案》卷39〈甘泉学案三·洪垣论学书〉："学者晓然知天德王道真从此心神化相生相感，不复落于事功形迹之末。"（答徐存斋阁老）

- 《明儒学案》卷46〈诸儒学案上·罗侨潜心语录〉："精神尊一，莫非天理流行，即敬也。……纯粹真实，莫非天理周匝，即诚也；积中布外，是之谓王道。然敬则诚矣，诚则敬矣。伊尹之事业，本颜渊之学问也。"以诚敬为王道。

- 《明儒学案》卷53〈诸儒学案下一·舒芬太极绎义〉："濂溪建图，发主静之说；而考亭于图解，亦便以阴阳动静分体用。盖亦本乎主静之说，欲人求之未发之中，以立太极之体耳。试以吾儒体用论之：正心诚意，所以立极；治国平天下，所以致用。王道之大一，天德之纯也。"以未发之中及正心诚意功夫等为王道。

- 《明儒学案》卷53〈诸儒学案下一·来知德〉："一部《大学》绾结于此二字［即明德］。不言道而言德者，有诸己而后求诸人也。此正五帝三皇以德服人之王道耳。"

- 《宋史》卷388〈周执羔传〉："以为王道在正心诚意。"

六艺·孔子

古人虽以先王之道说王道，然亦认为王道载在六经，而孔子修六艺正为了阐明王道。今辑录古人从六艺或孔子说王道若干。

以孔子修六艺说王道：

- 《经义考》卷1〈日讲易经解义〉："朕惟帝王道法载在六经。"
- 《史记》卷130〈太史公自序〉："仲尼……追修经术，以达王道。"
- 《汉书》卷28下〈地理志下〉："孔子闵王道将废，乃修六经。"
- 《汉书》卷75〈翼奉传〉："《易》有阴阳，《诗》有五际，《春秋》有灾异。皆……以言王道之安危。"
- 《朱子文集》卷73〈李公常语下〉："《易》《诗》《书》《礼》《乐》《春秋》之六经，所以载帝王之道……夫所谓王道者，天子之所行，六经之所载。"

以《春秋》说王道：

- 《春秋繁露·玉杯》："《春秋》论十二世之事，人道浃而王道备。"
- 《淮南子·主术训》："《春秋》……采善锄丑，以成王道。"
- 《中说》卷3〈事君篇〉："《春秋》元经于王道，是轻重之权衡，曲直之绳墨也。"
- 《欧阳修文集》卷18〈春秋论下〉："《春秋》以王道治人之法也。"
- 《欧阳修文集》卷48〈问进士策〉："《春秋》明是非而正王道。"
- 《宋元学案》卷11〈濂溪学案上·周敦颐通书〉："《春秋》，正王道、明大法也。"
- 《二程集·明道文集·南庙试策五道》："《春秋》何为而作哉？其王道之不行乎？"

- 《二程集·伊川经说·春秋》:"《春秋》因王命以正王法,称天王以奉天命。"(以上隐元年)
- 《朱子语类》卷83〈春秋〉:"今之治《春秋》者……不论王道之得失,而言伯业之盛衰,失其旨远矣。"
- 《经义考》卷196〈王氏元杰春秋谳义〉:"圣人达天德而语王道,《春秋》为万世立王法。"(千文传序)
- 《史记》卷14〈十二诸侯年表〉:"孔子明王道,干七十余君莫能用,故西观周室,论史记旧闻,兴于鲁而次《春秋》,上记隐,下至哀之获麟,约其辞文,去其烦重,以制义法,王道备,人事浃。"
- 《史记》卷130〈太史公自序〉:"《春秋》上明三王之道,下辨人事之纪……王道之大者也。"

以《诗》《书》说王道:

- 《毛诗·国风》:"至于王道衰,礼义废,政教失,国异政,家殊俗,而变风、变雅作矣。"
- 《孟子·离娄下》:"王者之迹熄而《诗》亡。"
- 《困学纪闻》卷3〈诗〉:"序〈驺虞〉,王道成也。""《七月》见王业之难,亦见王道之易。""《鹿鸣》,周大臣所作也。王道衰,大臣知贤者幽隐,弹弦风谏。"
- 《经义考》卷231〈孟子一〉:"苏辙曰:'不观于《诗》,无以知王道之易。'"
- 《中说》卷2〈天地篇〉:"子曰:王道之驳久矣!礼乐可以不正乎?大义之芜甚矣,诗书可以不续乎?"
- 《战国策·刘向序》:"孔子虽论诗书、定礼乐,王道粲然分明,以匹夫无势,化之者七十二人而已,皆天下之俊也。时君莫尚之,是以王道遂用不兴。"

- 《史记》卷47〈孔子世家〉："三百五篇孔子皆弦歌之，以求合《韶》《武》《雅》《颂》之音，礼乐自此可得而述，以备王道，成六艺。"

以《礼》《乐》说王道：

- 《礼记·乐记》："礼乐刑政，四达而不悖，则王道备矣。"
- 《中说》
  ◇ 卷1〈王道篇〉："二三子皆朝之预议者也，今言政而不及化，是天下无礼也；言声而不及雅，是天下无乐也；言文而不及理，是天下无文也；王道从何而兴乎？"王道指礼乐之道。
  ◇ 卷2〈天地篇〉："王道之驳久矣！礼乐可以不正乎？"
  ◇ 卷3〈事君篇〉："王道盛则礼乐从而兴焉。"
- 《战国策·刘向序》："孔子虽论诗书、定礼乐，王道粲然分明。"
- 《史记》
  ◇ 卷47〈孔子世家〉："三百五篇孔子皆弦歌之，以求合《韶》《武》《雅》《颂》之音，礼乐自此可得而述，以备王道，成六艺。"
  ◇ 卷130〈太史公自序〉："幽厉之后，王道缺、礼乐衰。""仲尼悼礼废乐崩，追修经术，以达王道。"以六艺为王道。

以他经说王道：

- 《经义考》卷123〈陈氏傅良周礼说〉："王道至于周备

矣! 文、武、周公、成康之心, 考其行事, 尚多见于《周礼》一书。"

- 《经义考》卷 158〈丘氏浚大学衍义补〉:"自仲尼作《大学》一经……立万世帝王天德王道之标准。"此为明神宗皇帝御制序。

小结

《汉语大词典》"王道"定义是:

> 儒家提出的一种以仁义治天下的政治主张。与霸道相对。[263]

其他各工具书定义大同小异。[264]

此类定义最大的问题, 是对王道含义的来源没有交代清楚, 甚至让人误以为王道词义是儒家人为发明出来的。事实上, 王道概念的使用在古文献中有很深的渊源, 王道原本是古圣王之道的简写。所谓古圣王是有特指的, 包括二帝三王, 或五帝三王等。至于其与霸道的对立, 也是因为春秋之时"王者迹熄"(《孟子·离娄下》)后五霸兴起才有的。

儒家经典及古文献中对王道的使用, 正是基于对过去历史事实的继承, 并非出于自身理论需要人为地发明了王道这个词, 或人为地赋予它某种含义。总之, 我们不能脱离历史语境来理解王道一词的含义。

总而言之, 王道本指古圣王之道, 更多地指三王之道, 亦可分别指三皇、五帝(特别是尧舜)甚至孔子之道。到春秋时, 由于五霸兴起, 王道被普遍地理解为与霸道对立。从内涵方面看, 王道的含义来源于先王以道治, 引申为一切理想意义上的治道。

现以《册府元龟》和《通志》为例, 辑录其中王道用语如下。

采自《册府元龟》:

恢隆王道，成我王道，经纶王道，庶几王道，庵于王道，共资王道，弗弘王道，虽繇王道，内亮王道，致王道于缉熙，约以王道，行王道，惟新王道，勤行于王道，兴王道，阐王道，明王道，资王道，崇王道

王道衰微，王道寖衰，王道大洽，王道休明，王道遐被，王道初被，王道既衰，王道至公，王道丧乱，王道以成，王道为化，王道衰缺，王道无亏，王道淳洽，王道未直，王道未昭，王道版荡，王道甚大，王道砥平，王道平分，王道弗竞，王道大行，王道中兴，王道已沦，王道之端，王道之本，王道之正，王道之纲，王道之安危，王道之反复，王道不通，王道有缺，王道备，王道亏损，王道至深，王道终，王道绝，王道得，王道泰，王道不昭，王道浸衰，王道微绝，王道融泰

采自《通志》：

王道昌，王道之始，王道之仪，王道大坏，王道不振，王道亡常，王道毕，王道公正，王道过差，任王道，德列王道

这些术语或可帮助理解王道一词在古代的用法。

（七）人道

使用

人道一词较早见于《左传·昭公十八年》"天道远，人道迩"一句及《国语·鲁语上》"犯鬼道二，犯人道二"。在先秦以来的文献中，

表 12　"人道"在古籍中出现次数统计

类	书	次	类	书	次	类	书	次
经部，含解经及小学	左传	1	子部	近思录	2[265]	集部	曾国藩集	2[266]
	易传	2[267]		朱子语类	58[268]		国语	1
	周礼	0[269]		王文成全书	3[270]		战国策	0
	礼记	10		宋元学案	60[271]		史记	7[272]
	大戴礼记	3		明儒学案	31[273]		汉书	19[274]
	尚书大传	1	集部	楚辞	0		后汉书	8[275]
	孟子	0		文选	8[276]		晋书	10[277]
	困学纪闻	0[278]		嵇中散集	2[279]		宋书	18[280]
	经义考	25[281]		陶渊明集	1[282]		魏书	6[283]
	十驾养新录	1[284]		陆贽集	0[285]		南史	2[286]
	揅经室集	2[287]		韩愈集	2[288]		北史	5[289]
子部	老子	0[290]		柳宗元集	2[291]		旧唐书	8[292]
	墨子	0[293]		范文正公集	0[294]		新唐书	1[295]
	管子	3		欧阳修文集	7[296]		宋史	17[297]
	庄子	9		司马光文集	2[298]		元史	2[299]
	鹖冠子	3		元丰类稿	5[300]		明史	5[301]
	文子	2[302]		临川文集	14[303]		清史稿	5[304]
	六韬	1		栾城集	1[305]		资治通鉴	9[306]
	荀子	7[307]		东坡七集	1[308]		续资治通鉴	2[309]
	吕氏春秋	0[310]	集部	朱子文集	34[311]	政论	群书治要	21[312]
	淮南子	3		象山全集	9		贞观政要	2[313]
	春秋繁露	9		真德秀文集	7[314]		名臣言行录	4[315]
	韩诗外传	4		水心文集	5[316]		宋论	5
	论衡	15		龙川集	34		读通鉴论	30
	风俗通义	3[317]		逊志斋集	2[318]		郡国利病书	1[319]
	太玄经	6[320]		姜斋诗文集	1[321]		明夷待访录	0
	法言	1		南雷集	1[322]		皇朝经世文	41[323]
	孔子家语	4		亭林诗文集	1[324]	类书	北堂书钞	4[325]
	说苑	3		方望溪全集	25[326]		艺文类聚	13[327]
	新语	3		惜抱轩集	0[328]		太平御览	24[329]
	潜夫论	2		戴东原集	1		册府元龟	35[330]
	中论	1		鲒埼亭集	8[331]	通书	通典	9[332]
	中说	2[333]		抱经堂文集	6[334]		通志	18[335]
	张子全书	12[336]		潜研堂集	5[337]		文献通考	30[338]
	二程集	35[339]		定盦文集	1[340]			

此词时有所见。

　　具体来说，在先秦以来的文献中，此词在经部主要见于大小戴《礼记》，不见于《易经》《尚书》《毛诗》《周礼》《仪礼》《春秋经》《公羊传》《穀梁传》《孟子》和《孝经》等；在诸子文献中，见于《老子》[341]《管子》《鹖冠子》《文子》《庄子》《六韬》《荀子》等之中，不见于《商君书》《韩非子》《孙子》《吕氏春秋》《新序》《新书》《盐铁论》《申鉴》《颜氏家训》《世说新语》。[342]在汉代以后的各家文献中，此词不时见到，而于宋代子、集中出现尤多。

　　正史之中，此词自《史记》以来即不少见，至元、明、清三朝出现次数有减少之势（分别为2次、5次和5次）。此外，在唐代以来的政论、类书及通书中，此词出现相当频繁，动辄数十次。下面是笔者查得的、先秦以来出现次数超过5次的部分文献：

- ◇ 经部：《礼记》（10见）、《经义考》（25见）；
- ◇ 子部：《庄子》（9见）、《荀子》（7见）、《春秋繁露》（9见）、《论衡》（15见）、《太玄经》（6见）、《张子全书》（12见）、《二程集》（36见）、《朱子语类》（58见）、《宋元学案》（60见）、《明儒学案》（31见）；
- ◇ 集部：《文选》（8见）、《欧阳修文集》（7见）、《元丰类稿》（5见）、《临川文集》（14见）、《朱子文集》（34见）、《象山全集》（9见）、《真德秀文集》（7见）、《龙川集》（34见）、《方望溪全集》（25见）、《鲒埼亭集》（8见）、《抱经堂文集》（6见）等；
- ◇ 史部：《史记》（7见）、《汉书》（19见）、《后汉书》（8见）、《晋书》（10见）、《宋书》（18见）、《魏书》（6见）、《宋史》（17见）、《资治通鉴》（9见）；
- ◇ 政论：《群书治要》（21见）、《读通鉴论》（30见）、《皇朝经世文》（41见）；

◇ 类书：《艺文类聚》（13 见）、《太平御览》（24 见）、
《册府元龟》（35 见）;

◇ 通书：《通典》（9 见）、《通志》（18 见）、《文献通
考》（30 见）。

由上不难看出，程朱理学文献中"人道"出现次数较多，这可从
《张子全书》《二程集》《朱子语类》《朱子文集》《象山全集》《真德秀
文集》《读通鉴论》中出现多在 10 次以上甚至达到 30 余次看出，而
《宋元学案》《明儒学案》中分别出现 60 次和 31 次。总的来说，宋代
文献中"人道"出现次数偏多，包括《临川文集》《龙川集》《宋史》
《太平御览》《册府元龟》《通志》等中"人道"出现一般在 15 次上
下，甚至达 30 余次。

本义

《春秋繁露·天道施》曰：

> 人道者，人之所由，乐而不乱，复而不厌者。

这是古人对人道的一个定义，带有明显的规范性色彩，强调人道
为人所当行之道。今按：人道一词在古代文献中的含义，可从外延与
内涵两方面看。从外延看，此词经常相对于天道或地道而言，极少数
情况下亦是相对于禽兽或鬼神之道而言。在内涵方面，人道顾名思义
是指人之道，但所谓人之道，其中的人既可作单数，也可作复数。如
果作单数，人道就是指个人之道，包括个人的人生之道、生活之道、
修养之道甚至生理之道等等；如果是复数，人道就是人群或社会之
道，包括人伦之道、治理之道或政治之道等。

另一个重要方面是，道就其指途径、道路而言，既可指事实上的存在，也可指价值上的规范。所以人道一词的含义同时包含事实和规范两种可能：就事实层面讲，此词指人 / 人际 / 人群 / 人事 / 人间实际存在的活动方式；就规范层面讲，此词可指人 / 人伦 / 人群 / 人事 / 人间理想的活动方式。

下面我们分别从这些不同的方面来总结人道一词之义。

外延

与天道、地道相对

- 《周易·系辞下》："有天道焉，有人道焉，有地道焉。"
- 《左传·昭公二十八年》："天道远，人道迩。"
- 《公羊传·隐公六年》："春秋编年四时具然后为年。"何休注："人道正则天道定矣。"
- 《大戴礼记·世代》："子曰：天道以视，地道以履，人道以稽。"
- 《礼记·中庸》："人道敏政，地道敏树。"
- 《老子》第 77 章："天之道损有余而补不足，人之道则不然，损不足以奉有余。"
- 《庄子·在宥》："何谓道？有天道，有人道。"
- 《鹖冠子·天则》："天道先贵覆者，地道先贵载者，人道先贵事者。"
- 《春秋繁露·天道施》："天道施，地道化，人道义。"
- 《韩诗外传》卷 3："夫天道亏盈而益谦，地道变盈而流谦，鬼神害盈而福谦，人道恶盈而好谦。"
- 《太玄经·玄图》："夫玄也者，天道也，地道也，人道也，兼三道而天名之。"

- 《新语·明诚》："尧舜不易日月而兴，桀纣不易星辰而亡，天道不改而人道易也。"
- 《潜夫论·本训》："天道曰施，地道曰化，人道曰为。"
- 《二程集·周易程传·否》："凡生天地之中者，皆人道也。天地不交则不生万物，是无人道，故曰匪人，谓非人道也。"

与鬼神之道相对

偶尔出现，次数大大少于上条。

- 《周易·谦·彖》："鬼神害盈而福谦，人道恶盈而好谦。"
- 《国语·鲁语上》："犯鬼道二，犯人道二，能无殃乎？"
- 《荀子·礼论》："祭者……其在君子，以为人道也；其在百姓，以为鬼事也。"
- 《太玄经·玄莹》："鬼神所佑曰福，人道所喜曰福。"
- 《明儒学案》卷8〈白沙学案一·陈献章题采芳园记后〉："鬼道显，人道晦。"
- 《明儒学案》卷51〈诸儒学案中五·黄佐论学书〉："人道盛则鬼道衰。"

与禽兽之道相对

较少见，体现儒家人禽之辨。

- 《荀子·非相》："夫禽兽有父子而无父子之亲，有牝牡而无男女之别，故人道莫不有辨。"
- 《春秋繁露·深察名号》："质于禽兽之性，则万民之性善矣；质于人道之善，则民性弗及也。"

- 《说苑·修文》:"子桑伯子易野,欲同人道于牛马,故仲弓曰太简。"
- 《二程集·伊川经说·诗解》:"苟惟欲之从,则人道废而入于禽兽矣。"
- 《朱子语类》卷62〈中庸一〉:"循人之性则为人道,循马牛之性则为马牛之道。"

内涵

指个人之道
包括生命之道、修养之道,亦可指个人生活方式、人生道路等。
a)可指个人为人之道,规范义。

- 《周易·说卦》:"立人之道曰仁与义。"
- 《礼记·丧服四制》:"仁义礼知,人道具矣。"
- 《礼记·表记》:"子曰仁之难成久矣唯君子能之。"郑注:"言能成人道者少也。"
- 《礼记·缁衣》:"夫民闭于人而有鄙心。"郑注:"言民不通于人道,而心鄙诈,难卒告谕。"
- 《老子》第77章:"天之道损有余而补不足,人之道则不然,损不足以奉有余。"
- 《孟子·尽心上》:"无为其所不为,无欲其所不欲。"赵注:"无使人为己所不欲为者,无使人欲己之所不欲者,每以身况之如此,如此则人道足也。""以身况之"即《大学》所谓絜矩之道。
- 《淮南子·缪称训》:"情胜欲者昌,欲胜情者亡。……欲知人道,从其欲。"人道指人生当行之道,内容包括"勿惊勿骇""勿挠勿撄"。

- 《春秋繁露·天道施》:"见善者不能无好,见不善者不能无恶,好恶不能坚守,故有人道。人道者,人之所由、乐而不乱、复而不厌者。"
- 《春秋繁露·天道施》:"天道施,地道化,人道义。"
- 《太玄经·玄莹》:"人道象焉其事而不务其辞。"范望注:"虽以事实为务,不尚文辞。"人道即人事也(他本"其事"前多有"务",读作"人道象焉,务其事而不务其辞")。
- 《潜夫论·梦列》:"凡人道,见瑞而修德者福必成,见瑞而纵恣者福转为祸。"
- 《朱子语类》卷21〈论语·学而篇中〉:"人道惟在忠信,不诚无物。"
- 《王文成全书》卷29〈续编四·澹然子序〉:"道凝于己,是为率性,率性而人道全。"
- 《明儒学案》卷62〈蕺山学案·刘宗周证学杂解〉:"恻隐、羞恶、辞让、是非,全是人道边事,最有功于学者。"
- 《汉书》卷87下〈扬雄传〉:"世异事变,人道不殊。"扬雄所谓"人道"包括"知玄知默,守道之极;爱清爱静,游神之廷;惟寂惟莫,守德之宅"。

b)以人道为个人生活方式或人生道路,或指人情,中性。常见。

- 《周易·谦·彖》:"鬼神害盈而福谦,人道恶盈而好谦。"
- 《礼记·乐记》:"先王之制礼乐也,非以极口腹耳目之欲也,将以教民平好恶而反人道之正也。"
- 《大戴礼记·世代》:"天道以视,地道以履,人道以稽。"

- 《庄子·在宥》:"有为而累者,人道也。"
- 《春秋繁露·深察名号》:"质于禽兽之性,则万民之性善矣;质于人道之善,则民性弗及也。"
- 《论衡·说日篇》:"人道有为,故行求。"
- 《论衡·讥日篇》:"人道所重,莫如食急。"
- 《潜夫论·本训》:"天道曰施,地道曰化,人道曰为。为者,盖所谓感通阴阳,而致珍异也……"
- 《文选》卷21〈咏霍将军北伐诗〉(虞子阳撰):"天长地自久,人道有亏盈。"
- 《文选》卷28〈齐讴行〉(陆士衡撰):"天道有迭代,人道无久盈。"
- 《陶渊明集》卷3〈饮酒十二首〉:"衰荣无定在,彼此更共之。……寒暑有代谢,人道每如兹。"
- 《韩愈集》卷22〈欧阳生哀辞〉:"寿命不齐分,人道之常。"
- 《元丰类稿》卷10〈洪范传〉:"人道莫急于养生,莫大于事死,莫重于安土。"
- 《朱子文集》卷67〈太极说〉:"动静无端,阴阳无始,天道也。始于阳,成于阴,本于静,流于动者,人道也。"以动为人道,指生命运动方式,故指生命之道,亦为事实判断。
- 《水心文集》卷14〈吕君墓志铭〉:"人道多方,举要而言。治生能富,教子能贤。"人道指人生之路。
- 《龙川集》卷17〈谪仙歌有序〉:"欣观《李白集》,高吟数篇,皆古今不经人道语。"人道指人情。
- 《龙川集》卷24〈祭妻父何茂宏文〉:"生事爱敬,死事哀戚;人道始终,一用其极。"人道指人的一生,或指对于亲人生死一生之始终。

131

- 《龙川集》卷25〈祭楼德润母夫人文〉："年逾八十，为人子者，宁有满时，命至再三，有国家者，以锡类耳。虽天报之未殒，而人道之有终……"人道当指人的一生。
- 《定盦文集·续集·己亥杂诗》："人道苍茫十四年。"（无题，"小别湖山"开头）
- 《史记》卷24〈乐书〉："乐必发诸声音，形于动静，人道也"。人道谓生命之道。
- 《宋书》卷44〈谢晦传〉："槛送京师于路，作《悲人道》。其词曰：'悲人道兮！悲人道之实难，哀人道之多险；伤人道之寡安，懿华宗之冠胄……'"（作者当为谢晦）。人道指人生道路。
- 《魏书》卷94〈仇洛齐传〉："我养子，兼人道不全，当为兄弟试祸福也。"人道当指现实中的人伦关系，人道不全即当事人仇洛齐无子。
- 《旧唐书》卷120〈郭子仪传〉："富贵寿考，繁衍安泰，哀荣终始，人道之盛，此无缺焉。"人道谓人生，或者人的一生。
- 《艺文类聚》卷41〈乐部·论乐〉："晋陆机《君子行》曰：天道夷且简，人道险而艰。"人道即人生道路。
- 《通典》卷101〈礼·为废疾子服议〉："今有狂痴之子，不识菽麦，不能行步，起止了无人道，年过二十而死。"人道指正常人身体行动方式。

c）以人道为身体器官发挥作用的方式，中性，少见。

- 《周礼·秋官·掌戮》："宫者使守内。"郑注："以其人道绝也，今世或然。"
- 《朱子语类》卷127〈本朝·高宗朝〉："古人置宦者，正以他绝人道后可入宫。"人道显然指常人两性关系需要。

- 《通志》卷75〈昆虫草木略·草类〉："劚根而服，七日而思人道，十年而生数男，头白变黑，遂以名此草。"人道指男女两性关系。
- 《晋书》卷29〈五行志下〉："惠帝之世，京洛有人兼男女，体亦能两用人道，而性尤淫。"人道即人体性器官活动方式。

指人群关系之道
a）指人伦之道，人伦即人际关系。褒义。常见。

- 《左传·文公十七年》："小国之事大国也，德，则其人也。"杜注："以德加己，则以人道相事。"
- 《公羊传·隐公二年》："春秋之始也。"何休注："夫妇者，人道之始，王教之端。"
- 《穀梁传·僖公八年》："乞者重辞也。"范宁《集解》："人道贵让，故以乞为重。"
- 《礼记·丧服小记》："亲亲、尊尊、长长，男女之有别，人道之大者也。"
- 《礼记·三年问》："三年之丧，人道之至文者也。"
- 《礼记·大传》："上治祖祢，尊尊也。下治子孙，亲亲也。旁治昆弟，合族以食，序以昭缪，别之以礼义，人道竭矣。"人道指人伦秩序。
- 《礼记·大传》："人道亲亲也。亲亲故尊祖，尊祖故敬宗，敬宗故收族。"
- 《庄子·寓言》："年先矣，而无经纬本末以期年者，是非先也。人而无以先人，无人道也；人而无人道，是之谓陈人。"

- 《庄子·天道》："夫天地至神，而有尊卑先后之序，而况人道乎！"
- 《荀子·礼论》："礼者，人道之极也。""圣人者，人道之极也。"
- 《韩诗外传》卷1："今杀其君，所以反天地，逆人道也。"
- 《论衡·自然篇》："物自生，子自成，天地父母，何与知哉？及其生也，人道有教训之义。"

b）指人事或社会现状，中性，无褒贬。常见。

- 《左传·昭公二十八年》："夏五月火始昏见。……子产曰：天道远，人道迩，非所及也。"
- 《管子·五辅》："地道不宜则有饥馑，人道不顺则有祸乱。"
- 《庄子·人间世》："事若不成，则必有人道之患。"
- 《文子·符言》："既喑且聋，人道不通。"
- 《太玄经·唫》："貌不交，唭嚃，唫无辞。测曰：'貌不交，人道微也。'"
- 《尚书大传·尧典》："七政者，谓春、秋、冬、夏、天文、地理、人道，所以为政也。"
- 《淮南子·主术训》："遍知万物而不知人道，不可谓智。"
- 《韩诗外传》卷8："君臣不止，人道不和，国多盗贼，下怨其上。"
- 《法言·修身》："天地交，万物生。人道交，功勋成。"
- 《论衡·雷虚篇》："隆隆之声，天怒之音，若人之响吁矣。世无愚智，莫谓不然。推人道以论之，虚妄之言也。"

- 《柳宗元集》卷18〈斩曲几文〉："人道甚恶，惟曲为先。在心为贼，在口为愆……"人道是中性词，即人际关系复杂。

- 《晋书》卷51〈皇甫谧传〉："春华发萼，夏繁其实，秋风逐暑，冬冰乃结，人道以之，应机乃发，三材连利。"人道当指人、人事。

- 《魏书》卷114〈释老志十〉："其弟子皆髡形染衣，断绝人道。"人道指世俗社会。

- 《艺文类聚》卷58〈杂文部·笔〉："《魏末传》曰：夏侯太初见召，还洛阳，绝人道，不畜笔砚。"人道指人与人往来。中性。

- 《册府元龟》卷537〈谏诤部·直谏〉："《礼》：天子一娶九女，嫡媵毕具。今宫人侍御动以千计，或生而幽隔，人道不通，郁积之气上感皇天。"人道不通指宫女不能有正常的男女关系。

指人间秩序之道

常指治道或政道，亦与王道义近。

- 《礼记·中庸》："人道敏政，地道敏树。"

- 《礼记·哀公问》："孔子侍坐于哀公，哀公曰：'敢问人道谁为大？'孔子愀然作色而对曰：'君之及此言也，百姓之德也！固臣敢无辞而对？人道，政为大。'"

- 《礼记·大传》："圣人南面而听天下，所且先者五，民不与焉。一曰治亲，二曰报功，三曰举贤，四曰使能，五曰存爱。五者一得于天下，民无不足无不赡者。五者一物纰缪，民莫得其死。圣人南面而治天下，必自人道始矣。"

- 《尚书大传·尧典》："春、秋、冬、夏、天文、地理、人道，所以为政也。道正而万事顺成，故天道，政之大也。"
- 《管子·霸言》："立政出令用人道。"人道指人间治理之道。房玄龄注："政令须合人心。"
- 《管子·四时》："人道以六制。"房注："六者，兼三材之数。人禀天也，阴阳之气以生，故以制人。"
- 《鹖冠子·近迭》："庞子曰：人道何先？鹖冠子曰：先兵。……是故人道先兵。"
- 《六韬·武韬》："天道无殃不可先倡，人道无灾不可先谋。必见天殃，又见人灾，乃可以谋。"
- 《淮南子·主术训》："夫以正教化者，易而必成；以邪巧世者，难而必败。……遍知万物而不知人道，不可谓智。"
- 《春秋繁露·玉杯》："《春秋》论十二世之事，人道浃而王道备……是以人道浃而王法立。"
- 《春秋繁露·度制》："圣者则于众人之情，见乱之所从生，故其制人道而差上下也，使富者足以示贵而不至于骄，贫者足以养生而不至于忧，以此为度而调均之，是以财不匮而上下相安，故易治也。"
- 《论衡·谴告篇》："管蔡篡畔，周公告教之，至于再三。其所以告教之者，岂云当篡畔哉？人道善善恶恶，施善以赏，加恶以罪，天道宜然。"
- 《宋元学案》卷49〈晦翁学案下·朱熹附录〉："若井田，若学校，凡古人经理人道之具，尽废。"（出自熊勿轩《考亭书院记》）
- 《史记》卷24〈乐书〉："'治定功成，礼乐乃兴。'海内人道益深，其德益至，所乐者益异。"
- 《汉书》卷99中〈王莽传〉："司徒典致文瑞，考圜合规，主司人道，五教是辅，帅民承上，宣美风俗，五品乃训。"

小结

在古人看来，人道就是指人之道，包括人际／人群／人间／人事之道；既可指人所当行之道（褒义），也可指人实际所行之道（中性，无褒贬）。因此人道一词，或指个人之道（庄子称有为而累者，亦参《乐记》《表记》人道郑注），或指人间之道，包括人事、人伦关系（包括交接之礼）、秩序之道、治理之道等等。总之，从内涵看，人道既可指个人生命之道，也可指人伦关系之道，还可指人间秩序之道（即治道）。而从外延看，人道常与天道／地道、鬼神之道甚至禽兽之道相对。

古人确实时常在不同意义上使用此词。但在人道的许多含义中，只有当其作为价值规范的含义，且指人类的正确道路时，才可与现代汉语中人道主义中的人道之义有点相近。但由于古人所讲的人道与天道一致，并非以人为中心，所以终究与人道主义一词以人为中心，侧重于对于人怜悯尊重这一含义有别。因此，将西文 humanism 翻译成汉语"人道主义"，存在含义上的重大错位。

（八）中道

使用

中道一词最早见于《论语·雍也》"中道而废"。此词在先秦儒家文献中不时见到，其中《论语》1 见、《孟子》3 见、《庄子》8 见、《易象传》5 见、《礼记》4 见、《大戴礼记》7 见、《孔子家语》1 见、《孔丛子》1 见。但在其他儒家经典如《易经》、《尚书》、《诗经》、《春秋》三传、《仪礼》、《周礼》、《孝经》、《尔雅》、《荀子》中皆未见。在汉代文献中，中道一词零星见到，但出现次数不多，见于《韩诗外传》

表13 "中道"在古籍中出现次数统计

类	书	次	类	书	次	类	书	次
经部	易传	5	子部	王文成全书	5[343]	集部	曾国藩集	4
	礼记	4		宋元学案	33[344]		战国策	3
	大戴礼记	7		明儒学案	18[345]	史部	史记	6
	论语	1	集部	文选	6		汉书	14[346]
	孟子	3		楚辞	2		后汉书	4[347]
	揅经室集	1[348]		蔡中郎集	1		晋书	55[349]
子部	庄子	8		曹子建集	1		宋书	7[350]
	韩非子	2		嵇中散集	2		魏书	14[351]
	吕氏春秋	1		陶渊明集	1		隋书	7[352]
	淮南子	1		韩愈集	2		旧唐书	9[353]
	春秋繁露	1		柳宗元集	17[354]		新唐书	21[355]
	韩诗外传	3		范文正公集	2		宋史	78[356]
	盐铁论	2		欧阳修文集	12[357]		元史	73[358]
	孔丛子	1		司马光文集	3[359]		明史	45[360]
	孔子家语	1		临川文集	5[361]		清史稿	43[362]
	新语	1		东坡全集	17[363]		资治通鉴	33[364]
	新书	3		朱子文集	27[365]	政书	群书治要	3
	新序	1		象山全集	3[366]		贞观政要	0
	说苑	1		水心文集	8[367]		名臣言行录	10[368]
	法言	0		龙川集	3[369]		宋论	1
	论衡	0		逊志斋集	5[370]		读通鉴论	3
	潜夫论	0		姜斋诗文集	3		郡国利病书	13[371]
	申鉴	1		南雷集	4[372]		皇朝经世文	28
	新论	0		亭林诗文集	2	类书	北堂书钞	0
	风俗通义	0		戴东原集	1		艺文类聚	12[373]
	中说	0		抱经堂文集	4		太平御览	39[374]
	张子全书	26		潜研堂文集	6[375]		册府元龟	63[376]
	二程集	51[377]		方望溪全集	24	通书	通典	53[378]
	近思录	2		惜抱轩集	2		通志	102[379]
	朱子语类	52[380]		定盦文集	3[381]		文献通考	105[382]

（3 见）、《新书》（3 见）、《盐铁论》（2 见）、《春秋繁露》（1 见）、《新语》（1 见）、《说苑》（1 见）、《申鉴》（1 见）、《淮南子》（1 见），不见于《白虎通》《法言》《潜夫论》《新论》《论衡》《风俗通义》，亦不见于后来的《中说》。总之，早在先秦时期儒家已经赋予"中"、"中道"非常重要的思想含义，而以《中庸》《孟子》及《易象传》最为典型。《荀子》《中说》等儒家文献虽不见中道一词，但都赋予了"中"较高的思想含义。

但是，在先秦以来非儒家作品中，中道一词极少见到，《老子》《墨子》《管子》《商君书》《孙子》《尹文子》《慎子》《文子》《鹖冠子》等均不见，只有《庄子》例外。表 13 先秦诸子中《庄子》8 见、《韩非子》2 见、《吕氏春秋》1 见，均作人生或行事中途，无思想含义。

在汉代以来的文学作品中，中道一词虽偶尔见到，然通常亦指物理或人生意义上的中途。其中《楚辞》2 见，《文选》6 见，《嵇中散集》2 见，蔡邕、曹植、陶渊明等人文集中各 1 见，基本上都没有思想含义。《文选》有一例中道指合道，属思想范畴，然其他各处中道均非属思想范畴。然韩愈以来的集部作品中，中道一词时常指中于道或中之道，这些作品多半思想性比较强，尤其是那些体现儒家思想色彩的，这似乎体现了儒家正统的影响，也进一步说明中道与儒家之间的特殊关系。将表 13 中子、集数据合观，发现唐宋以来使用"中道"最多的学者有柳宗元（17 见）、张载（26 见）、欧阳修（12 见）、苏轼（17 见）、二程（51 见）、朱熹（《语类》52 见、《文集》27 见）、方苞（24 见）等，象山、阳明使用此词分别检得 3 次、5 次。

"中道"在正史中出现次数相对于其他各部明显增多，然而正史中中道多指中途，或指行军路线（如从中道出，相对于东道或西道而言），或指军衔（如为中道都将），或指日月轨道，等等。偶指中间路线，然极罕见。正史中"中道"极少指合于道或恰好之道等思想范畴。比如《晋书》"中道"55 见，而作恰好之道或中乎道无一见；《宋史》"中道"78 见，作恰好之道或中乎道仅 12 见；《元史》73 见，作恰好之道或中乎道无一见；《清史稿》43 见，作恰好之道或中乎道无一见；《资治通鉴》33 见，作恰好之道或中乎道仅 1 见。《资治通鉴》中唯一一例作恰好之道，见于卷 245《唐纪·文宗元圣昭献孝皇帝中》"但思虑不至，或失中道耳"一句。此外，《战国策》《史记》《晋书》《魏书》《元史》《清史稿》均未见中道作恰好之道或中乎道者。表 13 史部所检索各书中，中道一词共检得 412 次，作恰好之道仅 21 见（《宋书》卷 20，《隋书》卷 19，《旧唐书》卷 84、158，《新唐书》卷 27 上、115、139，《宋史》12 见，《明史》卷 216，《资治通鉴》卷 245），作中于道仅 2 见（《汉书》卷 48、《后汉书》卷 67）。合而言之，在史部中道用例中，作思想范畴的仅占 5.6%。

含义

"中"字见于甲骨文，多写作 🏴，亦作 ╪。自吴大澂、罗振玉、王国维以来，学者们多认为 🏴 上下同向动态符号当与旗斿有关 [383]；而唐兰考释此字与旗斿关系最详，并断定此字本义为立斿于中央、召族于四方。[384] 这一解释可以说围绕着中字之中央、中间、中心一义而来。此后郭沫若的指事说 [385]，姜亮夫 [386]、萧良琼 [387]、李圃 [388] 等的测影说，黄德宽等的测风说 [389]，等等，亦围绕此义展开。还有其他零星说法，或引申过度。这些解释最大的难点在于如何解释上下两处有斿，特别是如何解释旗杆中间之圈（或圆或方）——或以圈为日影（姜亮夫），或以圈为钩点（唐兰），或以圈为指事（郭沫若），或以圈为表盘（萧良琼），或以圈为四方（黄德宽）等。

另一解释方向围绕着中的、射中这一含义展开。虽然学者们常认为此义可解释为上述第一义之自然延伸（所谓建中立极），但仍有不少人认为中的之中另有来源。《说文》："中，……从口丨，下上通也。"清人朱骏声进一步认为，中"象射矦形，从丨，通也，亦象矢形，横穿为卌，纵通为中"[390]。郭沫若、林义光、姜亮夫[391]皆从其说。郭沫若称中写作φ，"此是中的之中，会意，中直象矢，腰环象的"[392]。林义光亦认为φ以一竖通上下，"本义当为射中之中，◯像正鹄，ᨒ像矢有缴形"[393]。以上下贯通释中，与《说文》一致。此说常认为中之两形——ᨒ、φ，一有斿，一无斿——不同源，因而不同义（林义光例外）。清人王筠及近人罗振玉、郭沫若、于省吾均发现，在卜辞或金文中，有斿之中指左中右之中（地理或时间之中），无斿之中则指伯仲之仲（称谓或大小之中）。[394]唐兰则指出，中字有斿、无斿之不同用法，限于殷以后特定时期，二形在早期卜辞中混用，六国时亦混用。[395]姜亮夫亦发现中字两形虽在甲骨文中指称有别，但在金文中常通用。[396]

笔者推测，中之本字是ᨒ，省形为φ；其含义未必复杂，当为一指事字，以中间圆圈指其义。其上下旗斿实指上悬横杆两端之斿，欲立此有斿之旗，须找出中间恰当位置，将其固定于竖杆之上。之所以字形无竖杆，是强调横杆悬起前要找到中心位置即固着点，这一过程才指示中字本义。将横飘之杆竖写，是方便做法。据此中有中间之义极好理解，而不必如唐兰释中为立斿旗。甲骨文常见的"立中"或"立中，允亡风"[397]之中，即指中央，而不必以中为旗。至于后来中的、射中之义，并非如《说文》源自矢贯中，亦无须上升到观测仪，而是源自两端飘斿之中间平衡点，用以固定横飘杆之位置也。此位置必须恰到好处、无有偏差，见图1。郭沫若即认为有斿之中是指事字，称中圆圈"谓中央之图适当正中也"。不过他受《说文》影响，未看出有斿之中已包含"中的"之中这一含义，而不必将有斿之中与无斿之中区分开来。[398]唐说实将中字释为旗斿，此非中字本义，更无法解释中圆圈。姜亮夫以中字本义为日中，解释中圆圈较顺，但解释字形其他部分仍有问题。比如，其一，既如

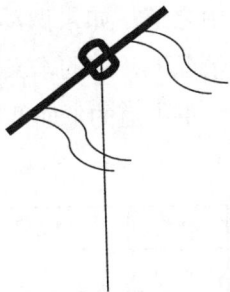

图1 "中"

此，何必加下斿（姜称下斿为上形投影，未安）？其二，既如此，旗杆不当穿过圆圈，而当以圆圈在底部。又，中如本是测风器，则中方框（或作圆圈）不当画于竖杆之中央，而当在下方。萧良琼圭表测日影甚有说服力，不过此说将中解释为观测仪，与中本义迥然不同；同时，上下飘带意义何在亦不明朗。黄德宽之说疑问在于：既然是测风，何必上下两处有斿，当集飘斿于上方一处，又何必以竖杆贯穿四方。故唐说、黄说、姜说皆于解释中圈及下斿未甚妥帖。

"中"字解释多矣，笔者何必又添一乱。

在先秦等早期文献中，"中"字有三个基本含义：

一指中央、中间。如《何尊》"宅兹中国"[399]；《尚书·尧典》"日中星鸟"；《仪礼·燕礼》"司正洗角觯，南面坐奠于中庭"；等等。

二指恰好、不偏，即古人所谓"不偏不倚"。例有：《广韵·送韵》"中，当也"；《孟子·公孙丑上》"发而不中"；《庄子·逍遥游》"其大本拥肿而不中绳墨，其小枝卷曲而不中规矩"；《礼记·中庸》"发而皆中节"；《荀子·不苟》"君子不贵者，非礼义之中也"。在后世的发展中，这一含义人们有时也引申为正，这是由于恰好不偏包含不偏离正道之义。

三指内。例如：《说文》"中，内也"（据段玉裁[400]）；《诗·邶风·终风》"中心是悼"；《大学》"诚于中，形于外"。

上述三种含义中，主要是第二义涉及思想范畴，既可做名词（或形容词），读平声；又可做动词，读去声。如果中做名词，中道就指中之道；如果做动词，中道就指中于道（即中乎道）。其实在这两种情况下，中的本义无别，但现代汉语表述时则有微妙差别。我们比较一下中道的下面两种含义：

表14 "中道"的两种含义

分类	中的用法	语法结构	含义	重心	中之义
含义1	名词，平声	名词	中之道	中	恰好、不偏
含义2	动词，去声，	动宾	中于道	道	符合、一致

可以发现，表 14 中，中道之义的区别取决于以中为重心还是以道为重心。含义 1 中恰好、不偏更接近中的本义，含义 2 中符合、一致乃引申义。在古汉语中，这两种情况下中之义并无本质区别。但如果用英文表达，两种情况下中之义似乎有本质区别。因为含义 1 中可译为 proper，appropriate，exactly right 等，而含义 2 中可译为 following，according to，the same as 之类。这两种含义在英语中是迥然不同的。

基于中的上述两种用法及道的多义性，中道一词在历史上的含义主要有三种。

指中之道，即恰好之道

中指恰好、不偏，读平声（今音 zhōng）。此种用法重心不在道，而在中，可读作恰好之道，即恰好正确、无任何偏差之义。后面我们将会看到，这种用法在儒家学说中占绝对统治地位。此用法当首见于《孟子·尽心》。《孔丛子·儒服》里子高谓儒者"动静不失中道耳"，中道亦似指中之道。

近年新出《清华简·保训》内容是文王临终前告诫武王，其中提到舜"求中""得中"[401]，有学者认为《保训》的"中"有独立思想含义，或认为与儒家道统说相关。[402] 如果此说成立，则《保训》或为最早以中为独立思想价值，且与儒家传统相关的文献。不过，由于此说也可能遇到一个问题，即所谓"假中"、"归中"于河，不好理解。故有人主张将此中释为"众"、"和"等。[403] 中字有独立思想价值见于《尚书·大禹谟》"允执厥中"，虽属伪古文，然《尚书·盘庚中》"各设中于乃心"，孔颖达疏释为"勿为残害之事"；《尚书·酒诰》"作稽中德"，孔传称"中正之德"；此处中确有独立思想价值。《左传·成公十三年》："民受天地之中以生，所谓命也"，此处中近乎性、德之义（《国语·周语》"导之以中德"）。《尚书》《左传》等早期文献中的中虽时有独立思想价值，但并未成为重要思想范畴。从《论语·尧曰》"允执其中"，到《中庸》"致中和，天地位焉，万物育焉"，《孟子·离娄下》"汤执中"，《荀子·儒效》"先王之道，人之隆也，比中而行之""事行失中，谓之奸事；知说失中，谓之奸道"，〈礼论〉"先王圣人……立中制节"，中才明确上升为重要思想范畴，成独立思想价值标准。不过，在先秦儒家文献中，中的地位不能与道等范畴相比，我们不能仅仅依据《论语》《中庸》《荀子》中偶尔几次用法，夸大中在先秦思想中的地位。明确抬高中的地位，也许要到隋人王通，自称承《大禹谟》"允执厥中"之绪，其《中说》称"游仲尼之门，未有不治中者也"（《事君篇》），"千变万化，吾常守中焉"（《周公篇》）等，空前抬高了中的地位。后来程、朱等人重视《中庸》所谓未发之中，赋予了中极高的思想价值，一直延续下来。伊川先生《与吕大临论中书》云：

> 中即道也。若谓道出于中，则道在中外，别为一物矣。[404]

这段是伊川批评大临"中者，道之所由出"而发，极能说明古人"中"何以成一独立思想范畴，从而也说明中道作中之道之义。

下面辑录一部分中道一词作"中之道"（恰好之道）之例。

- 《周易·蛊·九二》："九二，干母之蛊，不可贞。〈象〉曰：'干母之蛊'，得中道也。"方按：《易象传》"中道"学者或释为中位之道，或释正道，亦有释为恰好之道，随后人注解附之。张载《张子全书》卷9〈易说上〉："处中用巽，以刚系柔，干母之蛊，得刚柔之中也。"胡瑗《周易口义》卷4："九二以刚明之德居得中位，在内则能干母之蛊，在外则能干父之事，在朝廷则能忠于君而利于民，是周旋进退皆得于中道也。"又程颐《二程集·周易程传·上经下》："若伸己刚阳之道，遽然矫拂则伤恩，所害大矣，亦安能入乎？在乎屈己下意，巽顺将承，使之身正事治而已。故曰不可贞，谓不可贞固、尽其刚直之道，如是乃中道也。又安能使之为甚高之事乎？若于柔弱之君，尽诚竭忠，致之于中道，则可矣。又安能使之大有为乎？且以周公之圣辅成王，成王非甚柔弱也，然能使之为成王而已。守成不失道则可矣。固不能使之为羲、黄、尧、舜之事也。二巽体而得中，是能巽顺而得中道，合不可贞之义，得干母蛊之道。""二得中道而不过刚，干母蛊之善者也。"

- 《周易·既济·六二》〈象〉："七日得，以中道也。"王弼注："居中履正，处文明之盛而应乎五，阴之光盛者也。"李鼎祚《集解》："王肃曰：体柔应五，履顺承刚，妇人之义也。茀，首饰。坎为盗，离为妇。丧其茀，邻于盗也。勿逐自得，履中道也。二五相应，故七日得也。"方按：妇人丧其饰而不寻，七日自得，以其履中道也。"体柔应五，履顺承刚，妇人之义"，则是王肃以义释中，中道当指恰好之道。

- 《孟子·尽心下》（2见）："孔子'不得中道而与之，必也狂狷乎！狂者进取；狷者有所不为也'，孔子岂不欲中道哉？不可必得，故思其次也。"方按：此句《论语·子路》作"子曰：不得中行而与之，必也狂狷乎！狂者进取，狷者有所不为也"。中道作中行。据《孟子》解，中道重点在中，而不在于道，中指不偏。

- 《申鉴·杂言下》："圣人之道其中道乎？是为九达。"

- 《张子全书》卷9〈易说上·蛊〉："'九二：干母之蛊，不可贞。〈象〉曰：干母之蛊得中道也。'处中用巽，以刚系柔，干母之蛊，得刚柔之中也。"不是指取刚柔之中，而是指处理刚柔关系的恰当方式，即"以刚系柔"。

- 《张子全书》卷9〈易说上·复〉
  - ◇ "'六四：中行独复。〈象〉曰：中行独复，以从道也。'柔危之世，以中道合正应，故不与群爻同。"
  - ◇ "'六五：敦复，无悔。〈象〉曰：敦复无悔，中以自考也。'性顺位中，无它应援，以敦实自求而已。刚长柔危之世，能以中道自考，故可无悔，不然取悔必矣。"
- 《张子全书》卷10〈易说中·益〉："亦须执礼告上公而行，方合中道。"
- 《张子全书》卷10〈易说中·夬〉："'九二：惕号莫夜，有戎勿恤。〈象〉曰：有戎勿恤，得中道也。'警惧申号，能孚号而有厉也。以必胜之刚，决至危之柔，能自危虑，虽有戎何恤？能得中道，故刚而不暴。"
- 《张子全书》卷12〈语录〉："见人说有，己即说无，反入于太高。见人说无，己则说有，反入于至下。或太高，或太下，只在外面走，元不曾入中道，此释老之类。"
- 《近思录》卷13〈辨异端〉："伊川先生曰：儒者潜心正道，不容有差。其始甚微，其终则不可救。如师也过、商也不及，于圣人中道，师只是过于厚些，商只是不及些。然而厚则渐至于兼爱，不及则便至于为我。"中道非常明确地指正道，亦即不偏之道。
- 《朱子语类》卷13〈学·力行〉："学者要学得不偏。如所谓无过不及之类，只要讲明学问，如善恶两端，便要分别理会。得善恶分明后，只从中道上行，何缘有差。"从不偏、无过不及说中道。
- 《朱子语类》卷29〈论语·公冶长下〉（3见）："且如狂简，真个了得狂简底事，不是半上落下，虽与圣贤中道不同，然毕竟是他做得一项事，完全与今学者有头无尾底不同。圣人不得中道者与之，故不得已取此等狂狷之人，尚有可裁节，使过不及归于中道。"方按：从《论语》孔子论不得中行而与之论中道，中道指不偏离、恰到好处之道。

- 《朱子语类》卷44〈论语·宪问篇〉："以德报怨，怨乃过德。以怨报德，岂是人情。以直报怨，则于彼合为则为，是无怨也，与孟子三反而不校同。《礼记》云'以德报怨，宽身之仁也'，言如此亦是宽身，终不是中道。"从以德报怨、以怨报德与以直报怨关系，说明以直报怨才是中道。中道还是指恰到好处之道。

- 《王文成全书》卷21〈外集三·答佟太守求雨〉："彼皆有高洁不污之操，特立坚忍之心，虽其所为不必合于中道，而亦有以异于寻常。"典型地指恰好之道。

- 《王文成全书》卷31下〈山东乡试录·第五道〉："过与不及，皆不得夫中道者也。"指恰好之道。

- 《宋元学案》卷5〈古灵四先生学案·陈烈〉："虽有迂阔之行，不合中道犹为守节之士。"指恰好之道。

- 《宋元学案》卷6〈士刘诸儒学案·士建中〉："至于箴规徂徕，谓其未抵中道，尤切当其弊。"指恰好之道。

- 《明儒学案》卷2〈河东学案二·吕柟语录〉："此亦可谓慷慨之士，或曰但欠中道耳。"

- 《明儒学案》卷19〈江右相传学案四·陈九川论学书〉："贤豪之士所以自别于流俗，而其运动设施不合于中道，不可语天德王道也。"中道做名词，显然指恰好之道。

- 《明儒学案》卷20〈江右相传学案五·王时槐语录〉："千圣语学皆指中道，不落二边。""孟子洞悟中道原无内外，其与告子言皆就用上一边帮补说，以救告子之所不足。"

● 《明儒学案》卷62〈蕺山学案·刘宗周语录〉："即心而言，则'寂然不动，感而遂通'，当喜而喜，当怒而怒，哀乐亦然。由中道和，有前后际，而实非判然分为二时。"

● 《范文正公集》卷13〈贾公墓志铭〉："颠沛造次，弗离中道。"

● 《司马光文集》卷24〈陈烈札子〉："虽有底滞迂阔之行，不能合于中道，犹为守节之士。"指恰好之道。

● 《司马光文集》卷63〈答韩秉国书〉："凡曰虚曰静曰定云者，如《大学》与荀卿之言，则得中而近道矣。如佛老之言则失中而远道矣。光所以不好佛老者，正谓其不得中道，可言而不可行故也。"指恰好之道。前文有强调"虚""不为空洞无物"，"静"不是"兀然如木石"，而以佛老不中、远道。所谓"失中""得中"，与《中庸》"中节""时中"之"中"同义。中即恰好也。

● 《临川文集》卷64〈三圣人〉："三人者因时之偏而救之，非天下之中道也，故久必弊。"三人谓伊尹、伯夷、柳下惠，三人救天下之道皆因时而作，各有偏颇，不如孔子考虑周全、恰当。

● 《临川文集》卷65〈洪范传〉："人君以中道布言。……凡厥庶民，以中道布言，是训是行。"

● 《临川文集》卷75〈答段缝书〉："巩果于从事，少许可，时时出于中道。"

● 《欧阳修文集》卷66〈与石推官第一书〉："向谓公操能使人誉者，岂其履中道，秉常德而然欤？"

● 《欧阳修文集》卷78〈易童子问〉："圣人之中道。"

● 《欧阳修文集》卷102〈论体量官吏酷虐札子〉："光

化兵变虽因韩纲自致，其如兵亦素骄，处置之间须合中道。"

- 《东坡全集》卷40〈刘恺丁鸿孰贤论〉："世以为无能而摈之，则丁鸿之复于中道，尤可以深嘉而屡叹也。"
- 《东坡全集》卷72〈上韩太尉书〉："非圣人之中道。"
- 《朱子文集》卷41〈答程允夫〉："理之所在，即是中道。"
- 《朱子文集》卷41〈答程允夫〉："非圣人之中道也。"
- 《朱子文集》卷43〈答李伯谏〉："圣人以中道自任，不欲学者躐等。"此李伯谏言。
- 《朱子文集》卷43〈答林择之〉："喜怒哀乐浑然在中，未感于物，未有倚着一偏之患，亦未有过与不及之差，故特以中名之，而又以为天下之大本。程子所谓中者在中之义，所谓只喜怒哀乐不发便是中，谓中，所以状性之体段。所谓中者，性之德，所谓无倚着处，皆谓此也。择之谓，在中之义是里面底道理，看得极子细。然伊川先生又曰：'中即道也。'又曰：'不偏之谓中，道无不中，故以中形道。'此言又何谓也？盖天命之性者，天理之全体也。率性之道者，人性之当然也。未发之中，以全体而言也。时中之中，以当然而言也。要皆指本体而言。若吕氏直以率性为循性而行，则宜乎其以中为道之所由出也，失之矣。"此条极能说明朱子"中道"之义。
- 《朱子文集》卷65〈大禹谟〉："民情又皆合于中道，无有过不及之差焉。"
- 《龙川集》卷4〈问答〉："圣人酌古今而裁之中道，必有俟百世而不惑者。"
- 《水心集》卷27〈上李签启〉："博观前世之用人，无若本朝之中道。"中道亦读动宾结构。

- 《逊志斋集》卷 5〈汉章帝〉："二者俱政之弊，不足以为中道。"
- 《逊志斋集》卷 16〈遗安堂记〉："而皆未合乎中道。"
- 《逊志斋集》卷 21〈友鹿翁传〉："非圣而自高，多庆中道。"
- 《南雷集》〈子刘子行状〉："仁义之良而精以择之，一以守之，则随吾心所发，自无过不及之差，而中道在我矣。"
- 《潜研堂文集》卷 3〈中庸说〉："曰中道。……凡物之失其常者，不可以用。其可常用者，皆中道也。"
- 《挈经室集》〈三集卷二·武昌节署东箭亭记〉："以华靡损其性，性损者折；勿以枯藁矫其情，情矫者偏。譬如射者，立乎中道而已。"

由上可发现，以中道作恰好之道，在汉以后并不常见，直至唐柳宗元以来才习见，特别是宋人程颐、朱熹对中的经典解释成为后人共识。

指正道，为中之道延伸

以正道释中道，或始于虞翻解《易》。李鼎祚《集解》所引虞翻注明确以中道为正道。至宋，张载、程颐等人亦以正道释中道，不过张载限于《正蒙》（解《易》则不然），程颐限于解《易》。然总的来说，古人以正道释中道似不多见，像张载《正蒙》这样以正释中似非常例。下面略析其缘故。

关于中与正的关系，若依今人理解，中指恰好，恰好就是不偏正道，故中道即是正道。《论语·尧曰》"允执其中"，皇侃《义疏》云："中，谓中正之道也"，《中庸》"齐庄中正"，《荀子·劝学》"防邪僻而近中正"，皆以中、正合用；《淮南子·主术训》"中立而遍……群臣公正"，亦以中、正连用，故高诱注曰："中，正。"《说文·史部》称史"从又持中。中，正也"[405]。朱骏声称："著侯之正为中，故中即训正"[406]；吴大澂也说："中，正也，两旗之中立必正也"[407]，二人皆从字源上说中、正关联。姜亮夫认为中字本义为日中，"日中则影正，故有中正一义"[408]。

然而若依古人传统，中与正尚有分别；更准确地说，中的重要性远高于正。从《尚书》到《子思》《孟子》《荀子》乃至《文中子》，多有中说，而无正说，由此可看出中高于正。《管子·法法》云："圣人精德立中以生正，明正以治国。"此以中在先，正在后，中生正。宋人程颐则说：

中重于正，中则正矣，正不必中也。[409]

宋儒汪应辰亦曰：

世尝有正而未必中者，不可以其未中而谓之不正。[410]

中则正，而正不必中。据此，中比正重要，而不是相反。然而在现代汉语中，中指恰当，即恰到好处，似无道德含义，反而比正含义宽。现代人看到中为恰好、不偏之义，易将中、中道看成技巧，此非古人用法也。其实这是现代用法，与古人用法不同。中作为恰好、不偏之义，与道之义相近。

古人以中高于正的原因在于，古人以中为道，即前面程颐所谓"中即道也"。若依《中庸》，中道近乎未发之中，正道近乎已发之和。一为体，一为用；中道近道之体，正道乃道之用。正因为中的道德含义高于正，所以以中为重要思想范畴，或思想价值标准，而少有以正为重要思想范畴或独立思想价值者。

下面辑录古人以正道释中道部分用例。

- 《周易·蛊·九二》〈象〉："干母之蛊'，得中道也"，李鼎祚《集解》："虞翻曰：应在五，泰坤为母，故干母之蛊，失位，故不可贞。变而得正，故贞而得中道也。"虞氏显然以中道为正道。

- 《周易·解·九二》〈象〉："九二贞吉，得中道也"，王弼注："田而获三狐，得乎理中之道，不失枉直之实，能全其正者也。"李鼎祚《集解》曰："虞翻曰：动得正，故得中道。"

- 《周易·夬·九二》〈象〉："有戎勿恤，得中道也"，《集解》："虞翻曰：动得正，应五，故得中道。"孔疏："'惕号，莫夜有戎，勿恤者'，九二体健居中，能决其事而无疑惑者也。虽复有人惕惧号呼，语之云莫夜必有戎寇来害己，能审己度，不惑不忧，故勿恤也。〈象〉曰'得中道者'，决事而得中道，故不以有戎为忧，故云得中道也。"

- 《张子全书》卷2〈正蒙·中正篇〉："学者中道而立，则有位以弘之，无中道而弘，则穷大而失其居。"从后文看，中当指正，指不偏离正道。同篇有"中正然后贯天下之道，此君子之所以大居正也。盖得正则得所止，得所止则可以弘而至于大""大中至正之极""体正则不待矫而弘，未正必矫，矫而得中"等语。

- 《近思录》卷5〈克治〉："夬九五曰：苋陆夬夬，中行无咎。〈象〉曰：中行无咎，中未光也。〈传〉曰：夫人心正意诚，乃能极中正之道而充实光辉。若心有所比，以义之不可而决之，虽行于外，不失其中正之义，可以无咎，然于中道未得为光大也。盖人心一有所欲，则离道矣。夫子于此示人之意深矣。"此伊川语，中道指正道，从"人心一有所欲，则离道矣"可知。

152

- 《近思录》卷 13〈辨异端〉："伊川先生曰：儒者潜心正道，不容有差。其始甚微，其终则不可救。如师也过、商也不及，于圣人中道，师只是过于厚些，商只是不及些。然而厚则渐至于兼爱，不及则便至于为我。"中道非常明确地指正道，亦即不偏之道。

指合于道，偶可指履道

动宾结构，中为动词，去声（今音 zhòng），读同中的、射中之中。然唐宋以来，此一用法远不如上面第一个用法（即恰好之道）为多；汉代则相反，以此用法为多。从下面的材料不难看出，动宾意义上的中道在历史上主要用例有《中庸》"从容中道"、《大戴礼记》"中道若性"以及针对具体事物是否中乎道而言三种。其中"从容中道"这一用法在唐宋以来占居这一用法之核心；汉以后，特别是唐以来引用《大戴礼记》中道用法甚少（表 13 范围内汉代查得 5 见）；针对具体事物言中道，亦多见于汉代，后世唯朱子亦不时用之，其他学者并不多用。《中庸》"从容中道"一词，后世引用甚多。今查得"从容中道"一词于《朱子语类》10 见，《朱子文集》8 见，《宋元学案》8 见，《明儒学案》9 见，而《册府元龟》《通志》皆仅 3 见，《太平御览》仅 2 见，可见此词自宋以来影响力才变大（这几部类书、通书虽编于宋，材料皆源自宋以前）。今以《四部丛刊初编》集部为例，共检得"从容中道"27 例（除注 1 例），其中六朝至唐人使用 5 例，明人 1 例，清人 2 例，而以宋人最多，达 19 例。盖宋明理学家好用"从容中道"，乃是《中庸》之影响力。

- 《孟子·尽心上》："孟子曰：……君子引而不发，跃如也。中道而立，能者从之。"按：中道，据朱注"中者，无过不及之谓"，则中指恰好。然从"道则高矣……"看，似当读为"中乎道"。

- 《礼记·中庸》："诚者不勉而中，不思而得，从容中道，圣人也。"中道指合乎道。孔疏释为"中乎道"，与"不勉而中"之"中"同。朱注"中"读去声，亦是此义。
- 《大戴礼记·保傅》："化与心成，故中道若性。"卢辩注："观心施化，故变善如性也。"卢以"变善"释"中道"，为动作过程。
- 《大戴礼记·曾子事父母》（6见）："父母之行若中道则从，若不中道则谏。""兄之行若中道则兄事之，兄之行若不中道则养之。""弟之行若中道则正以使之，弟之行若不中道则兄事之。"此变以"中道"做动宾结构之典型用法。
- 《荀子·礼论》："其立哭泣、哀戚也，不至于隘慑伤生，是礼之中流也。"杨倞注："中流，礼之中道也。"
- 《孔子家语·哀公问政》："夫诚，弗勉而中，不思而得，从容中道，圣人之所以体定也。"
- 《新书·保傅》："士传民语，习与智长，故切而不愧。化与心成，故中道若性。是殷周之所以长有道也。"
- 《盐铁论·毁学》："动作应礼，从容中道。"
- 《韩诗外传》卷2："由也闻之于夫子，士不中道相见，女无媒而嫁者，君子不行也。"指合道。
- 《韩诗外传》卷4："若夫行之而不中道，即恐惧而自竦，此全道也。"
- 《韩诗外传》卷7："动作中道，从容得礼。"
- 《春秋繁露·奉本》："天子所诛绝、所败师，虽不中道，而《春秋》者不敢阙，谨之也。"
- 《文选》卷17〈洞箫赋〉（王子渊撰）："从容中道乐不淫兮。"
- 《韩愈集》卷14〈省试颜子不贰过论〉："从容中道，圣人也。"

- 《张子全书》卷3〈正蒙〉："六十尽人物之性，声入心通；七十与天同德，不思不勉，从容中道。"据《中庸》当指合于道。
- 《司马光文集》卷63〈答秉国第二书〉："从容中道。"
- 《朱子语类》卷20〈论语·学而篇上〉："据贺孙看，不思而行则未必中道。"
- 《朱子语类》卷24〈论语·为政篇下〉："又如熙宁变法，亦是当苟且惰弛之余势有不容己者，但变之，自不中道。"
- 《朱子文集》卷12〈己酉拟上封事〉："化与心成，中道若性。"
- 《朱子文集》卷50〈答潘端叔〉："未能从容中道由中而行耳故。"
- 《朱子文集》卷70〈读苏氏纪年〉："夫子中道而立。"
- 《象山全集》卷6〈与傅圣谟〉："从容中道。"
- 《水心文集》卷27〈答少詹书〉："然要当修为充扩，勉而中道。"中道为动宾结构，中读去声，少有。
- 《逊志斋集》卷18〈题郑叔致字辞后〉："从容而中道矣。"
- 《抱经堂文集》卷19〈与理斋书〉："此是从容中道之圣人。"
- 《定盦文集》〈续集·古史钩沉论三〉："进中礼，退中道。"
- 《明儒学案》卷37〈甘泉学案一·湛若水语录〉："中道而立，能者从之。"
- 《明儒学案》卷51〈诸儒学案中·黄佐〉："视听言动之中礼，喜怒哀乐之中节，彝伦经权之中道。"虽然，此处"中道"做动宾，指中乎道、合于道。
- 《汉书》卷48〈贾谊传〉："化与心成，故中道若性。"合于道，动宾。

- 《后汉书》卷 67〈桓荣传〉："化与心成，则中道若性。"
- 《隋书》卷 19〈天文志上〉："天子动得天度，止得地意，从容中道。"指合于道，少有。
- 《宋史》卷 49〈天文志二〉："从容中道。"
- 《册府元龟》卷 58〈帝王部·致治〉："后唐明宗始为藩臣及应运，以君德临下，力行于王化，政皆中道，时亦小康。"中道指合于道，较少见。
- 《读通鉴论》卷 4〈汉宣帝〉："草野无知，而从容中道于道路，有是理哉？"
- 《皇朝经世文》卷 4〈书立命说辩后〉（罗有高撰）："中道若性者。"
- 《皇朝经世文》卷 7〈请译进大学衍义疏〉（徐必远撰）："皇上圣心纯一，从容中道。"

指中位之道

主要从《易传》注解中来，还有一种理解是把中道理解为人事关系里的自我定位（包括取中间路线，或立场温和不偏激等），但后者总体上极少。《易象传》多次提到的"得中道也"（见〈蛊·九二〉〈离·六二〉〈解·六二〉〈夬·九二〉〈既济·六二〉），注、疏每谓居中位之道，则中仅指中位。然《易象传》中道究竟指中位之道，还是正道，并无定说，后世学者仍似多读《易传》中道为正道，而非中位之道（见前）。

- 《周易·蛊·九二》："干母之蛊，不可贞。〈象〉曰：'干母之蛊'，得中道也。"孔疏："《象》曰'得中道也'，释'干母之蛊'义。虽不能全正，犹不失在中之道，故云得中道也。"中指中位，中道为居中位之道。

156

- 《周易·离·六二》："黄离，元吉。〈象〉曰：'黄离元吉'，得中道也。"孔疏："黄者，中色；离者，文明。居中得位而处于文明，故元吉也。故〈象〉云'得中道'，以其得中央黄色之道也。"

- 《周易·解·九二》："田获三狐，得黄矢，贞吉。〈象〉曰：'九二贞吉'，得中道也。"王弼注："狐者，隐伏之物也。刚中而应，为五所任，处于险中，知险之情，以斯解物，能获隐伏也。黄，理中之称也；矢，直也。田而获三狐，得乎理中之道，不失枉直之实，能全其正者也。故曰'田获三狐，得黄矢，贞吉也'。"疏："'〈象〉曰：得中道也'者，明九二位既不当，所以得贞吉者，由处于中，得乎理中之道故也。"

- 《周易·既济·六二》："妇丧其茀，勿逐，七日得。"王弼注："居中履正，处文明之盛，而应乎五，阴之光盛者也。然居初、三之间，而近不相得，上不承三，下不比初。夫以光盛之阴，处于二阳之间，近而不相得，能无见侵乎？故曰'丧其茀也'。称妇者，以明自有夫而它人侵之也。茀，首饰也。夫以中道执乎贞正而见侵者，众之所助也。处既济之时，不容邪道者也。时既明峻，众又助之。窃之者逃窜而莫之归矣。量斯势也，不过七日，不须已逐而自得也。"王弼注中道之辞，是响应同爻"〈象〉曰：'七日得'，以中道也"，以中道与邪道相应。

中道亦可喻人事关系上的中间路线，或指立场中立（不偏于一方），或指态度平和（不偏激）。然此类用法每例均只有一两见，总体上非常少，笔者仅检得如下几例。

- 《战国策》卷7〈魏策二〉："苏代曰：衍将右韩而左魏，

文将右齐而左魏，二人者将用王之国，举事于世，中道而不可，王且无所闻之矣。"此处中道指在列国外交中走中间路线，此义极罕见（本人仅此一见）。

- 《旧唐书》卷 119〈杨绾传〉："时元载秉政，公卿多附之。绾孤立中道，清贞自守，未尝私谒。"中道可能指立场中立，不偏一方，然亦可指恰好之道。

- 《东坡全集》卷 72〈上富丞相书〉："异时士大夫皆喜为卓越之行，而世亦贵狡悍之才。自明公执政而朝廷之间习为中道而务循于规矩，士之矫饰力行为异者，众必共笑之。"中道或指温和道路，不极端、不变异，然亦可理解为恰好之道。

- 《水心集》卷 27〈上李签启〉："博观前世之用人，无若本朝之中道。"中道或指温和、不极端，或指合乎道。

中位之道零星其他用法：

- 《宋史》卷 148〈仪卫志·卤簿仪服〉："《开宝通礼义纂》曰：黄，中央之色。此仗最近车辂，故以应象，取其居中道、达四方、含光大也。"

生理或物理上之中途

物理或生理意义上多指中途，指行事至中途，尤其是指人生中途（如夭折、早丧，亦常见），常引申指道路中央或中间，或指行车或行军路线，后世尤其用于军事上及职衔上，亦用于指日月星象之轨道。此种理解见于《论语》《礼记》《韩非子》及许多子书，似代表两汉诸子常见用法。然亦可指中位之道（《易传》）、中央之道（史书常见）。史书多见武职如"中道将军"之类，指行军路线在中间者。《论语·雍也》"中道而废"、《庄子·大宗师》"终其天年而不中道夭者"，

158

皆是中道指人生中途最早的用法。

总的来说，生理、物理意义上之中道，多见于先秦及两汉诸子，亦常见于后世文学及史部文献。其中文学、历史类文献中指行事中途者甚多，而史部（包括通书中）常见指行军路线或日月星象轨道者。

《论语·雍也》：

> 冉求曰："非不说子之道，力不足也。"子曰："力不足者，中道而废。今女画。"

何晏《集解》引孔安国曰："画，止也。力不足者，当中道而废。今女自止耳，非力极。"孔注盖以为"中道而废"指力极而废，朱子亦是此意。《朱子语类》卷26〈论语八·里仁篇上〉朱子言"有这般人，其初用力非不切至，到中间自是欲进不能，夫子所谓力不足者中道而废，正说此等人。冉求力可做，却不自去着力耳。间或有曾用力而力不足底人，这般人亦是难得"。《语类》卷29〈论语十四·雍也篇三〉朱子解释中道而废的原因说，"力不足者中道而废，废是好学而不能进之人，或是不会做工夫，或是材质不可勉者"。朱子之说可以解释为何后面有"今女画"三个字，意味孔子说别人力不足是客观原因，而冉求力不足是主观原因。因此朱子同时称"中道而废与半途而废不同，半途是有那懒而不进之意，中道是那只管前去，中道力不足而止，他这中道说得好"，此说虽称"中道而废"不同于"半途而废"，但强调这是因为半途而废一词有贬义，指因懒惰而废，认为孔子中道而废指确实有客观原因半途而废，不是个人懒惰。

然张栻对孔子"中道而废"提出了另一种解释，认为指死而后已。《论语解·雍也篇》云：

> 为仁未有力不足者，故仁以为己任者，死而后已焉。今冉求患力之不足，非力不足也，乃自画耳。所谓中道而废者，如行半

涂而足废者也。士之学圣人，不幸而死则已矣，此则可言力不足也；不然，而或止焉，则皆为自画耳。画者，非有以止之，而自不肯前也。[411]

刘宝楠《论语正义》卷7〈雍也〉引〈表记〉"中道而废"，并引张栻，称中道指中途，"'中道而废'即是毙，惟毙不得不废"。原文云：

> 《表记》云："乡道而行，中道而废，忘身之老也，不知年数之不足也。俛焉日有孳孳，毙而后已。"郑注："废，喻力极罢顿，不能复行则止也。俛焉，勤劳之貌。"《表记》之文，与此章相发。"中道而废"即是毙，惟毙不得不废，废犹言止也。人之力生于气，而其为学也，则有志以帅气。志之不立，而诿于气之不振，是自弃矣。是故君子之为学，日知所亡，月无忘其所能，莫殚也，莫究也，期之终身而已。身之未亡，是力犹未尽，故夫强有力者，将以为学也。舍学而强有力，将何用焉？力之既至，而学亦至，则希圣达天之诣。力之既至，而学犹未至，则是中道而废，亦不失为贤者之归。当时若颜子未达一间，而遽以早死，是亦中道而废者也。

孔子也说过，"我欲仁，斯仁至矣"（《论语·述而》）；在天下之道方面，还说过："苟有用我者，期月而已可也。"（《论语·子路》）孔子应不是指真心行道而力不足。在古文献中以中道指人生中途（涉及夭折或早逝）甚为常见，比如《庄子》中有5次以中道指人生中途之例。联系这些，孔安国力极而废、朱子"好学而不能进"之解，似不如夭折而废之说。

下面辑录生理／物理意义上中道部分文献，因为这些资料极多，所录只是其中很少的一部分，只求代表类型。

1）指人生中途

- 《论语·雍也》："冉求曰：非不说子之道，力不足也。子曰：力不足者，中道而废。今女画。"
- 《礼记·表记》："子曰：《诗》之好仁如此：乡道而行，中道而废，忘身之老也，不知年数之不足，俛焉日有孳孳，毙而后已。"
- 《庄子·人间世》："夫柤梨橘柚果蓏之属，实熟则剥则辱，大枝折，小枝泄。此以其能苦其生者也，故不终其天年而中道夭，自掊击于世俗者也。"
- 《庄子·人间世》："未终其天年而中道之夭于斧斤，此材之患也。"
- 《庄子·大宗师》："知人之所为者，以其知之所知，以养其知之所不知。终其天年而不中道夭者，是知之盛也。"
- 《庄子·在宥》："使人喜怒失位，居处无常，思虑不自得，中道不成章。"郭象注云："寒暑之和败，四时之节差，百度昏亡，万事失落也。"方按：据此推测，中道当指人生中途。
- 《庄子·达生》："汝得全而形躯，具而九窍，无中道夭于聋盲跛蹇，而比于人数，亦幸矣。"
- 《淮南子·精神》："夫人之所以不能终其寿命，而中道夭于刑戮者。"
- 《新语·怀虑》："合弱而制强，持横而御纵。内无坚计，身无定名，功业不平，中道而废，身死于凡人之手。"
- 《王文成全书》卷25〈外集七·祭杨士鸣文〉："兄弟虽皆中道而逝。"
- 《文选》卷37〈出师表〉（诸葛亮撰）："先帝创业未半，而中道崩殂。"

- 《柳宗元集》卷 13〈陈君夫人权厝志〉:"不幸中道而有痼疾。"

2）指行事中途

此类例子极多，尤见秦汉诸子、集部及史部文献。下面史部不多列。

- 《庄子·列御寇》:"列御寇之齐，中道而反，遇伯昏瞀人。"
- 《韩非子·内储说上》:"中山之相乐池以车百乘使赵，选其客之有智能者以为将行，中道而乱。乐池曰:'吾以公为有智，而使公为将行，今中道而乱何也？'"中道指走了一半路。
- 《吕氏春秋·不苟论·当赏》:"皆曰往击寇，中道因变曰:'非击寇也，迎主君也。'"
- 《盐铁论·遵道》:"小人智浅而谋大，羸弱而任重，故中道而废，苏秦、商鞅是也。"
- 《王文成全书》卷 19〈外集一·去妇叹五首〉:"委身奉箕帚，中道成弃捐。"中道指中途或曰半途。
- 《楚辞》卷 4〈九章·惜诵〉:"昔余梦登天兮，魂中道而无杭。"
- 《楚辞》卷 4〈九章·抽思〉:"羌中道而回畔兮。"王逸注:"信用谗人更狐疑也。"
- 《蔡中郎文集》〈外传·上汉书十志疏〉:"二十年之思，中道废绝，不得究竟。"
- 《文选》卷 26〈赠郭桐庐〉(任彦升撰):"中道遇心期。"
- 《文选》卷 27〈怨歌行〉(班婕妤撰):"恩情中道绝。"
- 《文选》卷 27〈苦寒行〉(曹操撰):"中道正徘徊。"李善注以道作路。

- 《柳宗元集》卷 19〈师友箴并序〉:"吾欲取友,谁可取者?借有可取,中道或舍。"中道指朋友交往中途。
- 《战国策》卷 7〈魏策四·魏王欲攻邯郸章〉:"闻之,中道而反,衣焦不申。"

3)指道路中间,或指当道

- 《礼记·曲礼上》:"为人子者,居不主奥,坐不中席,行不中道,立不中门。"中指中央,为动词,中道指行于道中间。
- 《礼记·曲礼上》:"步路马,必中道。"孔疏:"步路马必中道者,此谓单牵君马行时。步,独行也。若牵行君之马,必在中道正路,为敬也。"中道亦指行于道路中央。
- 《庄子·外物》:"庄周忿然作色曰:'周昨来,有中道而呼者,周顾视,车辙中有鲋鱼焉。'"中道犹当道。
- 《庄子·寓言》:"阳子居南之沛,老聃西游于秦,邀于郊,至于梁,而遇老子。老子中道仰天而叹曰:'始以汝为可教,今不可也。'"中道犹当道。
- 《定盒文集·续集卷三》:"由午门中道出。"
- 《方望溪全集》卷 10〈杜苍略墓志铭〉:"行于途尝避人不中道与人语。"
- 《新唐书》卷 139〈房张李传〉:"帝号送承天门,而辒车行不中道。"类似例子史部尚有。

4)指行车或行军路线(职衔附)

多见于史部,职衔尤多见于通书。例如,《通典》卷 66〈礼·卤簿〉"中道"共 47 见,基本上均是车辆行,使轨道在中道。如"晋制,大驾卤簿:先象车,鼓吹一部,十三人,中道。次静室令,驾一,中道"之类。《通志》卷 48 同。

- 《晋书》卷 25〈舆服志〉："先象车，鼓吹一部，十三人，中道。"中道指车行于道。本卷多达 47 见，皆此义。
- 《魏书》卷 2〈太祖纪〉："七军从西道出牛川，车驾亲勒六军从中道。"中道指东西中间道。
- 《魏书》卷 30〈宿石传〉："为北中道都大将。"
- 《魏书》卷 44〈乙瑰传〉："又为中道都将。"
- 《魏书》卷 101〈蛮传〉："十七年，加征南将军、中道大都督。"
- 《新唐书》卷 4〈本纪·则天顺圣皇后武氏〉："清边中道前军总管……天兵中道大总管。"

5）指日月星轨道

此类材料亦甚多，如《通志》中道指自然现象，有如五星之中道、日月之中道、天之中道等。

- 《汉书》卷 26〈天文志〉
  ◇ "日有中道，月有九行。中道者，黄道，一曰光道。"中道指中间道也。
  ◇ "立夏、夏至，南从赤道。然用之，一决房中道。"据颜注，决当作于，并谓"盖言月之行，其道虽多，然皆决于日之中道也"。故其后云："至月行则以晦朔决之。"又曰："日之所行为中道，月五星皆随之也。"中道似指作为中心之道。
  ◇ "日之所行为中道，月五星皆随之也。……月去中道，移而东北，入箕。若东南入轸，则多风。西方为雨，雨，少阴之位也。月去中道，移而西入毕，则多雨。"
- 《宋史》卷 50〈天文志三〉："太阴犯阳道，为旱；阴道，为雨；中道，岁稔。"中道指阴阳二道之中间道。

● 《宋史》卷51〈天文志四〉："月出入两河间中道,民安岁美,无兵。出中道之南,君恶之,大臣不附。"中道指中间道。

小结

《论语·雍也》"中道而废",其本义只是指中途(今人所谓半路上),可指人生之中途。此一含义较早亦见于《庄子》(5见)、《吕氏春秋·不苟论》、《淮南子·精神》、《新语·怀虑》、《新书》〈益壤〉〈属远〉、《盐铁论·遵道》、《说苑·正谏》等先秦两汉论著。《礼记·曲礼上》"行不中道""必在中道"亦皆是物理意义上使用该词。后世生理、物理及天文意义上使用中道亦甚多。

然自《孟子》"不得中道而与之"(〈尽心下〉),"中道"始指恰好之道,中指未偏、恰好、有独立价值,中做名词或形容词,中道为名词,此一理解在后世长期盛行(偶尔引申为正道),基本上居统治地位。因此,中道虽有多种不同含义,但就其作为思想范畴看,在后世儒家文献中占统治地位的用法当读恰好之道,即无偏颇、恰到好处之道。当语境针对邪正时,可读为正道,这种情况并不多见。读为中位之道并作为思想范畴主要限于解《易》。

"中道"另一个较常见的含义中乎道,较早见于《中庸》及《大戴礼记》,中为动词,去声,以道,而不是中为重心,后世虽不少见,但多为引用《中庸》或《大戴礼记》,且一般只在特定语境中出现。大体来说,在汉代,《大戴礼记》的用法还比较常见,比如《韩诗外传》卷2、7,《春秋繁露·奉本》,《申鉴·杂言下》。但宋代以来,可见的主要是《中庸》的用法,即引用"从容中道"。比如《明儒学案》"中道"共18见,而"从容中道"就有9见;《宋元学案》"中道"33见,而"从容中道"8见。然而,如果我们考虑到中道读为中乎道(即中于道)

时并不以中为重心，而是以道为重心，此时中道作为思想范畴的意义主要归结为道而不是中，也许可以进一步得出：就其强调中而言，一直到清末以前，中道主要都是指恰好、不偏。不过，恰好、不偏不能理解为现代人所熟悉的技巧或平衡，而是在近乎道体的意义上使用的。

另一个需要重视的问题是，从先秦一直到清末的使用看，虽然据传从尧、舜以来"执中"就很重要，但很难说中道在先秦代表一个十分重要的思想传统。首先，先秦学者明确从思想范畴上来使用此词的人极少。何况《中庸》《孟子》《大戴礼记》中的中道指中乎道而不是中之道，即以道而不是中为主。其次，先秦时期对中的重视程度远不如对道、德、礼、性等范畴的重视。《孟子》《荀子》皆重视思想意义上的中或中道，但讨论次数和重视程度远不能与他们讨论性、德、道、礼等范畴相比。

附录一　原始文献辑存

辑录原始文献时，不以完备为宗旨，注重所录文献在含义方面的代表性。同一条文献在多处重复时，通常只录开始出现的文献，后面的文献则有时重点录相关术语（亦只录不与前面重复者）。在文献或书目的挑选上，也不求全面，重视典型性、代表性。同类文献，有时用词数量庞大，则可能只收录一部分；有时用词数量甚少，则可能收录一部分罕见资料。本部分资料仅作为正文内容佐证，由于正文内容在此基础上做成，故多有与此部分重合者。

凡检索某书，只统计作者本人用法，他人或后人所撰之序、注、赞、诰、评、传、年谱、行状、考证、附录、提要等非本人用词，尽量排除不计。异义排除不计（见注）。目录不除。此例通行全书。

电子检索难免误漏，为最大限度避免遗漏及错误，不少文献同时参阅《四部丛刊》《四库全书》《四部备要》，比如以《四部丛刊》之《龙川文集》与《四部备要》之《龙川集》相比较，以《四部丛刊》之《水心先生文集》与《四库全书》之《水心集》相比较，等等。同时，亦常以中华书局、上海古籍出版社、岳麓书社等所出各种现代精校纸本与电子版本相参照（比如《明儒学案》一书，电子版使用的是《四库全书》本，但引用亦参照中华书局纸本 1985 年修订版；二十四史检索依《四库全书》本，但亦参校于中华书局 1980年代以来新出纸本）。

（一）"治道"一词使用资料

表 15　"治道"一词在古籍中出现统计

类目		书名简称	次数	用语*
经部	原典	礼记	2	出治道，治道备（〈乐记〉）[412]
		其他	0	
	传、注、疏、考	周易	1	治道未济（卷6〈丰〉注）
		尚书	1	大诰以治道（卷8〈康诰〉传）
		毛诗	1	治道兴（卷14〈裳裳者华〉）
		周礼	1	贤圣治道之遗化（卷6〈春官宗伯下·大师〉"教六诗曰"注）
		周易口义	8	兴治道，己之治道，赞成其治道，治道可成，治道已成，治道既行，治道日以广，治道大通于天下
		洪范口义	2	王者之治道，治道用明
		孟子正义	3	之于治道，切于治道，天下有治道[413]
		周礼正义	4	贤圣治道之遗化[414]
		经义考	32	治道成，治道之本，治道之备，治道之大者，治道之根柢，治道之升降，治道之大范，治道之隆替，治道去太甚，治道在君臣，治道原于士，求治道，论治道，述治道，切治道，关于治道，补于治道，切于治道，有益治道，有资治道，羽翼治道，推言治道，敷陈治道，咨访治道，于治道皆损，作《易》在治道
	小学	困学纪闻	2	论治道，有补治道[415]
		校雠通义	1	言治道
		经义述闻	3	治道部[416]
		十驾养新录	1	治道所以不如三代
		揅经室集	1	治道四[417]
诸子		论语	0[418]	
		老子	0[419]	
		孟子	0	

---

* 本表中"用语"指原文中的短语或词组，短语或词组顺序已按同类用语放同处原则重新编排。凡含义已变，或有标点问题者，皆不入统计数目。如"治道"亦时常作修道路，或治病之道等；又如"治道"中间当有标点而古籍没有者，如《三国志·吴志卷二·孙权》"世治道泰"句，《宋书》卷14〈礼志一〉"世不常治，道亦时亡"句，电子版检索亦列入"治道"条；凡此类皆不列入统计数目。

类目	书名简称	次数	用语
诸子	商君书	0	
	鹖冠子	0	
	孙子	0	
	慎子	0	
	晏子春秋	0	
	墨子	1	天下之治道
	管子	2	以政治道,治道则势赢[420]
	文子	3	治道通,不知治道之源
	庄子	2	有人治道若相放,古之治道[421]
	荀子	1	不及知治道
	韩非子	2	所以为治道者,治道具
	吕氏春秋	2	治官之要乎治道,治道之要存乎知性命
	淮南子	6	墨杨申商之于治道,治道通,治道之所以塞
	韩诗外传	3	治道毕,治道具
	春秋繁露	0	
	法言	0	
	新序	0	
	新论	0	
	申鉴	0	
	风俗通义	0	
	中论	0[422]	
	新书	2	启治道,治道得
	新语	1	治道失于下
	说苑	1	立治道
	论衡	2	治道功化,治道政务
	世说新语	0	
	中说	0	
	张子全书	1	问治道
	皇极经世书	2	治道光,为治道
	二程集	22	治道斋,治道出,治道在于,治道之要,治道亦有从本而言,治道积累以成泰,治道在于立志,晓达治道,极论治道,修复治道,诏以治道,唐之治道,明治道,成治道,论治道,言治道,陈治道,有治道,及治道,尧治道[423]
	近思录	9	论治道,修复治道,晓达治道,明乎治道,治道之纲领,治道亦有从本而言[424]

类目	书名简称	次数	用语
诸子	朱子语类	18	论治道，言治道，说治道，修复治道，修明治道，励精治道，推明治道，推言治道，举治道策，治道斋，治道最紧切处，治道别无说，治道必本于 [425]
	王文成全书	2	讲求治道，亲策治道
	文史通义	2	达于治道，敷陈治道 [426]
	宋元学案	49	赞治道，论治道，谈治道，言治道，问治道，推言治道，极陈治道，讲论治道，共明治道，善言治道，访以治道，策问治道，无益治道，有益治道，有资治道，切于治道，深于治道，根源治道，何补于治道，治道病，治道故事，治道之要，治道之体统，治道之纲目，治道之根柢，治道之得失，治道必由是，治道失之远，治道与时迁移 [427]
	明儒学案	5	论治道，晓达治道，有益于治道，治道隆污，治道本原
集部	楚辞	0	
	曹子建集	0	
	嵇中散集	0	
	陆士衡文集	0	
	陆士龙文集	0	
	陶渊明集	0	
	昭明太子集	0	
	文选	1	屡言治道
	江文通集	1	缉兹治道
	王右丞集	1	讵闻治道
	陆贽集	1	有裨治道
	初唐四杰集	0	
	李太白全集	0	
	杜工部集	0	
	孟浩然集	0	
	白居易集	0 [428]	
	刘禹锡集	1	工言治道
	李义山文集	0	

类目	书名简称	次数	用语
集部	韩愈集	0	
	柳宗元集	0[429]	
	李文公集	0	
	范文正公集	0	
	孙明复小集	2	讲求治道，思复治道[430]
	徂徕集	1	治道亡
	司马光文集	6	论治道，成治道，无厌治道，访求治道，试以治道[431]
	临川文集	10	缘饰治道，一心治道，开陈治道，想当治道时，治道何从而兴，治道终无由兴，治道之兴，治道终[432]
	李觏文集	5	治道未济，治道不登，治道一致，治道二十五策，知治道[433]
	元丰类稿	6	治道之所由出，治道之所本，治道所出，知治道，出治道
	欧阳修文集	4	治道备，不见治道，治道之污隆[434]
	东坡七集	14	言治道，论治道，治道贵清静，问治道要体，赞治道，治道去泰甚，治道之要，治道旁达
	栾城集	4	论治道，助成治道，有功于治道，治道初无象
	伊川击壤集	0	
	朱文公文集	23	治道毕，治道备，治道之具，治道之本，治道之本根，治道之不兴，治道所急，治道益隆，治道去泰甚，出治道，望治道，讲治道，求治道，语治道，切剧治道，讲磨治道，访以治道，益于治道，志于治道，与治道相乱[435]
	象山全集	4	谈治道，治道庞杂，治道未尽，治道贵清静
	水心文集	19	治道有二，治道之象，治道稍明，治道不明，治道不举，治道日坏，治道之楷模，治道之兴废，治道安出，治道开阖明晦，治道隆替消长，坏治道，为治道，先治道，起治道，明治道，无益治道，于治道有益[436]
	真德秀文集	12	治道成，于治道岂小补哉，治道之隆替，治道之根柢，治道之机括，治道有相资之具，治道隆，治道源于士风，有补治道，治道去泰甚[437]

类目	书名简称	次数	用语
集部	龙川集	14	明治道，治道之不知，治道之遂疏阔，治道果不可以吏道办，出于治道之外，治道之于吏道，治道之大体，治道之极，治道之基，治道修明，治道无两端，关乎治道，主于治道，治道之本末，所以根源治道者，关乎君德治道者 438
	逊志斋集	24	治道之极，言治道，治道成，治道之不明，治道固有本末，五经之治道，暗于治道，询以治道，古人治道，阴翊治道，论治道，图治道，治道湮熄，治道可成，治道衰
	亭林诗文集	3	治道愈下，治道日趋于下
	南雷集	2	留心治道，不知治道 439
	鲒埼亭集	6	讲求经术治道，治道之兴，妨于治道，治道之体统，切中治道，有意于治道
	方望溪全集	2	治道之兴 440
	戴东原集	1	治道莫大于君臣
	洪亮吉集	0 441	
	惜抱轩集	3	
	抱经堂文集	2	留意于治道，有害于治道
	魏源集	3 442	
	潜研堂文集	0	
	曾国藩集	0 443	
	定盦文集	0	
	古文辞类纂	6	治道得，治道衰，治道运行，治道去泰甚，治道何从而兴，通治道 444
史部	战国策	0 445	
	国语	0	
	史记	6	治道备，治道运行，治道亏缺，治道贵清静，通治道，出治道 446
	汉书	12	通治道，疑塞治道，不知治道，亡益于治道，治道衰，治道得，治道要务，治道贵清静，治道非礼乐不成，治道在于得贤，治道去其泰甚者，治道之可以然 447
	后汉书	1	思惟治道

类目	书名简称	次数	用语
史部	三国志	8	留心于治道，绲熙治道，治道用兴，与治道相反[448]
	晋书	2	屡言治道，治道有不当者
	宋书	19	康治道，隆治道，永念治道，思弘治道，共弘治道，赞扬治道，绲熙治道，无懈治道，忧勤治道，询求治道，昧于治道，善论治道，庶几治道，治道多昧，治道陵迟，治道方僻，治道方融，治道有不当者，治道致太平[449]
	南齐书	6	切治道，思弘治道[450]
	梁书	10	方弘治道，共康治道，昧于治道，亲勖治道，劬劳治道，政先治道，缺于治道，尤阙治道，无益治道，治道不明[451]
	陈书	5	思闻治道，郁于治道，未达治道，治道弗昭，治道之深规
	魏书	20	隆治道，达治道，共康治道，绲熙治道，敷洪治道，经纶治道，阇于治道，垂心治道，历访治道，不及治道，治道替，治道明范，治道之实要，治道由兹而穆，治道以之绲熙[452]
	北齐书	1	论说治道
	周书	4	宣扬治道，问以治道，共弘治道，治道之要
	隋书	5	留心治道，治道得，《治道集》[453]
	南史	0	
	北史	1	不及治道
	旧唐书	6	励精治道，治道惟新，治道同归，治道之失，治道其可忽乎，《治道集》[454]
	新唐书	20	言治道，问治道，谭治道，精治道，起治道，孜孜治道，敷陈治道，有益治道，以治道辅吾子，《治道集》，治道得，治道盛，治道犹郁，治道之本，治道之要，治道得失，治道本于上[455]
	旧五代史	1	不明治道
	新五代史	1	问治道

类目	书名简称	次数	用语
史部	宋史	65	通治道，新治道，出治道，论治道，补治道，资治道，适治道，识治道，知治道，达治道，通治道，图治道，求治道，问治道，评讲治道，开陈治道，勤求治道，切劘治道，访以治道，问以治道，精通治道，切于治道，有补治道，有益治道，无益治道，本朝治道，推致于治道，《治道集》，《治道中说》，《治道中术》，《治道要言》，治道事，治道舛，治道隆，治道成，治道不成，治道不进，治道之要，治道之本，治道已清，治道体统，治道所急，治道所宜先，治道本天，治道尽在是，治道必自此始，治道贵清净，治道以清静为本，与治道通，于治道何损，何足为治道言[456]
	辽史	8	访治道，论治道，问治道，问以治道，明达治道，古今治道，治道之要，治道十事
	金史	0[457]	
	元史	37	谋治道，询治道，识治道，洪治道，明治道，求治道，谈治道，讲治道，问治道，问以治道，讲求治道，讲明治道，访问治道，咨访治道，询及治道，询以治道，语及治道，图谋治道，深明治道，权舆治道，裨益治道，创始治道，切于治道，有补治道，有补于治道，访群臣以治道，以治道自任，治道可兴，治道未洽，治道必有所先，治道必先守令，治道贵清静[458]
	明史	34	明治道，陈治道，言治道，论治道，讲治道，晓达治道，讲论治道，讲明治道，讲求治道，咨诹治道，策以治道，商略治道，延访治道，敷宣治道，有裨治道，为治道辅，治道隳，治道所急，治道所损，治道何先，治道得失，治道既得，治道日乖，治道不纯，治道污隆，治道之贼，治道之详，治道之得失，治道去泰甚，治道十事，治道十二策[459]
	清史稿	13	治道毕，治道蒸蒸，治道之助，语治道，清治道，裨治道，无裨治道，研求治道，敷陈治道，整理治道，恢张治道，于治道人心关系尤巨[460]

类目		书名简称	次数	用语
史部		嘉庆一统志	34	言治道，精治道，陈治道，辅治道，问治道，言治道，论治道，讲治道，询治道，共宏治道，有补治道，有裨治道，切于治道，略识治道，访以治道，历访治道，咨访治道，询以治道，策以治道，推致于治道，本朝治道，《治道集》，治道之要，治道之详，治道之本，治道贵清静，治道所宜先，治道在于，何足为治道言[461]
		资治通鉴	20	《治道集》，治道衰，治道未成，通治道，知治道，讲治道，论治道，言治道，陈治道，思治道，经纶治道，屡言治道，思弘治道，不及治道，留心治道，无益于治道，古今治道，与治道相反，凡治道去其泰甚者[462]
		续资治通鉴	71	为治道，赞治道，精通治道，不近治道，与图治道，访求治道，讲求治道，问治道体要，讲论治道，敷陈治道，访以治道，以询治道，问治道所宜先，治道之要，治道之大体[463]
其他	政论	白虎通德论	0	
		盐铁论	0[464]	
		贞观政要	1	专心治道[465]
		群书治要	27	出治道，论治道，言治道，有治道，缉熙治道，然后治道，深原治道，思虑于治道，治道通，治道衰，治道备，治道毕，治道清，治道之外，治道未理，治道不谬，治道可隆，治道失于下，治道之兆，治道不取，治道之所患，治道贵清静，与治道相反[466]
		名臣言行录	25	切于治道，咨访治道，询以治道，访以治道，尧舜之治道，论治道，切治道，言治道，问治道，语治道，明治道，极陈治道，问治道所宜先，治道成，治道斋，治道之要，治道所急，治道自举，有益于治道，治道必由是，治道在广言路
		读通鉴论	26	治道毕举，治道之纲，治道之极致，治道之大蠹，治道之所以敝，明于治道，不知治道，不足与于治道，与治道相反
		宋论	7	治道之蠹，治道之美者，治道之偏端，治道尽此矣，治道庶有瘳焉，知治道者，不足与言治道

续表

类目		书名简称	次数	用语
其他	政论	皇朝经世文	29	言治道，语治道，论治道，出治道，通治道，为治道，讲求治道，咨诹治道，咨访治道，不及治道，留意于治道，无补于治道，无益于治道，有关于治道，治道远，治道衰，治道可兴，治道之大，治道之衰，治道之不闻，治道有污隆，治道之所以隆，治道贵致其实，治道贵清静而民自定，治道从事而言，治道久则穷穷必变
	类书	初学记	1	治道之深规 [467]
		北堂书钞	2	治道成，内赞治道 [468]
		白孔六帖	4	赞治道，孜孜治道，敷陈治道
		艺文类聚	14	开治道，屡言治道，思隆治道，有益治道，情存治道，昧于治道，治道备，治道明，治道穆清，治道所司，治道之深规，治道之所先，治道在儒，因时而治道 [469]
		太平御览	53	治道成，治道备，治道明，治道通，治道康，出治道，治道以泰，克念治道，思弘治道，有益治道，治道在于得贤，历访治道，治道所司，教以治道，治道在于克让，治道贵清静，问以治道 [470]
		册府元龟	91	圣王治道，讲求治道，暗于治道，缉熙治道，共弘治道，共康治道，励精治道，政先治道，指陈治道，历访治道，永念治道，勤求治道，深于治道，留心治道，勤于治道，明识治道，深符治道，益于治道，宣扬治道，思闻治道，论思治道，经纶治道，扬摧治道，赞扬治道，无懈治道，上下治道，留心治道，虚心治道，发挥治道，郁于治道，缺于治道，尤阙治道，昧于治道，不及治道，臻治道，达治道，赞治道，康治道，论治道，通治道，隆治道，阙治道，切治道，言治道，知治道，不知治道，治道休明，治道之可否，治道之隆平，治道之实要，治道之深规，治道之所出，治道之可以然，治道缉熙，治道损益，治道不成，治道明范，治道运行，治道弗昭，治道多昧，治道不明，治道时亡，治道替，治道衰，治道康，治道得，治道备，治道穆，治道去其泰甚者，治道贵乎清静，与治道相反 [471]

176

类目		书名简称	次数	用语
其他	类书	文苑英华	15	论治道，念兹治道，恢张治道，恢宏于治道，治道备，治道尽，治道愧时康
		太平广记	0[472]	
	三通	通典	2	治道不成，治道未洽
		通志	14	治道衰，治道得，《治道集》，治道运行，治道要务，治道贵清静，治道之可以然，治道在于得贤，治道去其泰甚者，言治道，深惟治道，留心治道，善论治道，历访治道，不及治道，缉熙治道，亡益于治道，与治道相反[473]
		文献通考	18	通治道，述治道，辨明治道，经纶治道，推言治道，敷析治道，无益于治道，有益于治道，何补于治道，无补治道，于治道愈远，治道得，治道不明，治道之兴废，治道之大端，治道长久之术，治道非礼乐不成，治道去泰甚，治道有不当者[474]

（二）“治法”一词使用资料

【经部】

《周礼》1 见（作“治灋”）。《周礼·天官冢宰·宰夫》：“宰夫之职……掌治法，以考百官府、群都县鄙之治，乘其财用之出入。凡失财用物辟名者，以官刑诏冢宰而诛之。其足用长财善物者，赏之。”从上下文看，治法特指刑法，即赏罚百官之刑法，治法为宰夫“治朝之法”之一种，即前文所谓“以法待官府之治”。

【经注】多作典章制度，足以为后世法式者。

《周礼·天官冢宰·大宰》“乃县治象之法于象魏，使万民观治象”，郑注：“皆所以重治法、新王事也。”据此治法即“治象之法"，亦即"王治之事"，当指政策、政令。

《礼记·乐记》"是故先王有上有下，有先有后，然后可以有制于
天下"，郑注："言尊卑备，乃可制作以为治法。"此处治法当指纲纪、
秩序等，可为天下法式。"有制于天下"指为天下法式。

《经义考》

- 卷67〈易宗集注〉（孙宗彝著）自序曰："观其会通以行
  其典礼，是孔子传易之宗旨也，万世之治法以此禅，万
  世之世运亦以此禅也。"（孙氏为清顺治进士）
- 卷81〈书解〉（唐仲友著）："三代治法悉载于经，灼然
  可见诸行事。后世以空言视之，所以治不如古。"（书佚，
  苏伯衡引其语，仲友为绍兴中登进士）
- 卷92〈尚书禅传〉（朱鹤龄著）自序曰："盖《尚书》者，
  帝王之心法、治法所总而萃也。"（朱鹤龄字长孺，居吴
  江之北郭）
- 卷127〈周礼传〉（王应电著）自序曰："盖世有升降，
  治法不与推移也。"
- 卷149〈月令通考〉（卢翰著）秦鸣雷序引此书之目曰：
  "曰天道，曰治法，曰地利，曰民用……"

（三）"治具"一词使用资料

说明：含"治之具"。
【经部】
五经（含《大戴礼记》）不见。五经唐以前古注不见。《经典释
文》《困学纪闻》不见，清代考据家文集中亦不多见。含义宽泛。朱

熹以政为治之具，刑为治之法，似乎区分了治具与治法。

《经义考》：治具可指政治制度。

- 卷279〈王氏通中说·阮逸序〉："唐太宗贞观初精修治具，文经武略高出近古。"
- 卷124〈郑氏太平经国之书统集〉："今夫官名之设，内外之辨，崇卑之度，多寡之数，成周致治之具也。"致治之具指官制。
- 卷125〈朱氏周礼句解〉陈儒序："昔者先王之有天下也，体国经野，创制立法……曰法也者，治之具也。"治之具即治法，指制度。

《日知录》

- 卷9〈人材〉："宋叶适言：法令日繁，治具日密，禁防束缚至不可动，而人之智虑自不能出于绳约之内，故人材亦以不振。"治具当指刑法。
- 卷17〈搜索〉："诚能反今日之弊，而以教化为先，贤才得而治具张，不难致也。"治具当指制度。

《论语·为政》"道之以德，齐之以礼，有耻且格"，朱熹《集注》："愚谓政者，为治之具；刑者，辅治之法；德礼则所以出治之本，而德又礼之本也。"

【诸子】

先秦部分，以治具为刑法、法度者甚多：

《庄子·天道》："骤而语形名赏罚，此有知治之具，非知治之道。"

《文子·上义》："故圣人所由曰道，所为曰事。道犹金石也，一调不可更。事犹琴瑟也，曲终改调。故法制、礼乐者，治之具也，非所以为治也。"以治具与治道对，治之具当指法制礼乐。

《淮南子·泰族训》："故法者，治之具也，而非所以为治也，而犹弓矢，中之具，而非所以中也。"

《盐铁论·刑德》："辔衔者，御之具也，得良工而调。法势者，治之具也，得贤人而化。执辔非其人，则马奔驰。执轴非其人，则船覆伤。"以礼乐刑政为治具。

《二程集·外书·罗氏本拾遗》："论其所存，未及治具，故不及礼乐刑政。"（伊川）以礼乐刑政为治具。

《近思录》卷9〈治法〉："此卷论治法。盖治本虽立，而治具不容缺。礼乐刑政有一之未备，未足以成极治之功也。"治具当指治法，包括礼乐刑政。

《宋元学案》

- 卷4〈庐陵学案·欧阳修文集〉："及周之衰，秦并天下，尽去三代之法而王道中绝，后之有天下者，不能勉强，其为治之具不备，防民之渐不周。"为治之具，或指制度措施之类。
- 卷8〈涑水学案下·司马光温公潜虚〉："一以治万，少以制众，其惟纲纪乎！纲纪立而治具成矣。心使身，身使臂，臂使指，指操万物。或者不为之使，则治道病矣。"治具似指纲纪等软性制度。
- 卷51〈东莱学案·吕祖谦遗集〉："向见论治道书，其间如欲仿井田之意，而科条州郡财赋之类，此固为治之具，然施之当有次第。今日先务，恐当启迪主心，使有尊德乐道之诚，众建正人以为辅助，待上下孚信之后，然后为治之具可次第举也。"为治之具当指方针政策制度之类，包括科条、州郡、财赋之制等。
- 卷53〈止斋学案·陈傅良〉："自井田、王制、司马法、八阵图之属，该通委曲，真可施之实用。先生既得之，而又解剥于《周官》、左史，变通当世之治具条画，本末粲如也。"治具指与井田、王制相似的制度或措施。

《明儒学案》：治具泛指一切制度及治理措施，比如政、教、礼、乐，也包括教化行为。

- 卷 43〈诸儒学案上·方孝孺杂诚〉："古之治具五：政也，教也，礼也，乐也，刑罚也。"
- 卷 52〈诸儒学案中六·李经纶辨学〉："礼乐教化，治之具也；贤才，治之干也；生养，治之基也。有冻馁之民，治具无所措，何以为基？有憸壬之士，治具不可张，何以为干？"

【集部】

治具可指郡县、刑法、官制等，甚至包括六经（欧阳修）。

《文选》卷 54〈五等诸侯论〉（陆士衡撰）："非谓侯伯无可乱之符、郡县非致治之具。"并非否认郡县为致治之具。

《韩愈集》卷 12〈进学解〉："方今圣贤相逢，治具毕张，拔去凶邪，登崇畯良。"治具似指刑法。

《司马光文集》卷 55〈四十乞合两省为一札子〉："国家设官分职，张立治具，上下相维，修饬明备。"治具当指官僚制度。

《元丰类稿》

- 卷 14〈送江任序〉："故不得专一精思，修治具以宣布天子及下之仁，而为后世可守之法。"治具与法对应，从上文看当指地方管理制度。
- 卷 23〈中书令制〉："某敏于学术，优有时材，以经远之

谋，弥纶治具，以察微之智，练达事几。"治具或指制
度、政策等一切治理手段。

- 卷23〈知制诰制二〉："必将讲明治具，思献其可，以弼
  予违。"
- 卷24〈御史中丞制〉："法之所以为治具，而能佐吾以善
  养人之意。"治具指法度。
- 卷34〈再乞登对状〉："遇陛下绍天开迹，大修治具，一
  言片善，人人得以自效。"

《欧阳修文集》

- 卷17〈本论上〉："及周之衰，秦并天下，尽去三代之法，
  而王道中绝。后之有天下者，不能勉强，其为治之具不
  备，防民之渐不周。"
- 卷48〈问进士策三首〉："六经者，先王之治具而后世之
  取法也。"以六经为治具。
- 卷95〈谢进士及第启〉："自匪该明治具，佩服儒规，行
  实蔼乎徽猷，识宇包乎贤业。"

《栾城集》卷19〈新论上〉："故夫王霸之略、富强之利，是为
治之具，而非为治之地也。有其地而无其具，其弊不过于无功。有
其具而无其地，吾不知其所以用之。"以统治措施、富民之策为治
之具。

《东坡全集》卷68〈贺驾幸太学表二首〉："学校，太平之文，而
以得士为实。经术，致治之具，而以爱民为心。"

《朱子文集》

- 卷7〈白鹿洞书院〉："矧今中兴年，治具一以张。"治具

182

当指制度。

- 卷44〈答江德功〉："然程先生只云：'论其所存，故不及治具。'"

- 卷76〈云龛李公文集序〉："一时学士大夫执简秉笔，争以文字相高，其所以歌咏泰平，藻饰治具者，杂然并出。"治具当指政体（政治体制）。

- 卷84〈书万君行事后〉："自乡举里选之法废，取士者先文艺，后材实，于是野多遗贤，朝多旷位，而治具、民俗每不能无愧于前世。"治具当指官僚体制。

《真德秀文集》卷22〈赐通奉大夫〉[475]："昔虞书之论天秩，实在天讨之先。《周官》之设邦刑，列于邦礼之后。盖法令，特辅治之具……"此处明显地，治之具指刑法。

《水心文集》卷5〈纪纲二〉："其治具则日密，法令则日烦，禁防束缚自不可动。"治具当指刑法等。

《逊志斋集》：含义丰富，包括政、教、礼、乐、法度，也包括宗法、井田制度，甚至可指治道。就治具而非为治之具而言，则其义似主要指广义的制度，以礼法为主。

- 卷1〈杂诫〉："古之治具五：政也，教也，礼也，乐也，刑罚也。"

- 卷1〈睦族〉："井田废而天下无善俗，宗法废而天下无世家。圣人之立法，所以收万民之心，而使之萃于一者。治道之极，治功之盛……故三代之俗非固美也，为治之具既美，而习使之然也。"治之具当指井田、宗法之类制度。

- 卷3〈成化〉："寓控制天下之道于迂远不急之法，使人阴服乎上而不自知者，周之所以得民也。欲人之服从而炳然示之以服人之具，其服也必不坚。有意于服人，先以养人者示之，使天下成化而归己，此诚能服人者也。秦汉之君未尝不笑周以为迂，而其为治之具固周之所笑，以为拙陋而不为者也。……秦汉之法挤犬于釜之类也。"治之具指治世之方法，即养人为先、使人心服之治道。

- 卷5〈晋论〉："晋之君则不然，礼失于上而不知，法弛于下而不举，风俗弊坏而不能振，教化缺失而不能修。……三代者，以其有守之之具，故危而复安，衰而复盛。而晋之既微，累有篡弑之祸，以其治具之不完也。取天下而不以道，是以天下祸其子孙也。守天下而无其具，是使子孙祸天下也。"谓晋朝取天下不以道，守天下无其具，从上文看，治具当指礼法教化之类。

《抱经堂文集》卷1〈应殿试策〉："要其所以致治之具无他焉，在慎守其纪纲而已矣。"此处治具并非政策或制度之类，而指致治方法，即所谓"慎守纪纲"。

【史部】

正史多不见，《资治通鉴》亦不见，唯《史记》《汉书》《旧唐书》《新唐书》《隋书》《元史》各1见，独《宋史》多达7见。

《史记》卷122〈酷吏列传〉："法令者，治之具，而非制治清浊之源也。"

《隋书》卷32〈经籍一〉："夫仁义礼智，所以治国也；方技数术，所以治身也；诸子为经籍之鼓吹，文章乃政化之黼黻，皆为治之具也。"治之具指经籍文章等。

《宋史》：治具有时指人才。

- 卷155〈选举志一〉："今赋或八百字，论或千余字，策或置所问而妄肆胸臆，漫陈他事，驱扇浮薄，重亏雅俗，岂取贤敛才备治具之意邪？"治具当指治理所需人才。

- 卷155〈选举志一〉："朕欲博求俊彦于科场中，非敢望拔十得五，止得一二，亦可为致治之具矣。"致治之具指人才，可见治具可指一切有利于治理者。

- 卷266〈列传第二十五〉："自昔参大政、赞机务，非明敏特达之士，不能胜其任。若又饬以文雅，济以治具，则尽善矣。"治具或指制度。

- 卷194〈赵师民传〉："古之圣王，举动必顺天时，所以四时变，火随木色。近世渐务苟简，以为非治具而遂废之，至其万事皆不如古。"治具指治理用具。

- 卷388〈李浩传〉："比日措置边事甚张皇，愿戒将吏严备御，无规微利近功。日与大臣修治具，结人心，持重安静，以俟敌衅。"治具当指治理措施。

- 卷408〈吴昌裔传〉："今朝廷之上，百辟晏然，言论多于施行，浮文妨于实务。后族王宫之冗费，列曹坐局之常程，群工闲慢之差除，诸道非泛之申请，以至土木经营，时节宴游，神霄祈禳，大礼锡赉，藻饰治具，无异平时。至于治兵足食之方，修车备马之事，乃缺略不讲。"治具或指治理的形式而非实质内容。

- 卷473〈秦桧传〉："于是修饰弥文，以粉饰治具，如乡饮、耕籍之类节节备举，为苟安余杭之计，自此不复巡幸江上，而祥瑞之奏日闻矣。"治具当指治理措施，类似政局之义。

《元史》卷182〈欧阳玄传〉："文章道德，卓然名世。羽仪斯文，赞卫治具，与有功焉。"治具当指治理措施。

《续资治通鉴》卷48〈宋纪·仁宗皇帝〉："策或置所问而妄肆胸臆，条陈他事，岂国家取贤敛材以备治具之意邪！"（张方平言）治具，当指人才。

【政论】

《群书治要》：治具大抵指制度，包括法度和礼乐。

- 卷12〈史记下·酷吏传〉："法令者治之具，而非制治清浊之源也。"
- 卷35〈文子·上义〉："故圣人所由曰道，所为曰事。道由金石，一调不可更；事犹琴瑟，每弦改调。故法制、礼乐者，治之具也，非所以为治也。"治之具指具体的制度，包括法制和礼乐。以治具与治道相对。

【类书】

《太平御览》〈刑法部·叙刑下〉："故法者，治之具也，而非所以中也。"

《册府元龟》

- 卷75〈帝王部·任贤〉："夫致千里者，必资乎绝足；构广厦者，必择乎宏材。是知端扆向明，财成万务，致治之具，非贤罔济。"致治之具或指制度。
- 卷597〈学校部·选任〉："自汉承秦弊，宗尚经术，求稽古之士，重学官之选……亦将以发挥典籍，申明治具，顾有益于风教耳。"治具当指治理的制度之类。

【通书】

《通志》卷49〈乐略·文武舞序论〉："自古制治不同，而治具亦不离文武之事也。"

《文献通考》

- 卷42〈学校考·太学〉："唐太宗贞观之初，功成治定，将欲文饰治具，广学舍千二百区，游学者至八千余人。"治具指治理方式，偏重于制度或刑法。
- 卷42〈学校考·太学〉："今时学者多是去看武帝、光武、魏孝文、唐太宗做，是不知这个用心内外不同，止是文饰治具，其去唐虞三代学校却远。"

（四）"治术"一词使用资料

说明：含"治之术"。

【经部】

五经、《大戴礼记》及其古注未见。

【诸子】

《尹文子·大道上》："圣人任道以夷其险，立法以理其差，使贤愚不相弃，能鄙不相遗。能鄙不相遗，则能鄙齐功；贤愚不相弃，则贤是等虑。此至治之术也。"治之术即治道也。

《春秋繁露·立元神》："建治之术贵得贤而同心。"治之术指治理方式。

《说苑·政理》："民有贤于不齐者五人，不齐事之，皆教不齐所以治之术。"治之术指治理之方。

《论衡》

- 〈超奇篇〉："文有深指巨略，君臣治术，身不得行，口不能绁，表著情心，以明己之必能为之也。"
- 〈书解篇〉："韩非著治术，身下秦狱，身且不全，安能辅国？"

《申鉴·政体》（荀悦）："致治之术，先屏四患，乃崇五政：一曰伪，二曰私，三曰放，四曰奢。"治术即治道也。

《张子全书》卷13〈文集·答范巽之书第一〉："设使四海之内皆为己之子，则讲治之术必不为秦汉之少恩，必不为五伯之假名。"治术乃治理之道也。

《文史通义》：以百家专门之业为治术。

- 卷1〈诗教下〉："世之盛也，典章存于官守，礼之质也；情志和于声诗，乐之文也。迨其衰也，典章散而诸子以术鸣，故专门治术，皆为官礼之变也。"治术为百家之道。
- 卷1〈诗教下〉："名、法、兵、农、阴阳之类，主实用者，谓之专门治术。其初各有职掌，故归于官而为礼之变也。"

《宋元学案》：治术泛指治理之术，与治理之道义近。

- 〈横渠学案下·张载文集〉："设使四海之内皆为己之子，则讲治之术必不为秦汉之少恩，必不为五霸之假名。"
- 〈止斋学案·蔡幼学〉："今观行之所著书，大率在古人经制治术讲求。"

《明儒学案》卷61〈东林学案四·黄尊素怀谢轩讲义〉："心不受变而术则变，如学术流为申韩，此心不得不归于惨酷，治术流为杂伯，此心不得不向于杀伐。战国时人学皆刑名，治皆诛杀，都被术所弄坏。"此以治术与治道对立，术指申韩之学。

【集部】

《司马光文集》卷60〈与王介甫书〉："夫侵官，乱政也，介甫更以为治术而先施之。贷息钱，鄙事也，介甫更以为王政而力行之。"

《临川文集》卷81〈贺庆州杜待制启〉："以儒雅饰治术，以器业结上知。"

《栾城集》

- 卷28〈晏知止成都运副秦中梓州运副〉："以尔知止贤相之后，文雅有余；以尔中治术之精，前后可纪。"
- 〈栾城第三集·待月轩记〉："古之治术者知之……世之治术者，知其说，不知其所以说也。……吾尝治术矣。"治术指性命之理，以日月依存关系比喻之（"性犹日也，身犹月也"）。
- 〈后集·拟殿试策题二首〉："因今日之安，而推求祖宗致治之术，则士之所当知也。"

《朱子文集》

- 卷13〈垂拱奏札二〉："守，固自治之术，而亦有持久之难，至于和之策则下矣。"
- 卷97〈刘公行状〉[476]："应敌无一定之谋，而强国有不易之策。今日和、曰战、曰守者，皆应敌之计，因事制宜，不可胶于一说者也。若夫不易之策，则必讲明自治之术，博询救弊之原，毋事虚文，专责实效，使政事修举，国势日强，然后三者之权在我，唯所用之，无不如志。"非朱子之语，转引刘珙之言。"自治之术"当指管理自家（大宋）之术。

《水心文集》：指对敌之术，或地方事务治术。

189

- 卷 4〈待时〉:"自古两敌之争,高者修德行政,下者蓄力运谋,皆有素治之术,先定之形。然必顺其势而因势之可为,则胜;违时而求以自为,则败。若此者曰:待时可也。"
- 卷 11〈永嘉县社稷记〉:"永嘉之社,名几不存,可畏也。夫治术同异,吏宜考详,地势偏隔,人且自恕,令姑罪之免,奚彼敢议哉。"

《亭林诗文集》卷 2〈钱生肃润之父出示所辑方书〉:"和扁日以遥,治术多瞀乱。方书浩无涯,其言比河汉。"治术当指医治方法。

《南雷集》

- 卷 8〈清溪钱先生墓志铭〉:"良心泯而道术晦,道术晦而治术隳矣。"以道术与治术对,治术当为道术之用。
- 〈子刘子行状上〉:"治术劣以刑名,政体归之丛脞,天下事遂日底于坏,而不可救。"此转引刘宗周语(无卷名)。

《抱经堂文集》:治术即治国理政之道。

- 卷 5〈新校说苑序〉:"此书之言治术略备矣,人主得此亦足以为治矣。"
- 卷 28〈孙君勚堂家传〉:"能以儒术为治术,平讼宽征。"

《方望溪全集》卷 3〈汉文帝论〉:"然文帝用此治术,亦安于浅近。"

《惜抱轩集》〈文集·圣驾南巡赋〉:"杜治术之陂邪,警愚蠢之失道。"

《鲒埼亭集》〈外编·奉临川先生帖子二〉："今观行之所著书，大率在古人经制治术，讲求终其身。"

【史部】

《宋书》卷85〈谢庄〉："臣学暗申韩，才寡治术。"

《梁书》卷47〈孝行〉："高祖创业开基，饬躬化俗，浇弊之风以革，孝治之术斯著。"孝治之术，指以孝治理之道。

《南齐书》

- 卷53〈良政〉："垂心治术，杖威善断。"
- 卷53："以必世之仁未及宣理，而期月之望已求治术。"

《北齐书》：治术即政道。

- 卷42〈阳休之传〉："肃宗留心政道，每访休之治术。休之答以明赏罚、慎官方、禁淫侈、恤民患，为政治之先。"
- 卷46〈宋世良传〉："世良才识闲明，尤善治术，在郡未几，声问甚高。"
- 卷46〈路去病传〉："自迁邺以还，三县令治术，去病独为称首。"

《周书》：治术指治道。

- 卷12〈齐炀王宪传〉："此乃乱代之权宜，非经国之治术。"
- 卷35〈郑孝穆传〉："卿莅职近畿，留心治术。凋弊之俗，礼教兴行；厌乱之民，襁负而至。"
- 卷37〈张轨传〉："在郡三年，声绩甚著，临人治术，有循吏之美。"

- 卷42〈柳霞传〉："雅达政事,所居皆有治术,吏民畏而爱之。"

《隋书》:治术即治道(规范性),或地方治理方式(中性)。

- 卷1〈帝纪·高祖上〉："朕君临区宇,深思治术。欲使生人从化,以德代刑。求草莱之善,旌闾里之行。民间情伪,咸欲备闻。"
- 卷2〈帝纪·高祖下〉："以临颍令刘旷治术尤异,擢为莒州刺史。"

《旧唐书》卷155〈崔郸〉:"问其为治之术,视可否而拟之。"
《新唐书》:治术指地方治理方式,或御下之术。

- 卷45〈选举志〉："致治之术,在于得贤。"
- 卷128〈毕构传〉："睿宗嘉构修絜独行,有古人风,其治术又为诸使最,乃赐玺书、袍带,再迁吏部尚书。"
- 卷143〈崔汉衡传〉："有司铨拟皆便所私,此非为官择人为人、求治之术。"
- 卷157〈陆贽传〉："人情者,利焉则劝,习焉则安;保亲戚而后乐生,顾家业而后忘死;可以治术驭,不可以法制驱。"
- 卷199〈儒学中〉："利征,出为山茌令,儒缓无治术,免官。"

《金史》卷110〈赵秉文〉:"又因进讲,与云翼共集自古治术,号《君臣政要》,为一编以进焉。"治术即治道。

《明史》: 治术指运用刑法, 亦可指天下治道。

- 卷97〈志·艺文二·刑法类〉:"曹璜《治术纲目》十卷。"
- 卷255〈刘宗周〉:"治术尚刑名, 政体归丛脞, 天下事日坏而不可救。"(刘宗周语)
- 卷255〈刘宗周〉:"一曰端治术, 无以刑名先教化。"
- 卷282〈儒林传〉:"明太祖起布衣, 定天下, 当干戈抢攘之时, 所至征召耆儒, 讲论道德, 修明治术, 兴起教化。"

《清史稿》: 治术多指治道。

- 卷445〈文悌〉:"及聆其谈治术, 则专主西学, 以师法日本为良策。"
- 卷466〈袁昶〉:"辑农桑、兵、医、舆地、治术、掌故诸书。"
- 卷486〈潘德舆〉:"其论治术, 谓天下大病不外三言: 曰吏曰例曰利。世儒负匡济大略, 非杂纵横, 即陷功利, 未有能破利字, 而成百年休养之治者。"
- 卷486〈严复〉:"举中外治术学理, 靡不究极原委。"

《续资治通鉴》卷60〈宋纪·英宗〉:"今陛下初政清明, 宜亲近儒雅, 讲求治术。"治术指治理之道。

【政论】

《名臣言行录》〈后集卷八·吕公著〉:"公以《尚书》备二帝三王之道, 尤切于治术, 乞候进讲《论语》毕日, 进讲《尚书》。"显然以治术为治道也。

《宋论》

- 卷1〈太祖〉："求之己者，其道恒简；求之人者，其道恒烦。烦者，政之所繇紊，刑之所繇密，而后世儒者恒挟此以为治术，不亦伤乎？"治术似指刑政（下文紧接着引孔子"道之以政，齐之以刑"句）。
- 卷2〈太宗〉："呜呼！非申商之徒以生事殃民为治术者，孰忍以靖之言为必可行乎？圣王不作而横议兴，取《诗》《书》《周礼》之文，断章以饰申商之刻核，为君子儒者汩没不悟。"治术指法家御人之术。
- 卷4〈仁宗〉："弊之所生，皆依法而起，则归咎于法也不患无辞。其为弊也，吏玩而不理，士靡而亡实，民骄而不均，兵弛而不振，非其破法而行私，抑沿法而巧匿其奸也。有志者愤之，而求治之情迫动于上，言治之术竞起于下。听其言、推其心，皆当时所可厌苦之情事，而厘正之于旦夕，有余快焉。虽然，抑岂必归咎于法而别求治理哉？"治术与治法对举，指治理法术。

《读通鉴论》：治术即治道。

- 卷11〈晋〉："晋武之初立，正郊庙，行通丧，封宗室，罢禁锢，立谏官，征废逸，禁谶纬，增吏俸，崇宽宏雅正之治术，故民藉以安，内乱外逼，国已靡烂，而人心犹系之。"
- 卷17〈梁武帝〉："隋平陈而以行于江左，唐因之，而治术文章咸近于道，生民之祸为之一息。"

194

【类书】

《太平御览》2见,《册府元龟》9见。

《太平御览》

- 卷215〈职官部·吏部侍郎〉:"问其为治之术,视可否而拟之。"
- 卷595〈文部·议〉:"夫动先拟议,明用稽疑,所以敬慎群务,施张治术。故其大体所资,必枢纽经典。采事实于前代,观变通于当今。"

《册府元龟》:以"治术"纳入"僭伪部",然正文(卷229)治术作"政治",内容亦不在于贬抑。

- 卷63〈帝王部·发号令〉:"朕祗膺大宝,钦承景命,励精治术,安辑夷夏,九服同轨,六合一家,日月所临,无思不服。"
- 卷161〈帝王部·命使〉:"朕君临区宇,深思治术,欲使生人从化,以德代刑。"

【通书】

通书中不多见,不见于《通典》《文献通考》,《通志》4见。

《通志》

- 卷58〈选举略·历代制〉:"访以治术,兼商量时务。"
- 卷85下〈宗室传下·后周文帝十王〉:"此乃乱世之权宜,非经国之治术。"
- 卷156〈后周〉:"自惟不才,不知治术之要,公其诲之。"

（五）“治体”一词使用资料

因治体一词出现不多，下面所列资料，或有不见于表9者，考虑材料价值存录。

【经部】

《尚书正义》卷4〈大禹谟〉

- “明于五刑，以弼五教，期于予治”，孔传：“叹其能以刑辅教，当于治体。”孔颖达《正义》：“〈传〉：言‘当于治体’，言皋陶用刑轻重得中，于治体正相当也。”
- “帝曰：‘皋陶，惟兹臣庶……惟乃之休’”，孔疏：“帝以禹让皋陶，故述而美之。帝呼之曰：皋陶，惟此群臣众庶，皆无敢有干犯我正道者，由汝作士官，明晓于五刑，以辅成五教，当于我之治体。”

【子部】

贾谊《新书·陈政事疏》：“以陛下之明达，因使少知治体者得佐下风，致此非难也。”（另参《汉书》卷48〈贾谊传〉）

荀悦《前汉纪》，2见。

- 〈孝文皇帝纪〉：“以陛下之明达，因使少知治体者得在下风。”
- 〈孝元皇帝纪〉：“凡世之论政治者，或称教化，或称刑法。或言先教而后刑，或言先刑而后教。或言教化宜详，或曰教化宜简。或曰刑法宜略，或曰刑法宜轻，或曰宜重。皆引为政之一方，未究治体之终始，圣人之大德也。”

郭象《庄子注·天运》："故夫三皇五帝之礼义法度，不矜于同，而矜于治"，注："期于合时宜、应治体而已。"[477]

文中子《中说·录关子明事》："嘉谋长策，勿虑不行，朕南征还日，当共论道，以究治体。"

《二程集》，5见。

- 〈遗书·二先生语上〉："谈经论道则有之，少有及治体者。"
- 〈遗书·二先生语十〉："治经论道者亦甚多，肯言及治体者，诚未有如子厚。"
- 〈明道文集·表疏〉："择天下贤俊，使得陪侍法从，朝夕延见，开陈善道，讲磨治体，以广闻听。"
- 〈伊川文集·学制〉："授之贤才，重其委任，则人无辞以犯分义，讼所以息也。今以专任长贰为不可，是不知治体之甚。"
- 〈粹言·君臣篇〉："臣愿……博延俊彦，陪侍法从，朝夕延见，讲磨治体，则睿智益明，王猷允塞矣。"

朱熹、吕祖谦《近思录》卷8〈治体〉："濂溪先生曰：治天下有本，身之谓也。治天下有则，家之谓也。"可见以治体为治理天下、国家之根本或法则。

《朱子语类》，5见。

- 卷94〈周子之书〉："问：'经书须逐句理会。至如史书易晓，只看大纲，如何？'曰：'较之经书不同，然亦自是草率不得。须当看人物是如何，治体是如何，国势是如何，皆当子细。'"体指大体。
- 卷135〈历代二〉："自高祖赐姓，而谱系遂无稽考，姓氏遂紊乱。但是族系紊乱，也未害于治体。但一有同姓异姓之私，则非以天下为公之意。今观所谓'刘氏冠''非刘氏不王'，往往皆此一私意。使天下后世有亲疏之间，而相戕相党，皆由此起。"

- 卷137〈战国汉唐诸子〉："王通见识高明，如说治体处极高，但于本领处欠。如古人'明德、新民、至善'等处，皆不理会，却要斗合汉魏以下之事整顿为法，这便是低处。要之，文中论治体处，高似仲舒，而本领不及；爽似仲舒，而纯不及。"

- 卷137〈战国汉唐诸子〉："文中子，看其书忒装点，所以使人难信。如说诸名卿大臣，多是隋末所未见有者。兼是他言论大纲杂霸，凡事都要硬做。如说礼乐治体之类，都不消得从正心诚意做出。"

顾炎武《日知录》卷12〈俸禄〉："谓贪浇之积习不可反而廉静者，真不知治体之言矣。"〈主员额数〉："苟以时文之功，用之于经史及当世之务，则必有聪明俊杰、通达治体之士起于其间矣。"

赵蕤《长短经》卷2〈文下·是非〉："天地至神，不能同道而生万物；圣人至明，不能一捡而治百姓。故以异致同者，天地之道也；因物制宜者，圣人之治也。既得其道，虽有相害之物，不伤乎治体矣。"治体指治之大体。

《明儒学案》"治体"仅1见，见于卷42〈甘泉学案六·王道〉，出于王道〈文录〉："宋自庆历以前，英贤汇出，当时治体、风俗、人才皆淳庞浑厚。"

【集部】

《文选》卷46〈王文宪序一首〉（任彦升撰）："至于军国远图，刑政大典，既道在廊庙，则理擅民宗。若乃明练庶务，鉴达治体"，李善注："潘尼《潘岳碣》曰：君深达治体，垂化三宰。"

《文心雕龙》

- 卷4〈诏策〉："孔融之守北海，文教丽而罕于理，乃治体乖也。"
- 卷5〈议对〉："对策王庭，同时酌和。治体高秉，雅谟远播。"

《颜氏家训·涉务》："国之用材，大较不过六事：一则朝廷之臣，取其鉴达治体，经纶博雅。"治体指治之大体。

《世说新语·卷上之下·政事第三》（〔梁〕刘孝标注）："贾充初定律令"，注引《晋诸公赞》曰："充有才识，明达治体，加善刑法，由此与散骑常侍裴楷共定科令，蠲除密网，以为晋律。"（当引自《晋书》）

《欧阳修文集》

- 卷81〈孙复可秘书省校书郎国子监直讲制〉："朕勤治体，喜贤俊，尝虑四方遗逸之善，有不吾闻者。"
- 卷112〈再论许怀德状〉："是陛下号令不能行于朝廷，而纪纲弛坏于武士。凡士之知治体者，皆为陛下惜也。臣谓方今国家全盛，天下无虞，非有强臣悍将难制之患，而握兵之帅辄敢如此不畏朝廷者，盖由从前不惜事体，因循宽弛，有以驯致也。今若又不正其罪罚，而公为纵弛，则恐朝廷失刑，自此而始；武臣骄慢，亦自此而始；号令不行于下，纪纲遂坏于上，亦自此而始。夫古人所谓见于未萌者，智之明也。若事有萌而能杜其渐者，又其次也。若见其渐而兴之，浸成后患者，深可戒也。臣前日为许怀德事曾有奏论，略陈大概。盖以方今赏罚之行，只据簿书法令以从事，而罕思治体。况如怀德，在法非轻，于事体又重。故臣复罄愚瞽，伏乞圣慈裁择而行之。"

《范文正公集》

- 卷12〈赠兵部尚书田公墓志铭〉："陛下以皇王之道为心，臣请采经史中切于治体者，上资圣览。"
- 〈政府奏议目录卷上·治体〉，"治体"为"卷上"之一条目。
- 〈鄱阳遗事录论疏·诸贤赞颂论疏〉："东莱先生治体论曰：……神宗锐然有为之志，不遇范仲淹而遇王安石，世道升降之会，治体得失之机于是乎决矣。"此是吕祖谦文。

《东坡全集》卷67〈谢翰林学士表二首〉："此盖伏遇太皇太后陛下，总览政纲，灼知治体。恢复祖宗之旧，兼收文武之资。"

《张子全书》卷15《附录·行状》（吕大临撰）："张载善发圣人之道，略可措之以复古，乞召还旧职，访以治体。"

王辟之《渑水燕谈录》卷6〈文儒〉："孙洙巨源，博学长才，初举贤良方正，奏论五十篇，皆陈祖宗政事，指切治体，推往验今，著见得失。"

辛文房《唐才子传》卷2〈张继〉："继博览有识，好谈论，知治体。亦尝领郡，辄有政声。"

【史部】

陈寿《三国志》，6见。

- 卷16〈魏书·任苏杜郑仓传·赞〉："恕屡陈时政，经论治体，盖有可观焉。"（恕指杜恕）

200

- 卷25〈魏书·杨阜传〉："今守功文俗之吏，为政不通治体，苟好烦苛，此乱民之甚者也。"
- 卷42〈蜀书·孟光传〉："老夫耄朽，不达治体，窃谓斯法难以经久，岂具瞻之高美，所望于明德哉！"
- 卷53〈吴书·张纮传〉："非无忠臣贤佐，暗于治体也，由主不胜其情，弗能用耳。"
- 卷59〈吴书·吴主五子传·孙登〉："诸葛瑾、步骘、朱然、全琮、朱据、吕岱、吾粲、阚泽、严畯、张承、孙怡忠于为国，通达治体。可令陈上便宜，蠲除苛烦，爱养士马，抚循百姓。"

《旧唐书》卷62〈李大亮传〉："又赐荀悦《汉纪》一部，下书曰：'……然此书叙致既明，论议深博，极为治之体。'"此为唐太宗李世民诏书。

《新唐书》卷118〈辛替否传〉："太宗，陛下之祖，拨乱立极，得至治之体。省官清吏，举天下职司无虚授，用天下财帛无枉费；赏必待功，官必得才，为无不成，征无不服。不多寺观而福禄至，不度僧尼而咎殃灭。阴阳不愆，五谷遂成，粟腐帛烂。万里贡赋，百蛮归款。享国久长，多历年所。"此为辛替否上书，从中可见其所谓治之体义。

【政书】

《群书治要》，11见。

- 〈序〉（魏征等撰）："圣思所存，务乎政术，缀叙大略，咸发神衷，雅致钩深，规摹宏远，网罗治体，事非一目。"
- 卷2〈尚书〉："汝作士，明于五刑，以弼五教，期于予治。"孔传："叹其能以刑辅教，当于治体。"

- 卷16〈汉书·传〉："以陛下之明达，因使少知治体者得佐下风。"此为贾谊上奏。

- 卷16〈汉书·传〉："四维不张，国乃灭亡。使管子愚人也则可，管子而少知治体，则是岂可不为寒心哉！"（引贾谊原文）

- 卷23〈后汉书·传〉："帝感其言，申下有司，考其真伪详所施行，雄之所言皆明达治体，而宦竖擅权，终不能用。"此为左雄（字伯豪）奏顺帝言。

- 卷26〈魏志下·传〉："孔子曰：'苛政甚于猛虎。'今守功文俗之吏，为政不通治体，苟好烦苛，此乱民之甚者也。当今之急，宜去四甚。"

- 卷27〈蜀志〉："自古有国有家者，咸欲修德政，以比隆盛世。至于其治，多不馨香，非无忠臣贤佐，暗于治体也，由主不胜其情弗能用耳。"（张纮言）

- 卷30〈晋书下·传〉："是以圣王之治，执要而已。委务于下，而不以事自婴也。分职既定，无所与焉。非惮日侧之勤，而牵于逸豫之虞，诚以治体宜然，事势致之也。何则？夫造创谋始，逆暗是非，以别能否，甚难察也。既以施行，因其成败以分功罪，甚易识也。易识在考终，难察在造始。故人君恒居其易则治，人臣不处其难则乱。今人主恒能居易执要，以御其下，然后人臣功罪形于成败之征，无所逃其诛赏，故罪不可蔽，功不可诬。""大纲不振，则豪强横肆。豪强横肆，则平民失职。此错所急而倒所务之由也。非徒无益于治体，清议乃由此益伤……是以圣王深识人情而达治体，故其称曰'不以一眚掩大德'。"此为刘颂（字子雅）奏世祖言。

- 卷第49〈傅子〉："天地至神，不能同道而生万物。圣人至明，不能一揆而治百姓。故以异致同者，天地之道也。

因物制宜者，圣人之治也。既得其道，虽有诡常之变、相害之物，不伤乎治体矣。"（［西晋］傅玄撰）

【类书】
《太平御览》，4见（除去3条含义不同者[478]）。

- 卷212〈总叙尚书〉："诏曰：'尚书，万事之本，朕所责成也。而廪秩俭薄，甚非治体。'"此出《晋康帝起居注》。
- 卷593〈文部·教〉："孔融之守北海，文教丽而罕施，乃治体乖也。"
- 卷635〈刑法部·叙刑上〉："《大禹谟》曰：'……汝作士，明于五刑，以弼五教，期于予治。'（传）：叹其能以刑辅教，当于治体。"此引《尚书》孔传文，引时有节略，"（传）"为引者加。
- 卷652〈刑法部·赦〉："老夫耄朽，不达治体，窃谓斯法难以经久，岂具瞻之高美，所望于明德哉？"

（六）"政道"一词使用资料

由于政道一词在古籍中出现不多，不见于先秦经、子文献，多集中于史部及以辑录史料为特色的《册府元龟》《通志》两书中，且含义往往差别不大，本部分除辑录一些原文外，增加了不少术语。通过术语，也可帮助我们了解古人使用此词的含义（术语不列卷名）。

【经子】
《经义考》卷69〈周易四德例〉（刘璠撰）："问以政道。"
《困学纪闻》卷3〈诗〉："政道既衰，怨刺之诗始作。"

《新语·慎微》："孔子遭君暗臣乱，众邪在位，政道隔于王家，仁义闭于公门。"

《论衡·谴告篇》："天不告以政道。"

《临川文集》卷68〈虁说〉："夫治至于鸟兽草木，人有礼以节文之，则政道成矣。"

【史部】

《后汉书》：9见，多指治理状况、政治现状。

- 卷5〈安帝纪〉："孝安虽称尊享御，而权归邓氏，至乃损彻膳服，克念政道。然令自房帷，威不逮远，始失根统。"

- 卷58上〈桓谭传〉："夫有国之君，俱欲兴化建善，然而政道未理者，其所谓贤者异也。"

- 卷58上〈桓谭传〉："愚夫策谋，有益于政道者，以合人心而得事理也。"

- 卷65〈张纯传〉："政道至要，本在礼乐。"

- 卷68〈杨璇传〉："若夫数将者，并宣力勤虑，以劳定功，而景风之赏未甄，肤受之言互及。以此而推，政道难乎以免。"

- 卷71〈第五伦传〉："帝问以政事，伦因此酬对政道，帝大悦。"

- 卷82〈崔骃传〉："元帝即位，多行宽政，卒以堕损，威权始夺，遂为汉室基祸之主。政道得失，于斯可监。"

- 卷87〈谢弼传〉："政道或亏，则奸臣当其罚。"

- 卷99〈窦武传〉："古之明君，必须贤佐，以成政道。"

《晋书》：39见，为诸史中最多者。

术语包括：政道备，政道衰缺，政道陵迟，政道须贤，政道之本，政道在于得才，政道之通塞，政道之所先，昧于政道，论政道，问政道，成政道，隆政道，奉政道，询于政道，弘宣政道，赞扬政道，参议政道，厘和政道，光赞政道，政道日兴，崇显政道，政道之本，有益政道，政道罔述，共康政道，敷融政道，咨以政道，弘济政道，缉熙政道，赞明其政道，政道邕睦，豫闻政道，政道休明，弘益政道等。

- 卷6〈元帝纪〉："其令太宰、司徒已下，诣都坐参议政道。"
- 卷6〈元帝纪〉："兴灭继绝，政道之所先。"
- 卷7〈成帝纪〉："未能阐融政道，翦除遗祲。"
- 卷28〈五行志中〉："司马彪云：'政道衰缺，无以致凤，乃羽虫孽耳。'"
- 卷33〈王祥传〉："实佐命兴化，光赞政道。"指现实的治理。
- 卷47〈傅玄传〉："政道之本，诚宜久于其职。"政道即治国，"其职"指王戎台辅之位。
- 卷39〈王沈传〉："后生不闻先王之教，而望政道日兴，不可得也。"
- 卷52〈郤诜传〉："朕获承祖宗之休烈，于兹七载，而人未服训，政道罔述。"
- 卷73〈庾亮传〉："上不能光赞圣猷，下不能缉熙政道。"
- 卷75〈王湛传〉："亲杖贤能，则政道邕睦。"
- 卷77〈陆晔传〉："遂总括宪台，豫闻政道，竟不能敷融玄风，清一朝序。"
- 卷83〈顾和传〉："政道陵迟，由乎礼废。"
- 卷83〈顾和传〉："昔先朝政道休明。"
- 卷106〈载记·石季龙上〉："先王之令典，政道之通塞。"

《宋书》：不循政道，政道未著，政道未孚，勉弘政道，未弘政道，政道所先，未涉政道，禅宣政道，诬政道。

- 卷 2〈武帝纪中〉："凋残之余而不减旧，刻剥征求，不循政道。"理想的治理之道，或以道理政。
- 卷 6〈孝武帝纪〉："政道未著，俗弊尚深，豪侈兼并，贫弱困窘。"以道理政。
- 卷 8〈明帝纪〉："诏曰：皇室多故，糜费滋广，且久岁不登，公私歉弊。方刻意从俭，弘济时艰，政道未孚，慨愧兼积。"
- 卷 9〈后废帝纪〉："朕以眇疚，未弘政道。"
- 卷 61〈武三王传〉："朕茕独在躬，未涉政道。百揆庶务，允归尊德。"
- 卷 72〈文九王传〉："不能弘赞国猷，禅宣政道。"
- 卷 79〈文五王传〉："上悖天经，下诬政道。"

《魏书》：缉熙政道，政道得失，无益政道，政道未康，未闲政道，咨询政道，政道云何，存政道，政道颇亏，政道郁郁。

- 卷 7 下〈高祖纪〉："庚子，引群臣，访政道得失损益之宜。"
- 卷 9〈肃宗纪〉："朕冲昧抚运，政道未康，民之疾苦弗遑纪恤，凤宵矜慨。"政道指现实治理状况。
- 卷 9〈肃宗纪〉："朕冲昧纂历，未闲政道。"政道当指理想治理方式。
- 卷 63〈宋弁传〉："卿比南行，入其隅隩，彼政道云何？兴亡之数可得知不？"政道指政局。
- 卷 88〈窦瑗传〉："法象巍巍，乃大舜之事；政道郁郁，亦隆周之轨。"郁郁指兴盛，政道指现实的治理方式。

《北史》：政道明范，政道颇亏，政道得失（指政治），政道得，《政道集》，隆政道，克念政道，历访政道，咨询政道，访以政道，昼存政道，留心政道，共宏政道，语其政道。

- 卷 35〈王慧龙传〉："政道得，则阴物变为阳物。"

《南史》：询求政道，善论政道，问以政道，共康政道，亲勖政道（现实治理），往贤政道，《富教》《政道》二篇。

- 卷 60〈孔休源传〉："欲共康政道。"
- 卷 70〈循吏列传〉："每选长吏，务简廉平，皆召见于前，亲勖政道。"

《隋书》：政道陵夷，《政道集》，政道未洽。

- 卷 37〈梁睿传〉："朕初临天下，政道未洽。"政道指政局。

《旧唐书》：政道乖方，政道颇僻，政道衰紊，政道莫尚于无为，孜孜政道，励精政道，勤于政道，晓于政道，载亏政道，不持政道，不修政道。

- 卷 15〈宪宗纪下〉："政道国经，未至衰紊。"
- 卷 73〈令狐德棻传〉："高宗曰：'政道莫尚于无为也。'"
- 卷 71〈魏征传〉："太宗新即位，励精政道。"
- 卷 82〈李义府传〉："稔恶嫉贤，载亏政道。"
- 卷 174〈李德裕传〉："穆宗不持政道，多所恩贷。"指穆宗理政不以道，不能简单地读为理政。

- 卷 176〈杨虞卿传〉："穆宗初即位，不修政道，盘游无节。"

《新唐书》卷 105〈褚遂良传〉："进善人，其成政道。"
《元史》卷 140〈特穆尔达实传〉："询以政道。"
《明史》卷 206〈解一贯传〉："学政道。"
《资治通鉴》：政道得失，弘政道，勖以政道，问以政道。
《续资治通鉴》：政道未茂，政道兴废，询以政道。

【类书】
《北堂书钞》卷 27〈政术部·论政一〉："政道有三。"
《太平御览》：政道缺，政道多昧，政道之不用，勤于政道，政道之陵迟，阐融政道，无益政道，问以政道，留心政道。
《册府元龟》

含义 1：现实治理过程或现实的政治局面，或为理政的同义词，中性。术语：政道云何，政道得失，政道未洽，政道未康，政道未理，政道多违，政道多阙，政道有亏，政道多昧，政道邕睦，政道陵迟，政道日兴，敷融政道，未涉政道，政道郁郁，宏济政道，政道休明，预闻政道。

- 卷 268〈宗室部·辅政〉："朕茕独在躬，未涉政道。"
- 卷 407〈将帅部·谏诤〉："恭顺无违，则盛德日新；亲仗贤能，则政道邕睦。"
- 卷 620〈卿监部·恩奖〉："廉履德冲素，尽忠恪己，方赖德训，宏济政道，不幸殂殒。"

含义 2：以道理政，褒义。术语：政道缺，政道或亏，政道之急，政道之本，政道未凝，政道所先，亏政道，政道未著，政道未明，政道未孚，政道须贤，政道罔述，政道在于得才，政道莫尚于无为，裨政道，隆政道，弘政道，成政道，问政道，明政道，无忘于政道，无亏政道，必先政道，专心政道，留心政道，虚心政道，光赞政道，赞明政道，忧勤政道，励精政道，思求政道，未闲政道，缉熙政道，询谋政道，昧于政道，有益政道，昼存政道，不持政道，弘益政道。

- 卷 67〈帝王部·求贤〉："朕凝旒凤夜，虚心政道。"
- 卷 136〈帝王部·慰劳〉："吾承祖宗洪基，而昧于政道。"
- 卷 151〈帝王部·慎罚〉："滥杀无辜则政道缺。"
- 卷 151〈帝王部·慎罚〉："今之所任或亏政道。"
- 卷 157〈帝王部·诫励〉："诗赋非政道之急。"
- 卷 191〈闰位部·政令〉："朕日昃劬劳，思弘治要，而机事尚拥，政道未凝。"
- 卷 195〈闰位部·惠民〉："朕当宸思治，政道未明，昧旦劬劳。"
- 卷 541〈谏诤部·直谏〉："昼存政道，夜以安身。"
- 卷 672〈牧守部·褒宠〉："赏罚黜陟，所以明政道也。"

含义 3：理政之道，中性。术语：政道备，政道至要，酬对政道，政道惟新，闻政道，问政道，思政道，访以政道，留心政道，言及政道，询于政道，崇显政道，敦奉政道，晓于政道，咨询政道。

- 卷 648〈贡举部·对策〉："昔之圣王政道备。"

【通书】

《通典》：弼谐政道。

《通志》：政道未理，政道或亏，匡政道，酬对政道，政道云何。

《文献通考》：政道陵夷，有益政道，政道得失，政道衰缺。

【政书】

《贞观政要》：4 见，当指以道理政。

- 卷 1〈论君道〉："隋文伐陈已后，心逾骄奢，自矜诸己，臣下不复敢言，政道因兹弛紊。"
- 卷 5〈论公平〉："贞观初太宗谓侍臣曰：'朕今孜孜求士，欲专心政道，闻有好人则抽擢驱使。'"
- 卷 6〈论杜谗邪〉："进用善人，共成政道。"
- 卷 7〈论礼乐〉："朕夙夜兢惕，忧勤政道。"

《皇朝经世文》卷 24〈令史〉（顾炎武撰）："夫儒者操行清洁，非礼不行。以吏出身者，自幼为吏，习其贪墨；至于为官，性不能改。政道兴废，实由于此。"

《群书治要》卷 30〈晋书下·传〉："宜引天下贤人，与弘政道，不宜示之以私也。"

（七）"王道"一词使用资料

【经部】

《尚书·洪范》："无偏无陂，遵王之义。无有作好，遵王之道。无有作恶，遵王之路。无偏无党，王道荡荡。无党无偏，王道平平。无反无侧，王道正直。"孔传："当循先王之正义以治民"，"言无有乱为私好恶，动必循先王之道路"。方按：王道指先王之道。先王有无特指？考虑本篇称"洪范九畴"为天锡禹者，先王当指禹之前的古先王，比如三皇五帝，或者至少指尧舜。

《毛诗》：似指文武周公之道。

- 〈国风〉："至于王道衰，礼义废，政教失，国异政，家殊俗，而变风、变雅作矣。"王道指周王之道。下文称"〈周南〉〈召南〉，正始之道，王化之基"，当指文武周公之道。
- 〈驺虞〉："〈鹊巢〉之化行，人伦既正，朝廷既治，天下纯被文王之化，则庶类蕃殖，搜田以时，仁如驺虞，则王道成也。"王道当指文王之道。

《左传·襄公三年》："《商书》曰：'无偏无党，王道荡荡。'其祁奚之谓矣。"王道指公平、公正。

《榖梁传·僖公十六年》："五石六鹢之辞不设，则王道不亢矣。"《集解》："不遗微细，故王道可举。"

《尚书大传》〈虞书·三五传〉："汤者，攘也，言其攘除不轨，改亳为商，成就王道。天下炽昌，文武皆以其长。能擅国之谓王，能制杀生之威之谓王。"王道即汤之道。王之定义为"能擅国""能制杀生之威"（《四库全书》本，孙之骒辑）。

《尚书大传·高宗肜日》（陈寿祺辑本）：

武丁祭成汤，有飞雉升鼎耳而雊。武丁问诸祖己，祖己曰："雉者，野鸟也。不当升鼎。今升鼎者，欲为用也。远方将有来朝者乎？"故武丁内反诸己，以思先王之道。三年，编发重译来朝者六国。

武丁之时，桑谷俱生于朝，七日而大拱。武丁召其相而问焉，其相曰："吾虽知之，吾不能言也。"问诸祖己，曰："桑谷，野草也。野草生于朝，亡乎？"武丁惧，侧身修行，思昔先王之政，兴灭国，继绝世，举逸民，明养老之礼。重译来朝

211

者六国。[479]

此段《通鉴外纪》卷 2〈夏商纪〉记载稍有不同:

> 《尚书大传》曰:"成汤之后,武丁之先,王道亏。桑谷俱生于朝,七日而大拱。武丁问诸祖己,祖己曰:'桑谷野草生乎朝,朝噫亡乎?'武丁恐骇,侧身修行,思昔先王之道……"

此段极能证明古人王道指先王之道。不过"王道亏",或作"先王道亏"。

《礼记》:王道指治道,或指人伦有序,为古先王之道。

- 〈乐记〉:"礼乐刑政,四达不悖,则王道备矣。"
- 〈乡饮酒义〉:"孔子曰:吾观于乡,而知王道之易易也。""故曰:吾观于乡,而知王道之易易也。"当指古先王治道之遗化。

《孟子》,原文仅 1 见。然观赵岐注,则颇足以证明其含义。王道有时是针对五霸而言的周王或三王之道,有时抑或指规范意义上的理想统治之道,其内含有仁政爱民、君臣纲纪(礼乐征伐自天子出)等。据赵注,王政含义与王道同,由于王政即仁政,故孟子以仁政为王道;但同时,据〈梁惠王下〉"齐宣王问明堂"章,孟子回答王政时以周文王为答,可见王政、王道是指周文之道。〈告子下〉"今之大夫,今之诸侯之罪人也",赵注似以王道为周先王之道,不限于文王。另据〈梁惠王上〉"齐宣王问曰齐桓晋文之事"章赵注、〈梁惠王下〉"流连荒亡为诸侯忧"句及"齐宣王问明堂"章赵注、〈公孙丑上〉"功烈如彼其卑"句赵注,孟子所谓"王"是针对五霸而言的周先王(或即指文王)。但有时"王"亦可指理想的君王,未必是古先王(包括周王），如所谓"德何如则可以王"（〈梁惠王上〉）、"今王与百姓同乐则王矣"（〈梁惠王下〉）、"乐以天下忧以天下然而不王者"（〈梁惠王下〉），其中的王皆是规范而非现实意义上的。特别是"五百年必有王者兴"（〈公孙丑下〉），其中的王明显不是指古先王或周王。〈滕文公下〉"书曰丕显哉文王谟"赵注、〈离娄上〉"孟子曰伯夷辟纣居北海之滨闻文王作"赵注，皆以王道指文王之道，亦可指理想意义上的统治天下之道。

因此可以《孟子》及赵注为例，证明王道主要是指周王特别是文王之道。

据赵注，所谓"王道亏"（〈梁惠王下〉"方命虐民饮食若流流连荒亡为诸侯忧"注），其中王道是否指现实的周王之道呢？类似术语亦见《说苑》〈君道〉〈敬慎〉"先王道缺"。所谓王道亏之类，当指先王之道受到了亏损。故"王道亏"中的王道不是指现实周王之道。

- 〈梁惠王上〉："不违农时，谷不可胜食也。"赵注："从此已下为王陈王道也。使民得三时务农，不违夺其要时，则五谷饶穰，不可胜食。"王道指不夺农时。
- 〈梁惠王上〉："养生丧死无憾，王道之始也。"赵注："王道先得民心，民心无恨，故言王道之始。"王道指以民为本。
- 〈梁惠王上〉："齐宣王问曰：'齐桓、晋文之事，可得闻乎？'……无以，则王乎？"赵注："既不论三皇五帝，殊无所问，则尚当问王道耳。"赵注以王指王道。
- 〈梁惠王上〉："是心足以王矣，百姓皆以王为爱也，臣固知王之不忍也。"赵注："孟子曰王推是仁心，足以至于王道。"王道指统治者有不忍之心。
- 〈梁惠王上〉："盖亦反其本矣。"赵注："王欲服之之道，盖当反王道之本。"紧接着孟子称"今王发政施仁使天下仕者皆欲……", 可见赵注以王道为仁政也。

● 〈梁惠王下〉: "今王与百姓同乐, 则王矣。" 赵注: "孟子言王何故不大好乐, 效古贤君, 与民同乐, 则可以王天下也。……章指言人君田猎以时, 钟鼓有节, 发政行仁, 民乐其事, 则王道之阶在于此矣。" 王道指仁爱人民。

● 〈梁惠王下〉: "方命虐民, 饮食若流; 流连荒亡, 为诸侯忧。" 赵注: "言王道亏, 诸侯行霸, 由当相匡正, 故为诸侯忧也。" 王道针对霸道而言, 也指周王之道。

● 〈梁惠王下〉: "孟子对曰: 夫明堂者, 王者之堂也。王欲行王政, 则勿毁之矣。" 赵注: "言王能行王道者, 则可无毁也。" 赵注以王政同王道, "王者之堂" 当指周先王所留, 故王道比较明显地是指周先王。

● 〈公孙丑上〉: "管仲……功烈, 如彼其卑也。" 赵注: "谓不帅齐桓公行王道而行霸道, 故言卑也。" 此处亦以王道与霸道对举。

● 〈公孙丑上〉: "曰管仲以其君霸, 晏子以其君显。管仲、晏子犹不足为与……以齐王, 由反手也。" 赵注: "孟子言以齐国之大而行王道, 其易若反手耳, 故讥管、晏不勉其君以王业也。" 亦以王道与管、晏行霸道对比。

● 〈公孙丑下〉: "今以燕伐燕, 何为劝之哉? " 赵注: "礼乐征伐自天子出, 王道之正也。" 王道指君臣上下纲纪, 即帝王统治之道。

● 〈公孙丑下〉: "五百年必有王者兴。" 赵注: "五百年有王者兴, 有兴王道者也。" 王道显然不是指周王或古先王。

● 〈滕文公下〉: "《书》曰: 丕显哉! 文王谟。" 赵注: "言

214

文王大显明王道。"王道即文王道，亦是理想意义上的统治天下之道。

- 〈离娄上〉："今之欲王者，犹七年之病求三年之艾也。"赵注："今之诸侯欲行王道，而不积其德。如至七年病而却求三年时艾，当畜之乃可得。以三年时不畜藏之，至七年而欲卒求之，何可得乎？"王道似乎指当今诸侯欲效法古先王统治天下。

- 〈离娄上〉："孟子曰：伯夷辟纣居北海之滨，闻文王作兴，曰：'盍归乎来！吾闻西伯善养老者。'"赵注："伯夷让国，遭纣之世，辟之，隐遁北海之滨，闻文王起，兴王道。"王道当指文王之道，亦指理想意义上的统治天下之道。

- 〈告子下〉："今之大夫，今之诸侯之罪人也。"赵注："言王道浸衰，转为罪人，孟子伤之。"王道衰，当指周先王之道衰也。

《孟子》"王"之义：或指三代之王，或指周之先王，或指理想意义上的王。主要应指周先王。例如：

- 〈梁惠王上〉："齐宣王问曰：'齐桓、晋文之事，可得闻乎？'孟子对曰：'仲尼之徒无道桓、文之事者，是以后世无传焉，臣未之闻也。无以，则王乎？'曰：'德何如则可以王矣？'曰：'保民而王，莫之能御也。'……'是心足以王矣，百姓皆以王为爱也，臣固知王之不忍也。'"这段主要涉及王之义，王针对五霸而言，当指三代圣王，代表理想的天下统治。

- 〈梁惠王下〉："今王与百姓同乐，则王矣。"此处"则王矣"之"王"，指理想的天下统治，非指周王。

- 〈梁惠王下〉："乐以天下，忧以天下，然而不王者，未之有也。"王指理想的统治者。

- 〈梁惠王下〉："孟子对曰：'夫明堂者，王者之堂也。王欲行王政，则勿毁之矣……昔者文王之治岐也，耕者九一，仕者世禄，关市讥而不征，泽梁无禁，罪人不孥。老而无妻曰鳏，老而无夫曰寡，老而无子曰独，幼而无父曰孤，此四者天下之穷民而无告者。文王发政施仁，必先斯四者。'"这里非常明确地以文王为王政典范，亦即孟子心目中的王道典范。故王道指周文王之道。

- 〈公孙丑下〉："五百年必有王者兴。"此处王明显地不是指周先王或古先王。

《困学纪闻》：王道指商先王之道，或周文王之道。

- 卷2〈书〉："《书大传》谓武丁之时，先王道亏，刑罚犯。"方按："先王道亏"亦作"王道亏"，先王当指商先王。此亦王道指先王道之一明证。

- 卷2〈书〉："邵子谓：修夫圣者，秦穆之谓也。穆公是霸者第一，悔过自誓之言，几于王道，此圣人所以录于书末。"言秦穆修己、几于圣王之德，则王道指理想王者。

- 卷3〈诗〉："晁景迁《诗序论》云：序《驺虞》，王道成也。……文王之风终于《驺虞》，《序》以为王道成。"王道当指文王之道。

- 卷3〈诗〉："《七月》见王业之难，亦见王道之易。孟子以农桑言王道，周公之心也。"王道当指周先王（周公）之道。

- 卷3〈诗〉："《鹿鸣》，周大臣所作也。王道衰，大臣知贤者幽隐，弹弦风谏。"王道即周先王之道。

- 卷9〈天道〉："桓将兴而天文髐，文欲作而地理决，王道之革也。"桓指齐桓公，文当指晋文公。王道当指周先王之道，不指现实的为王之道。

- 卷10〈地理〉："孔子曰：'……上无明王，下无贤方伯，王道衰，政教失，强陵弱，众暴寡，百姓纵心，莫之纲纪，是人固以丘为欲当之者也，丘何敢乎？'"王道可指古先王之道。

- 卷12〈考史〉："宣帝曰：'汉家自有制度，本以霸王道杂之。'"王道在此或指古先王，或指理想的为王之道，即所谓仁义之道。

- 卷14〈考史〉："太宗谓群臣曰：'贞观初，人皆异论云，当今必不可行帝道，王道。'"王道似侧重理想的为王之道，即仁义之道。

《十驾养新录》卷18〈法后王〉："孟荀生于衰周之季，闵战国之暴，欲以王道救之。"

《经义考》：

- 卷123〈陈氏傅良周礼说〉："傅良进《周礼说》。序曰：'王道至于周备矣！文、武、周公、成、康之心，考其行事，尚多见于《周礼》一书。'"以周王之道说王道。

- 卷158〈丘氏浚大学衍义补〉："神宗御制序曰：'朕惟帝王之学，有体有用。自仲尼作《大学》一经，曾子分释其义，以为十传。其纲明德、新民、止至善，其目格、致、诚、正、修、齐、治、平，阐尧、舜、禹、汤、文、武之正传，立万世帝王天德王道之标准。'""万世帝王天德王道之标准"上接"阐尧、舜、禹、汤、文、武之正传"，可见"王道"指二帝三王之道。

- 卷196〈王氏元杰春秋谳义〉："干文传序曰：'圣人达天德而语王道，《春秋》为万世立王法。'"达天德而行王道。
- 卷231〈孟子一〉："苏辙曰：'不观于《诗》，无以知王道之易。'"

【诸子】

《墨子·兼爱下》："周诗曰：'王道荡荡，不偏不党。王道平平，不党不偏。'"

《管子》：王道泛指为王之道，亦可指王者实际所行之道（不一定合乎理想）。

- 〈七法〉："王道非废也，而天下莫敢窥者，王者之正也。"房玄龄注："大宝之位，神器也，古今所共传。非有暂废，而天下莫敢窥窬者，以王者当乐推之，运应天人之正。"王道任何时候都不会废，只要王者行正。据上文，"正天下"方式包括聚财、论工、制器、选士、政教、服习、遍知天下、机数这八者。因此，王道当泛指为王之道。
- 〈白心〉："思索精者明益衰，德行修者王道狭。"注："思索太精则矜名，故王道狭也。"王道为事实判断，且非以三代圣王为模范，或指统治方式。

《文子》：王道指古先王之道，内容为为人之道。

- 〈道德〉："文子问曰：'古之王者以道莅天下，为之奈何？'老子曰：'执一无为，因天地与之变化。天下大器

218

也，不可执也，不可为也。为者败之，执者失之。执者见小也，见小故不能成其大也。无为者，守静也，守静能为天下正。处大满而不溢，居高贵而无骄。处大不溢，盈而不亏；居上不骄，高而不危。盈而不亏，所以长守富也；高而不危，所以长守贵也。富贵不离其身，禄及子孙，古之王道具于此矣。'"王道不是指为人之道。简本《文子》中王道更明确地不指个人修道，而主要指治天下之道，以执一无为皆为治天下。简本是平王问文子御天下之道。

- 〈道德〉："老子曰：'民有道所同行，有法所同守。义不能相固，威不能相必。故立君以一之。君执一即治，无常即乱。……君必执一而后能群矣。'文子问曰：'王道有几？'老子曰：'一而已矣。'"此处"一"显然指治民之道，即王道当指治道，以执一为特点（与下面无为义近），属泛指。

- 〈道德〉："文子曰：'古有以道王者，有以兵王者，何其一也？'曰：'以道王者，德也；以兵王者，亦德也。'"

- 〈自然〉："老子曰：帝者有名，莫知其情。帝者，贵其德；王者，尚其义；霸者，通于理。圣人之道，于物无有。道狭然后任智，德薄然后任刑，明浅然后任察。……王道者处无为之事，行不言之教，清静而不动，一度而不摇。"此处王道指治理之道，以无为为特点，泛指。

《商君书》：王道即治道，或王道为"先王道"之省，指先王之道。

- 〈农战〉:"常官则国治,一务则国富。国富而治,王之道也。故曰:'王道作外,身作一而已矣。'"王道当即治道。
- 〈开塞〉:"王者有绳,先王道一端,而臣道亦一端。"王道指先王之道。此处"王道"不成术语。

《荀子》:王与霸对举。王道指三代之王,亦指统治天下之道。

- 〈王制〉:"故不战而胜,不攻而得,甲兵不劳而天下服,是知王道者也。知此三具者欲王而王,欲霸而霸,欲强而强矣。……王者之制:道不过三代,法不二后王;道过三代谓之荡,法二后王谓之不雅。"明显以王道为三王之道。
- 〈乐论〉:"吾观于乡,而知王道之易易也。……故曰吾观于乡,而知王道之易易也。"王道之易易当指古先王之道明白易知。

《韩非子·心度》:"圣人之治民,法与时移,而禁与能变。能越力于地者富,能起力于敌者强,强不塞者王。故王道在所闻,在所塞。塞其奸者必王。故王术不恃外之不乱也,恃其不可乱也。"王道即治道。

《吕氏春秋·有始览·谕大》:"昔舜欲旗古今而不成,既足以成帝矣。禹欲帝而不成,既足以正殊俗矣。汤欲继禹而不成,既足以服四荒矣。武王欲及汤而不成,既足以王道矣。五伯欲继三王而不成,既足以为诸侯长矣。孔丘、墨翟欲行大道于世而不成,既足以成显名矣。夫大义之不成,既有成矣。"方按:"王道"像动词,"以王道矣"似指以王导治。或者"既足以王道矣"衍一字,当作"既足以成王道矣"。参《吕氏春秋译注》(张双棣等译注)。[480]

《淮南子》：王道之道若作规范义讲，指正确道路，则王道指王者应有的统治之道，即治道。故有"有王道""得王道""成王道""王道缺"等表述。

- 〈俶真训〉："周室衰而王道废，儒墨乃始列道而议，分徒而讼。"王道指周王之道。
- 〈本经训〉："古者天子一畿，诸侯一同。各守其分，不得相侵。有不行王道者，暴虐万民，争地侵壤，乱政犯禁，召之不至，令之不行，禁之不止，诲之不变，乃举兵而伐之。戮其君、易其党、封其墓，类其社。"王道显然是指古先王之道，即三代或更早的先王之道。
- 〈主术训〉："春秋二百四十二年，亡国五十二，弑君三十六，采善鉏丑，以成王道。"王道似指周王之道，或指理想的君臣关系。
- 〈泛论训〉："王道缺而《诗》作；周室废、礼义坏而《春秋》作。"王道指周先王之道（当指文武周公之道）。
- 〈泛论训〉："文王处岐周之间也，地方不过百里，而立为天子者，有王道也。夏桀殷纣之盛也，人迹所至，舟车所通，莫不为郡县。然而身死人手，为天下笑者，有亡形也。故圣人见化以观其征，德有昌衰，风先萌焉。故得王道者，虽小必大；有亡形者，虽成必败。"文王未立而有王道，桀纣已立而无王道。可见王道指理想的治天下之道。
- 〈泰族训〉："孔子欲行王道，东西南北，七十说而无所偶。"王道当指周王之道，或理想的治天下之道。
- 〈要略〉："文王四世累善，修德行义，处岐周之间，地方不过百里，天下二垂归之。文王欲以卑弱制强暴，以为天下去残除贼，而成王道。"王道指文王道，指以德义治天下。

《春秋繁露》：王道多指理想的统治天下之道，其中包括君臣纲纪、诸侯礼制、人伦秩序、太平无患、礼乐兴盛等；然以《春秋》说王道，《春秋》所谓王指文王，则王道本指周文之道。术语："王道备""王道举""王道之本""王道之意""王道之体""反之王道""王道之三纲"等。

- 〈玉杯〉："《春秋》论十二世之事，人道浃而王道备。"王道指孔子《春秋》所阐明的治天下之道。
- 〈王道〉："《春秋》何贵乎元而言之？元者，始也，言本正也。道，王道也。王者，人之始也。王正则元气和顺，风雨时，景星见，黄龙下。王不正，则上变天，贼气并见。"王以"人之始"界定，取规范义。道即王之道。王道当指王之正道。若以王为文王，则王道当指周文王之道。
- 〈王道〉："孔子明得失，差贵贱，反王道之本，讥天王以致太平。""王道"体现在治政得失、秩有贵贱上，故含义主要指治道，亦指上下礼制。"反王道之本"当指反文武周公之道。
- 〈王道〉："诸侯来朝者得褒，邾娄仪父称字，滕、薛称侯，荆得人，介葛卢得名。内出言如，诸侯来曰朝，大夫来曰聘，王道之意也。"王道指诸侯礼制。《春秋》来朝主要是朝鲁。
- 〈王道〉："大夫盟于澶渊，刺大夫之专政也。诸侯会同，贤为主，贤贤也。《春秋》纪纤芥之失，反之王道。追古贵信，结言而已，不至用牲盟而后成约……"王道指人伦秩序，这里主要指诸侯秩序。
- 〈盟会要〉："盖圣人者，贵除天下之患。贵除天下之患，故《春秋》重而书天下之患偏矣。以为本于见天下之所以致患，其意欲以除天下之患，何谓哉？天下者无患，然后性可善。性可善，然后清廉之化流。清廉之化流，然后王道举、礼乐兴。"王道当指合道之统治方式。规范义。

- 〈俞序〉：
  ◇ "《春秋》之道，大得之则以王，小得之则以霸。"此处"王"指理想意义上的统治天下，其典范当在三代及以前。
  ◇ "孔子明得失，见成败，疾时世之不仁，失王道之体，故缘人情，赦小过。"王道即理想的统治之道。
- 〈离合根〉："为人臣者，比地贵信，而悉见其情于主，主亦得而财之。故王道威而不失。"王道指理想的君臣关系，以互信为主。
- 〈阳尊阴卑〉："天数右阳而不右阴，务德而不务刑。刑之不可任以成世也，犹阴不可任以成岁也。为政而任刑，谓之逆天，非王道也。"王道指理想的理政方式，指任德不任刑。
- 〈基义〉："仁义制度之数，尽取之天。天为君而覆露之，地为臣而持载之。阳为夫而生之，阴为妇而助之。春为父而生之，夏为子而养之，秋为死而棺之，冬为痛而丧之。王道之三纲，可求于天。"

《韩诗外传》：

- 卷5："《关雎》之事大矣哉！冯冯翊翊，自东自西，自南自北，无思不服。子其勉强之，思服之。天地之间，生民之属，王道之原，不外此矣。子夏喟然叹曰：'大哉！《关雎》乃天地之基也。'"王道当指天下秩序。

- 卷5："于时周室微，王道绝，诸侯力政，强劫弱，众暴寡，百姓靡安。莫之纪纲，礼仪废坏，人伦不理。于是孔子自东自西、自南自北，匍匐救之。"王道指理想的君臣关系、社会公正及人伦秩序。

- 卷5："王者之政，贤能不待次而举，不肖不待须臾而废，元恶不待教而诛，中庸不待政而化。"此处"中庸"指中间平庸之人。"王者"可指理想意义上的统治天下者，亦当暗示古先王。

- 卷5："天设其高，而日月成明。地设其厚，而山陵成名。上设其道，而百事得序。自周衰坏以来，王道废而不起，礼义绝而不继。"王道与"百事得序"对应，当指人伦秩序。

- 卷9："上无明王，下无贤士方伯，王道衰，政教失，强陵弱，众暴寡，百姓纵心，莫之纲纪，是人固以丘为欲当之者也。"王道即理想的统治之道，包括君臣之纪、公正之政等，可指周先王之道。

《孔丛子》：王道为周先王（太王）之道，亦指爱民之道。

- 〈居卫〉："申祥问曰：'殷人自契至汤而王，周人自弃至武王而王。同誉之后也，周人追王大王、王季、文王，而殷人独否，何也？'子思曰：'狄人攻大王，大王召耆老而问焉。曰：狄人何来？耆老曰：欲得菽粟财货。大王曰：与之。与之，至无。狄人不止。大王又问耆老曰：狄人何欲？耆老曰：欲土地。大王曰：与之。耆老曰：君不为社稷乎？大王曰：社稷所以为民也，不可以所为亡民也。耆老曰：君纵不为社稷，不为宗庙乎？大王曰：宗庙者，私也，不可以吾私害民。遂杖策而去，过梁山，止乎岐下。豳民之束修奔而从之者三千乘。一止而成三千乘之邑，此王道之端也。成王于是追而王之，王季其子也，承其业，广其基焉，虽同追王，不亦可乎？'"方按：此处"大王"为成王追认，理由是其爱民如子，不为己私。大王生前虽未称王，然既追认为王，故王道还是指古先王之道，同时其含义为爱民无私。但同时"殷人自契至汤而王，周人自弃至武王而王"则表明王本义即全天下最高统治者。

● 〈答问〉："封夏殷之后以为二代，绍虞帝之胤备为三恪。……凡所以立二代者，备王道、通三统也。"此以兴灭继绝为王道。

《白虎通》：以人伦秩序为王道。

● 〈礼乐〉："磬有贵贱焉，有亲疏焉，有长幼焉。朝廷之礼，贵不让贱，所以有尊卑也；乡党之礼，长不让幼，所以明有年也；宗庙之礼，亲不让疏，所以有亲也。此三者行，然后王道得；王道得，然后万物成，天下乐用磬也。"

《盐铁论》：王道或指周先王之道，亦可指高于富国强国的理想统治之道。

● 〈复古〉："《诗》云：'哀哉为犹，匪先民是程，匪大犹是经，维迩言是听。'此诗人刺不通于王道，而善为权利者。"此诗为《小雅·小旻》。从诗的内容看，王道似指周先王之道。
● 〈论儒〉："商君以王道说孝公，不用，即以强国之道，卒以就功。"此处王道与霸道相对，当指高于强国之道的理想统治之道。

- 〈相刺〉："孔子曰：'诗人疾之不能默，丘疾之不能伏。'是以东西南北，七十说而不用，然后退而修王道，作《春秋》垂之万载之后。"修王道当指总结王道，王道当指古先王之道，亦可指理想的统治天下之道。

- 〈诏圣〉："故奸萌而《甫刑》作，王道衰而《诗》刺彰，诸侯暴而《春秋》讥。"王道或指周先王之道。

- 〈杂论〉："中山刘子雍言王道，矫当世，复诸正，务在乎反本。"

《论衡》：王道不指古先王之道，指有实效，批评以符验、圣人为王道证据。

- 〈宣汉篇〉："夫王道定事以验，立实以效。效验不彰，实诚不见，时或实然，证验不具。是故王道立事以实，不必具验；圣主治世，期于平安，不须符瑞。"此处王道当不指先王之道。因本文批评儒者以五帝三王以圣人而致太平，汉世无圣人故无太平；夫子以河图洛书为治世之验，而今无验。作者主张今世无验、无圣人，然是否王道，不取决于此，取决于实效。

《新语》（陆贾）：王道为古先圣（伏羲）之道，亦指人伦秩序。

- 〈道基〉："于是先圣乃仰观天文，俯察地理，图画乾坤，以定人道。民始开悟，知有父子之亲，君臣之义，夫妇之道，长幼之序，于是百官立，王道乃生。"从上下文看，下面紧接着讲神农尝百草、教民食五谷，先圣似指伏羲。故王道为古先王之道，亦指人伦秩序。

《新书》(贾谊)：王道指王者应有的治天下之道。

- 〈过秦下〉："秦灭周祀，并海内，兼诸侯，南面称帝，以四海养，天下之士，斐然向风，若是者何也？曰：近古之无王者久矣。周室卑微，五霸既灭，令不行于天下，是以诸侯力政，强侵弱，众暴寡，兵革不休，士民罢弊。今秦南面而王天下，是上有天子也。即元元之民冀得安其性命，莫不虚心而仰上。当此之时专威定功，安危之本在于此矣。秦王怀贪鄙之心，行自奋之智，不信功臣，不亲士民，废王道而立私权，焚文书而酷刑法，先诈力而后仁义，以暴虐为天下始。"方按："废王道而立私爱"与"近古而无王者久矣"相对，王皆指理想的统治天下之人，王道指王者应有的统治天下之道。

《说苑》(刘向)：王道即先圣之道，即尧之道，亦可理解为理想帝王之道。

- 〈君道〉"成汤之后先王道缺"及〈敬慎〉"至殷王武丁之时先王道缺"，"先王道缺"虽不成"王道"术语，但道出"王道"本指先王之道或帝王之道这一含义。
- 〈君道〉："尧知九职之事，使九子者各受其事，皆胜其任，以成九功。尧遂成厥功，以王天下。是故知人者，王道也。知事者，臣道也。王道知人，臣道知事，毋乱旧法而天下治。"王道即古先王尧之道，亦是理想帝王之道。

- 〈政理〉:"《春秋》曰:四民均则王道兴而百姓宁。"王道指理想帝王之道,或曰帝王应行之道、帝王正确之道。

《法言》(扬雄)〈法言序〉:"降周迄孔,成于王道。"王道指孔子阐明之王天下之道,或指先圣之道。

《新论》(桓谭):论王道及王霸来源甚当!区分皇、帝、王、霸四者。

- 〈王霸篇〉:"三皇以道治,而五帝用德化。三王由仁义,五伯以权智。其说之曰:无制令刑罚谓之皇,有制令而无刑罚谓之帝。赏善诛恶,诸侯朝事谓之王;兴兵众约盟誓,以信义矫世谓之伯。王者往也,言其惠泽优游,天下归往也。……王道纯粹,其德如彼;伯道驳杂,其功如此。俱有天下,而君万民,垂统子孙,其实一也。"

《潜夫论》(王符):王道指周道。

- 〈救边〉:"《春秋》讥郑弃其师,况弃人乎?一人吁嗟,王道为亏,况百万之众号哭感天心乎?"王道当指实际统治方式。
- 〈边议〉:"一人吁嗟,王道为亏,况灭没之民百万乎?"
- 〈叙录〉:"朋友之际,义存六纪,摄以威仪,讲习王道。"

《风俗通义》:王道指汤之道;或针对霸道。

- 〈三王〉:"汤者,攘也,昌也,言其攘除不轨,改亳为商,成就王道。天下炽盛,文武皆以其所长。夫擅国之谓王，能制割之谓王，制杀生之威之谓王。王者，往也，为天下所归往也。"王道指理想的为王之道，或王所应行之道。

- 〈王伯〉："殷之衰也，大彭氏、豕韦氏复续其绪，所谓王道废而霸业兴者也。"王道似乎针对霸道。

《中说》：王道指礼乐之道，或化民成俗之道；据阮注，亦明确指三王之道；据〈叙篇〉，亦可指素王（即孔子）之道。总之，王有特指。

- 卷1〈王道篇〉："文中子曰：'甚矣！王道难行也。……盖先生之述，曰《时变论》六篇，其言化俗推移之理竭矣。'"王道显然指化俗之道。
- 卷1〈王道篇〉："二三子皆朝之预议者也，今言政而不及化，是天下无礼也；言声而不及雅，是天下无乐也；言文而不及理，是天下无文也；王道从何而兴乎？"王道指礼乐之道。参下〈天地篇〉："王道之驳久矣！礼乐可以不正乎"及〈事君篇〉："王道盛则礼乐从而兴焉"。
- 卷1〈王道篇〉："子曰：化至九变，王道其明乎？"阮逸注："变，变于道也。孔子曰三年有成，九成二十七年，仅必世之仁矣，故曰王道明。"王道当指理想的为王之道。
- 卷1〈王道篇〉："子曰：悠悠素餐者，天下皆是，王道从何而兴乎？"
- 卷2〈天地篇〉："子曰：王道之驳久矣！礼乐可以不正乎？大义之芜甚矣，《诗》《书》可以不续乎？"王道为礼乐之道。
- 卷3〈事君篇〉："子曰：王道盛则礼乐从而兴焉。"

- 卷3〈事君篇〉："《春秋》元经于王道，是轻重之权衡、曲直之绳墨也。失则无所取衷矣。"阮注："衷，中也，过则抑之，不及则劝之，皆约归中道。"王道为孔子所发明的为王之道。其内容当为理想的为王之道。

- 卷5〈问易篇〉："古之明王讵能无过，从谏而已矣。故忠臣之事君也，尽忠补过。君失于上，则臣补于下；臣谏于下，则君从于上。此王道所以不跌也。"方按：此处王道对"古之明王"言，王道似指古明王之道；不过称"王道所以不跌"，可见道还是规范意义上的，王道仍指理想的为王之道。

- 卷5〈问易篇〉："薛收曰：'帝制其出王道乎？'（阮注：问汉制出三王之道否乎）子曰：'不能出也。后之帝者，非昔之帝也（阮注：昔之帝者以道，若三王是也；后之帝者以名，若秦始兼帝而称是也），其杂百王之道，而取帝名乎？'"阮注明确将王道定义为三王之道，即三代圣王之道，且与后世百王之道相区别。

- 〈魏相篇〉："子曰：'先师以王道极是也，如有用我，则执此以往。'"阮注："先师，谓孔子也。定礼乐，时极周道而已。"此处王道为周王之道。

- 〈叙篇〉："文中子之教，继素王之道，故以〈王道篇〉为首。古先圣王俯仰二仪，必合其德，故次之以〈天地篇〉。"以素王（孔子）之道为王道。

《张子全书》：以爱民如子为王道。

- 卷13〈文集·答范巽之书第一〉："大都君相以父母天下为王道，不能推父母之心于百姓，谓之王道可乎？"

《二程集》：有王道指先王之道之明证。

- 〈遗书·二先生语二上〉："孟子论王道便实，徒善不足为政，徒法不能自行……"方按：《孟子·离娄上》原文："今有仁心仁闻而民不被其泽，不可法于后世者，不行先王之道也。故曰：徒善不足以为政，徒法不能以自行。《诗》云：'不愆不忘，率由旧章。'遵先王之法而过者，未之有也。"显然孟子所讲为先王之道，故程子明白地以王道指先王之道。

- 〈遗书·二先生语六〉："《中庸》首先言本人之情性，次言学，次便言三王酌损以成王道。"此亦以王道为三王道之明证。

- 〈遗书·二先生语十〉："正叔言：人志于王道，是天下之公议。"

- 〈遗书·明道语四〉："'盖曰文王之所以为文也纯亦不已'，此乃天德也。有天德便可语王道，其要只在慎独。"此语对后人影响甚大，《明儒学案》中常有人引此语解王道，即将王道引向慎独。亦以王道为文王之道，然以慎独为明白王道功夫。

- 〈遗书·伊川语八上〉："圣人以王道作经，故书王。"王道即《春秋》所示王之道。

- 〈外书·朱公掞录拾遗〉："《无衣》，若以王道出军行师。"

- 〈外书·游氏本拾遗〉："《春秋》之法，以尊周为本。至孟子时，七国争雄，而天下不知有周。然而生民涂炭，诸侯是时能行王道，则可以王矣。盖王者，天下之义主也。"此言解释孟子"可以王"。王道即指如何成为天下之义主。

- 〈外书·时氏本拾遗〉："王道与儒道同，皆通贯天地，学纯则纯王纯儒也。"

- 〈明道文集·论王霸札子〉："臣伏谓：得天理之正，极人伦之至者，尧舜之道也。用其私心，依仁义之偏者，霸者之事也。王道如砥，本乎人情，出乎礼义，若履大路而行，无复回曲。霸者崎岖反侧于曲径之中，而卒不可与入尧舜之道。故诚心而王则王矣，假之而霸则霸矣。二者其道不同……苟以霸者之心，而求王道之成，是衒石以为玉也。"此段明以王道为尧舜之道也！亦以王道与霸道对举。

- 〈明道文集·南庙试策五道〉："虞夏商周之盛王，由是道也。人伦以正，风俗以厚，鳏寡孤独无不得其养焉。后世礼废法坏，教化不明，播弃其老，饥寒转死者往往而是。呜呼！率是而行，而欲王道之成，犹却行而求及前，抑有甚焉尔。"以虞夏商周之道说王道。

- 〈明道文集·南庙试策五道〉："《春秋》何为而作哉？其王道之不行乎？"王道即先王道。

- 〈伊川文集·为太中上皇帝应诏书〉："昔在商王，中宗之时有桑谷之祥，高宗之时有雊雉之异。二王以为惧，而修政行德，遂致王道复兴。"王道针对商王，指修德行政。

- 〈伊川文集·上仁宗皇帝书〉："窃惟王道之本，仁也。"以仁为王道之本。

- 〈伊川文集·上仁宗皇帝书〉："王道之不行，二千年矣。"此语明白以王道指二帝三王之道。

- 〈伊川文集·上仁宗皇帝书〉："伏望陛下出于圣断，勿徇众言，以王道为心，以生民为念。"

- 〈周易程传·上经〉："〈象〉曰：师，众也。贞，正也。能以众正，可以王矣。［注］能使众人皆正，可以王天下

矣。得众心服从，而归正王道，止于是也。"以众心归正
为王道。［注］为引者加。

- 〈伊川经说·诗解·汝坟〉："关雎之化行，则天下之家齐
  俗厚，妇人皆由礼义，王道成矣。"王道指礼义成、风俗
  美，亦指文王之道。

- 〈伊川经说·诗解〉："谓若以王道兴兵，则百姓皆修其戈
  矛，与之同仇矣。"王道指兴兵以义。

- 〈伊川经说·春秋〉：
  ◇ "平王东迁在位五十一年，卒不能复兴先王之业，王
    道绝矣。"
  ◇ "平王之时，王道绝矣。春秋假周以正王法"。
  ◇ "王者奉若天道，故称天王，其命曰天命，其讨曰天
    讨。尽此道者，王道也。后世以智力把持天下者，
    霸道也。春秋因王命以正王法，称天王以奉天命。"
    （以上隐元年）
  ◇ "王道存则人理立。"（隐三年）
  ◇ "诸侯不可敌王也……夷狄不能抗王也。此理也。
    其敌其抗，王道之失也。"（桓五年）王道指君臣
    之纲。

王道指先王之道，亦从规范意义上解王道，则王道亦指正确或理
想的为王之道。

《近思录》：尧舜之道即王道，王道内涵即得天理、极人伦。

- 卷8〈治体〉："明道先生尝言于神宗曰：得天理之正，
  极人伦之至者，尧舜之道也。用其私心，依仁义之偏者，
  霸者之事也。王道如砥，本乎人情，出乎礼义。若履大
  路而行，无复回曲。霸者崎岖反侧于曲径之中，而卒不

可与入尧舜之道。故诚心而王，则王矣；假之而霸，则霸矣。二者其道不同，在审其初而已。"此段甚精彩，准确表述出程颢对于王道之理解及其与霸道之区别。

《朱子语类》：多王霸之论，区分帝道、王道，而以公无私心为王道内涵，以割股事母譬喻王道，则一切合天理行为皆为王道矣！王道变成纯个人道德行为，无关乎位。术语有如"王道修明"等。

- 卷3〈鬼神〉："问：'道理有正则有邪，有是则有非。鬼神之事亦然。世间有不正之鬼神，谓其无此理则不可。'曰：'老子谓以道莅天下者，其鬼不神。若是王道修明，则此等不正之气都消铄了。'"

- 卷25〈论语·八佾篇〉："古人论王伯，以为王者兼有天下，伯者能率诸侯。此以位论，固是如此。然使其正天下、正诸侯皆出于至公，而无一毫之私心，则虽在下位，何害其为王道？惟其'搂诸侯以伐诸侯'，假仁义以为之，欲其功尽归于己，故四方贡赋皆归于其国，天下但知有伯而不复知有天子。此其所以为功利之心，而非出于至公也。在学者身上论之：凡日用常行、应事接物之际，才有一毫利心，便非王道，便是伯者之习。"此段论王霸，以为虽无王者之位，而无一毫私心，即是王道。此宋人对王道之新解。非王道本义也。

- 卷36〈论语·子罕篇上〉："又问：'有天德便可语王道。'曰：'有天德，则便是天理，便做得王道；无天德，则做王道不成。'又曰：'无天德，则是私意，是计较。后人多无天德，所以做王道不成。'"天德与王道相关。来源于程子。

- 卷51〈孟子·梁惠王下〉："孟子识之，故七篇之中，所以告列国之君，莫非勉之以王道。"认为孟子所以劝诸侯者，皆是行王道。

- 卷58〈孟子·万章下〉："商鞅初说孝公以帝道，次以王道，而后及霸道。"帝道、王道与霸道构成对比次序。

- 卷59〈孟子·告子上〉："如割股以救母，固不是王道之中；然人人都道是好，人人皆知爱其亲，这岂不是理义之心人皆有之。"割股救母固不是王道之中。

- 卷83〈春秋·经〉："今之治《春秋》者……不论王道之得失，而言伯业之盛衰，失其旨远矣。"《春秋》以王道为根本。

《王文成全书》：有以王道为三王或周王之道之明证。

- 卷2〈传习录中·答顾东桥书〉："三代之衰，王道熄而霸术昌。"（"来书云杨墨之为仁义"章）王道指三王之道，王道与霸道对举。

- 卷7〈文录四·象山文集序〉："盖王道息而伯术行。"此讲《孟子》时所发，王道指周王之道也。

- 卷8〈文录五·书林司训卷〉："昔王道之大行也，分田制禄，四民皆有定制。壮者修其孝弟忠信，老者衣帛食肉，不负戴于道路，死徙无出乡，出入相友，疾病相扶持。乌有耄耋之年，而犹走衣食于道路者乎？周衰而王迹熄，民始有无恒产者……"王道明确指周王或三王之道！

- 卷24〈外集六·竹江刘氏族谱跋〉："王道不明，人伪滋而风俗坏，上下相罔以诈，人无实行，家无信谱，天下无信史。三代以降，吾观其史，若江河之波涛焉，聊以知其起伏之概而已。"王道当指三代圣王之道。

- 卷25〈外集七·节庵方公墓表〉："盖昔舜叙九官，首稷而次契，垂工益虞，先于夔龙。商周之代，伊尹耕于莘野，傅说板筑于岩，胶鬲举于鱼盐，吕望钓于磻渭，百里奚处于市，孔子为乘田委吏。其诸仪封、晨门、荷蒉、斫轮之徒，皆古之仁圣英贤、高洁不群之士。书传所称可考而信也。自王道熄而学术乖。"此以舜及三代圣王之道为王道之明证也！

《宋元学案》：以王道为三王之道明证。王道之内涵有：仁义礼乐，出于诚，不近小功利，为后世王者修，爱民如子，君子小人辨。

- 卷1〈苏氏蜀学略·孙觉〉："愿观《诗》《书》之所任使，无速于小功近利，则王道可成矣。"
- 卷2〈泰山学案·孙复睢阳子集〉："仁义礼乐，治世之本也，王道所由兴。"
- 卷11〈濂溪学案上·周敦颐通书〉："《春秋》，正王道、明大法也，孔子为后世王者而修也。乱臣贼子，诛死者于前，所以惧生者于后也。宜乎万世无穷，王祀夫子，报德报功之无尽焉。"以孔子为王，而王道为理想意义上为王之道乎？
- 卷18〈横渠学案下·张载文集〉："大都君相以父母天下为王道。不能推父母之心于百姓，谓之王道可乎？"
- 卷18〈横渠学案下·张载附录〉："《西铭》立心，可以语王道。"（此薛文清语）
- 卷53〈止斋学案·陈傅良文集〉："王道至于周，备矣。"
- 卷54〈水心学案上·叶适习学记言〉："使其为藏史之老聃，则执异学以乱王道，罪不胜诛矣。使其非聃而处士山人乘王道衰阙之际，妄作而不可述。"方按："使其"

之"其"指《老子》实际作者。此以王道为二帝三代圣王之道之明证。

- 卷60〈说斋学案·唐仲友文集〉:"孟子书七篇,荀卿书二十二篇,观其立言指事,根极理要,专以明王道、黜霸功、辟异端、息邪说。……卿之言曰:'诚者,君子之所守,而政事之本也。'卿岂不知王道之出于诚哉?"出自《荀卿论》,谓荀卿知王道出于诚。

- 卷69〈沧洲诸儒学案上·刘刚中师友问答〉:"《大学》一书包孕圣功、王道。"

- 卷79〈丘刘诸儒学案·游似〉:"或谓霸图速而王道迟。不知一日归仁,期月已可,王道曷尝不速!"王道与霸道对举。

- 卷92〈草庐学案·黄泽〉:"由羲、农以来,下及春秋之末,帝德王道皆若身在其间,而目击其事者。"以王道为三王之道明证。

- 卷99〈苏氏蜀学略·吕陶〉:"君子小人之分辨,则王道可成,杂处于朝,则政体不纯。"

《明儒学案》:有以王道为三王之道明证。大量以内圣功夫为王道,王道内涵指心纯、心上功夫、慎独、诚敬等,王道落于心。"天德王道"并用,明人喜以天德说王道(始于程子以文王之德说王道),即是以内圣同于外王,而人人可以有王道,无王位亦可有王道。侧重录以内圣等于王道之文。

- 〈师说·方正学孝孺〉:"神圣既远,祸乱相寻。学士大夫有以生民为虑、王道为心者绝少。宋没,益不可问。先生禀绝世之资,慨焉以斯文自任。会文明启运,千载一时,深维上天所以生我之意,与古圣贤之所讲求,直欲排洪荒而开二帝，去杂霸而见三王。"此以王道为三王之道明证。"直欲排洪荒而开二帝，去杂霸而见三王"，以二帝与三王对举，与前面王道相呼应，可见王道指三王之道。

- 卷10〈姚江学案一·王守仁传习录〉："我说个心即理，要使知心理是一个，便来心上做工夫，不去袭取于义，便是王道之真。"来心上做功夫，便是王道。

- 卷11〈浙中学案一·徐爱文集〉："学者大患在于好名今之称。……去之尽而纯故谓之天德，推之纯而达，故谓之王道。"以心纯为王道。

- 卷12〈浙中学案二·王畿语录〉："虽行一不义、杀一不辜而得天下不为，如此方是毋自欺，方谓之王道。"

- 卷16〈江右学案一·邹守益论学书〉："收视是谁收，敛听是谁听，即是戒惧工课，天德王道只是此一脉。所谓去耳目支离之用，全圆融不测之神。"（与双江）以戒惧工课为王道。（此说来自程子。程子曰："有天德便可语王道，其要只在谨独中。"此书多提及此。）

- 卷19〈江右学案四·刘阳洛村语录〉："动出于至诚恻怛为王道。"

- 卷30〈粤闽相传学案·薛侃〉："王道即是天德，即是眼前学问，廓然大公、物来顺应，一言尽矣。自其廓然名曰天德，自其顺应名曰王道。非有甚高难行之事。"以王道与天德相应。

- 卷37〈甘泉学案一·湛若水语录〉："盘问何谓天德？何谓王道？……先生曰：体认天理与谨独，其功夫俱同。独者，独知之理。若以为独知之地，则或有时而非中正矣。故独者，天理也。此理惟己自知之，不但暗室屋漏，日用酬应皆然。慎者，所以体认乎此而已。若如是有得，便是天德，便即有王道，体用一原也。"以天德为体，以王道为用。以独为独知之理，非限于暗室屋漏。

- 卷38〈甘泉学案二·吕怀论学语〉："天德不可强见，须涵泳从容，不着一物。优而游之，厌而饫之，恍然而悟，悠然而得，方是实见。此则所谓莫见莫显，人所不知而己独知之者。只此意流行不塞，便是王道。"此人人可以入王道之意（与杨朋石）。

- 卷39〈甘泉学案三·洪垣论学书〉："学者晓然知天德王道真从此心神化相生相感，不复落于事功形迹之末。"（答徐存斋阁老）

- 卷43〈诸儒学案上·方孝孺杂诫〉："儒者之学，其至圣人也，其用王道也。周公没而其用不行，世主视儒也，艺之而已矣。呜呼！孰谓文武周公而不若商君乎？"

- 卷46〈诸儒学案上·罗侨潜心语录〉："精神专一，莫非天理流行，即敬也。……纯粹真实，莫非天理周匝，即诚也，积中布外，是之谓王道。"以诚敬为王道。

- 卷53〈诸儒学案下一·舒芬太极绎义〉："濂溪建图，发主静之说；而考亭于图解，亦便以阴阳动静分体用。盖亦本乎主静之说，欲人求之未发之中，以立太极之体耳。试以吾儒体用论之：正心诚意，所以立极；治国平天下，所以致用。王道之大一，天德之纯也。"以未发之中及正心诚意功夫等为王道。

- 卷53〈诸儒学案下一·来知德〉："一部《大学》绾结于此二字［即明德］。不言道而言德者，有诸己而后求诸人也。此正五帝三皇以德服人之王道耳。"以五帝与三王对举，合称王道。

- 卷60〈东林学案三·刘永澄绪言〉："三代而上，黑白自分，是非自明，故曰'王道荡荡''王道平平'。"此以三代为王道之明证也！

【集部】

《文选》：王道兴隆，王道一平，王道奄昏，王道之纲，王道之正，王道陵迟，折之以王道，伤乎王道。

● 卷11〈登楼赋〉（王仲宣撰）："冀王道之一平兮。"注引《尚书·洪范》"王道正直"及孔伪"王道平直"解之。王道指当今圣上之道或理想王道。

● 卷26〈和谢监灵运〉（颜延年撰）："王道奄昏霾。"李善注曰："王道久已昏暗，谓少帝之日。"

● 卷34〈七启八首〉（曹子建撰）："王道遐均。"周翰注曰："王道，三王之道也。遐，远；均，齐也。"方按：此极重要。时人以王道为古先王之道之明证。

● 卷44〈为袁绍檄豫州〉（陈孔璋撰）："于是绛侯朱虚兴兵奋怒，诛夷逆暴，尊立太宗，故能王道兴隆，光明显融。"尊立太宗指迎立代王，后孝文皇帝（汉文帝）。

● 卷50〈后汉书二十八将传论〉（范蔚宗撰）："若乃王道既衰，降及霸德，犹能授受惟庸，勋贤皆序，如管隰之迭升桓世，先赵之同列文朝，可谓兼通矣。"铣曰："王道，谓周道也。"方按：此极重要。时人以王道为古先王之道之明证。

《陆贽集》：王道浸微。

● 卷4〈议减盐价诏〉："三代立制，山泽不禁，天地材利，与人共之。王道浸微，强霸争骛。"王道显然指三代之道。

《柳宗元集》卷5〈道州文宣王庙碑〉：王道式讹。

《范文正公集》：王道出现于奏章中，以之为皇上行为之目标。可理解为二帝三王之道（尧舜为二帝，三代开国天子为三王）。汉以来古代皇帝皆欲行三王之道也。术语：王道自此始，王道开大，王道亨，成王道，王道复行，王道之兴，王道何从而兴，王道如砥，王道可行，助成王道，辅成王道，王道缺漓，王道不兴，王道勃兴，祖述王道。

- 卷7〈奏上时务书〉：
  - ◇ "人主纳远大之谋久而成王道。"
  - ◇ "伏望圣慈纳人之谋、用人之议，不以远大为迂说，不以浅末为急务，则王道大成，天下幸甚。"
  - ◇ "偶动宸衷，无益王道。"此下恳请皇上不要太信密奏，因之而施行。
- 卷8〈上执政书〉（天圣五年）："今王刑既清，王道可行。"（此同一篇〈书〉中王道出现6次）
- 卷9〈上时相议制举书〉："观虞夏之纯，则可见王道之正。"
- 卷11〈宋故乾州刺史张公神道碑〉："舜，天下知其德也，惟历试诸难。禹，天下知其功也，惟尽力沟洫。圣人率天下以勤，故能成其务。逮夫王道缺漓，坐饰话言，六代之风亡实而落，君子弗观也。"以段明显以舜、禹之道为王道。
- 卷14〈太府少卿知处州事孙公墓表〉："当东周之微，不能用贤以复张文武之功，故四方英才皆见屈于诸侯，霸者之为而王道不兴。"王道与霸道对举。
- 〈别集卷二·六官赋〉："分职无旷，王道行矣。"此处亦能说明王道指周道。

- 〈别集卷四·赋林衡鉴序〉："或祖述王道，或褒赞国风。"这里指唐代以来文律，从下文讲国风看，王道似指周王之道。

《欧阳修文集》：多在讲三王或周朝时使用王道，王道多从本义出发，即古先王之道。另有论《春秋》与王道关系 5 例。

- 卷 17〈本论上〉："及周之衰，秦并天下尽去三代之法，而王道中绝。"王道与三代之法对应，王道当指三王之道。

- 卷 17〈本论下〉："三代既衰……王道不明而仁义废，则夷狄之患至矣。及孔子作《春秋》，尊中国而贱夷狄，然后王道复明。"亦以王道对应于三代圣王之道，孔子只是使之"复明"。

- 卷 18〈易或问三首〉："自孔子殁，周益衰，王道丧而学废。"王道指周王之道。

- 卷 18〈春秋论下〉："孔子忠恕，《春秋》以王道治人之法也。"

- 卷 27〈孙明复先生墓志铭〉："先生治《春秋》……于诸侯大夫功罪，以考时之盛衰而推见王道之治乱，得于经之本义为多。"

- 卷 42〈送张唐民归青州序〉："予读《周礼》至于教民兴学、选贤命士之法，未尝不辍而叹息。以谓三代之际，士岂皆素贤哉！当其王道备，而习俗成，仁义礼乐达于学，孝慈友悌达于家，居有教养之渐，进有爵福之劝。"王道指三代圣王之道，其内涵包括兴学选贤等。

- 卷 43〈帝王世次图序〉："接乎战国，秦遂焚书，先王之道中绝。汉兴久之，诗书稍出而不完。当王道中绝之际，奇书异说方充斥而盛行……"后面"王道"二字与前面"先王之道"响应，王道明显是指先王之道。

- 卷 48〈问进士策四首〉："《春秋》明是非而正王道，六鹬鹳鸽于人事而何干。"

- 卷 59〈本论〉："尧舜之书略矣，后世之治天下，未尝不取法于三代者，以其推本末而知所先后也。三王之为治也，以理数均天下，以爵地等邦国，以井田域民，以职事任官，天下有定数，邦国有定制，民有定业，官有定职。使下之共上，勤而不困；上之治下，简而不劳。财足于用，而可以备天灾也；兵足以御患，而不至于为患也。凡此具矣，然后饰礼乐，兴仁义，以教道之。是以其政易行，其民易使，风俗淳厚而王道成矣。"原校注："此乃公晚年所删上篇。"此亦明确地以王道为三王之道。其义同治道，其内容以设官任职为主，以礼乐、道德、风俗为辅。

- 卷 60〈经旨定风雅颂解〉："风生于文王，而雅颂杂于武王之间。风之变自夷懿始，雅之变自厉幽始。霸者兴，变风息焉；王道废，诗不作焉。"王道即周文武之道。

- 卷 75〈南省试策五道〉："今国家监太清以为治，求王道之大端。"

- 卷 75〈南省试策五道〉："帝尧之德非不圣也，必乘九功而兴；虞舜之明非不智也，必开四聪之听；大禹之勤求贤士，乃至乎王；汉家之并建豪英，以翼乎治。诚以一人之圣，据群元之尊。王道之浸微浸昌，生民之或仁或鄙，理有未烛，思求其端……"从尧舜禹至汉家以讲王道。王道当指古圣王之道。

- 卷 79〈和州防御判官夏侯溥〉："古者王道之隆也，使夫种树畜养，皆不失其时，然后衣帛食肉，而老者得以安之。"此据孟子论王道之语。

- 卷124〈崇文总目叙释〉："孔子生其（一作于）末世，欲推明王道以扶（一作救）周。"
- 卷124〈崇文总目叙释〉："孟子聘列国，陈王道。"
- 卷131〈圣节五方老人祝寿文〉："圣人出，泰阶正而王道平。"

《东坡全集》：王道为三王之道明证。以孝悌、人伦、人民相亲爱为王道内涵。

- 卷43〈孟轲论〉："孝悌足而王道备。""不观于诗，无以见王道之易。"
- 卷43〈乐毅论〉："自知其可以王而王者，三王也。自知其不可以王而霸者，五霸也。或者之论曰：图王不成，其弊犹可以霸。呜呼！使齐桓晋文而行汤武之事，将求亡之不暇，虽欲霸可得乎？夫王道者不可以小用也，大用则王，小用则亡。"以王道为三王之道明证。
- 卷47〈策别八〉："民相与亲睦者，王道之始也。昔三代之制，画为井田，使其比闾族党，各相亲爱。"王道为三王之道，以相亲爱为内涵。
- 卷63〈乞改居丧婚娶条状〉："臣伏以人子居父母丧，不得嫁娶，人伦之正，王道之本也。"
- 卷72〈应制举上两制书〉："仕者莫不谈王道，述礼乐，皆欲复三代，追尧舜。"以王道为二帝三王之道。
- 卷115〈集英殿春宴教坊词〉："臣闻人和则气和，故王道得而四时正。"

《元丰类稿》卷10〈洪范传〉："孟子曰：'徒善不足以为政，徒法不能以自行。'其所谓善，觉之者也。其所谓法，导之者也。其所谓政，率之者也。其相须以成，未有去其一而可以言王道之备者也。先王之养民，而迪之以教化，如此其详且尽矣。""王道"句后，紧接"先王之养民"，可见其王道为先王之道。

《朱子文集》：有三条铁证说明王道指先王之道。其中《李公常语》（上、下）王道共 28 见，可视为朱子论王道最集中之作。

- 卷 39〈答范伯崇〉："天理、人欲，王道、霸术之所以分。"

- 卷 47〈答吕子约〉："王道正理，未尝一日而可无者。"

- 卷 48〈答吕子约〉："圣人之心纯亦不已，此乃天德，有天德便可语王道。"纯亦不已引自《诗经》，《中庸》及之，指文王，故王道指文王之道，内容回到纯一之心。

- 卷 53〈答沈叔晦〉："问废经而治史，略王道而尊霸术。"以王道与霸术对。

- 卷 62〈答林退思〉："若知从事于其本，而以道之全体为准的，则学足以知性命之正，必通乎死生之说，而异端不能惑矣；才足以成天下之务，则坦然见王道之易行，不至于不以尧之所以治民者治民矣。"王道语后紧接"尧之治民"，亦是以尧之道为王道。

- 卷 73〈李公常语上〉："不知王道之大，而易怵于功利之浅尔。"（〈李公常语〉为朱子评论李觏《常语》所写评论。《宋元学案》收录《常语》，同时附余隐之、朱子等人评论。）

- 卷 73〈李公常语下〉："愚谓王道即尧舜禹汤文武周公孔孟相传之道。"此语道破王道来源。细考古人用法，当有所分辨。《李公常语下》王道共 27 见。

- 卷 73〈李公常语下〉："谓之王道者，即仁义也；君行王道者，以仁义而安天下也。君行霸道者，以诈力而服天下也。"以王道与霸道对。

- 卷73〈李公常语下〉："无六经则不可，而孟子尤不可无。无天子则不可，而王道尤不可无。尝试言之：《易》《诗》《书》《礼》《乐》《春秋》之六经，所以载帝王之道，为致治之成法，固不可无也。孟子则辟杨墨，距诐行放淫辞，使邪说者不得作，然后异端以息，正道以明，尧、舜、禹、汤、文、武、周、孔之业不坠，此孟子所以为尤不可无也。《经》曰：'天子作民父母，以为天下王。'史曰：'天子建中和之极。'其可无之乎？夫所谓王道者，天子之所行六经之所载，孟子之所说者是也，孰谓其可无哉？无王道，则三纲沦，九法斁，人伦废，而天理灭矣。……愚又谓：有孟子而后六经之用明，有王道而后天子之位定。有六经而无孟子，则杨墨之仁义所以流也；有天子而无王道，则桀纣之残贼所以祸也。故尝譬之：六经如千斛之舟，而孟子如运舟之人；天子犹长民之吏，而王道犹吏师之法。今曰六经可以无孟子，天子可以无王道，则是舟无人、吏无法，将焉用之矣。"此段系统论述六经、孟子与王道之关系，尤重孟子阐明王道作用，对王道的内涵亦言之甚明。其中以六经比之舟，孟子比之运舟者；天子比之吏，王道比之吏师，甚有意思。

- 卷73〈郑公艺圃折衷〉："周衰之末，战国纵横，用兵争强，以相侵夺。当时处士，务先权谋以为上贤。先王大道陵迟堕废，异端并起。若杨朱墨翟，放荡之言以干时，惑众者非一。此赵岐之说也。天下岂复有王道哉！"亦王道为"先王大道"之明证。

- 卷87〈祭延平李先生文〉："乾端坤倪，鬼秘神彰，风霆之变，日月之光，爰暨山川草木昆虫人伦之正，王道之中一以贯之，其外无余。"

- 卷98〈伊川先生年谱〉："劝仁宗以王道为心，生灵为念。"

《象山全集》卷4〈与周廉夫〉："商君说孝公以帝道王道，与今人言礼义相似，其实是讲贯得一项必不可行之说耳。帝道王道之实，其果如是乎？要看其实，王道则孟子告齐宣梁惠者是矣。"帝道与王道并列。孟子"养生丧死无憾说"为王道内容，则治道矣。

《真德秀文集》：多以王道与霸道对举。

- 卷24〈明道先生书堂记〉："先生论学必以达天德为本，论治必以行王道为宗，有天德而后可语王道。"
- 卷29〈孟子要略序〉："推之于政事则纯乎王道，而不杂以霸功。"
- 卷29〈大学衍义序〉："明道术之目有四：曰天性人心之善，曰天理人伦之正，曰吾道异端之分，曰王道霸术之异。"
- 卷36〈跋虞复之春秋大义〉："又将为《王纲霸统》一书，明王道所缘废，与霸权所自起。"
- 卷47〈显谟阁学士致仕赠龙图阁学士开府袁公行状〉："天大、地大、道大、王亦大，惟其至公，所以为大。论赏罚适中：上曰柔而不中，则为姑息；刚而不中则为霸道，刚柔皆得其中则为王道。"（为皇上言）

《水心文集》：以三代为王道。

- 卷3〈法度总论一〉："唐虞三代必能不害其为封建而后王道行。"此以三代说王道。

- 卷11〈湖州胜赏楼记〉："国风废，王道息。"王道为周王之道。

- 卷26〈故赠右谏议大夫龚公谥节肃议〉："时之盛衰，视其官治之废兴，由其身志清，王道夺回正路，可谓壮哉。"

- 卷29〈进故事〉："臣闻鲁为因旧之国，定公非开治之君，然其所问犹欲求邦之所以废兴，且以一言为断，志如此其切，词如此其急者，盖当是时王道虽衰而未息……"以王道为周王之道。

- 卷29〈吕子阳老子支离说〉："周衰，诸子各骋私见为书，隳裂王道，而恣于曲学。"以王道为周王之道。

- 卷29〈温州州学会拜〉："嗟夫！王道之始，视此何远！虽进于乡射饮酒可也。道艺可合也，风俗可同也，在终成之尔。"本文射、乡饮酒礼，呼应"吾观于乡，而知王道之易易也"，原指三代圣王之时风俗礼乐之美。故王道指古圣王之道。

《逊志斋集》

- 卷1〈杂诫〉："儒者之学，其至圣人也，其用王道也，周公没而其用不行。"此以王道为周公之道。

- 卷4〈读司马法〉："以德不以力，王道之盛也……正名而不尚诡，王道之要也。"

- 卷5〈乐毅〉："乐毅不拔二，城夏侯太初以为庶几乎汤武，苏子瞻以为行王道之过。余曰：鄙哉二子之言也！天下岂有行王道而不兴者乎！"下文比较乐毅与汤武，认为汤武所以行王道，在于其救天下之心，而乐毅徒以报仇图利，"谓毅为行王道可乎，汤武以义，而毅以利"，毅不足为王道。故以汤武为王道。

- 卷5〈庞统〉："孔明之学庶乎王道，而统之言皆矫诈功利之习。"
- 卷5〈梁武帝〉："使梁武稍明王道，知前之所为不足以顺天服人，则勉为仁义，正家而正天下，子弟辑睦，小民亲附，则可为善国矣。"王道指为仁义，以身正率天下。
- 卷6〈明辨〉："彼固霸者之余术耳，乌足语夫王道。"
- 卷9〈与朱伯清长史〉："其学本出于申韩，故袭取刘璋，教后主以刑名，不无谬于王道。"讨论孔明。
- 卷21〈溪渔子传〉："唐人陆贽粗有识，然不足庶几王道。"
- 卷24〈蜀道易有序〉："大圣建皇极，王道坦坦如弦直。……王道有通塞，蜀道无古今。"此作者赞美当时圣主（当指建文帝），序中称"伏惟今天子以大圣御极殿下，以睿哲之资为蜀神民主"。前一王道当指当今圣主之道，"王道有通塞"中王道可指古圣王之道。

《姜斋诗文集》〈诗话卷二·夕堂永日绪论外编〉："如止至善章，学修、恂栗、威仪，内外交尽，德乃盛，善乃至，仁敬孝慈、亲贤乐利，天德、王道之全，岂一敬字遽足以该括之？"对王道内容的概括。

《南雷集》（黄宗羲）：以王道为圣人之治道。

- 〈子刘子行状〉："此圣人以道治天下之明效也。然有天德而后可以语王道，其要在于慎独，故圣人之道非事事而求之也。"方按：此刘宗周上崇祯皇帝书，前有"必法尧舜之恭己无为，以简要出政令；法尧舜之舍己从人，以宽大养人才；法尧舜之从欲而治，以忠厚培国脉；并法

三王之发政施仁，亟议拊循，以收天下泮涣之人心"句，
故王道即圣人治天下之道也，实指尧舜与三王之道。

《定盦文集》卷下〈五经大义终始论〉："三代之王也，必先其令
闻；夫名士去国而王名微，王名微而王道薄。"以王道为三王之道也。

《曾国藩集》〈文集·讨粤匪檄〉："自古生有功德，没则为神。王
道治明，神道治幽。"

《抱经堂文集》卷23〈策问〉："问：《大学》一书，备天德、王
道之要，尽纲领节目之详，自程朱表章而后，西山真氏为《衍义》一
书，论议正大，条理秩如。"

【史部】

不见于《国语》。

《战国策·刘向序》："孔子虽论诗书、定礼乐，王道粲然分明，
以匹夫无势，化之者七十二人而已，皆天下之俊也。时君莫尚之，是
以王道遂用不兴。"此语以孔子所定者为王道，王道即诗书礼乐之道。
孔子所定理想为王之道，存于诗书礼乐。

《史记》：王道比较明确地指三王之道（〈太史公自序〉"上大夫壶
遂曰"），或周文之道，或六艺之道，与霸道对举。

- 卷3〈殷本纪〉："伊尹……负鼎俎，以滋味说汤，致于
  王道。"王道或指（汤以前）之古先王之道，或指汤王之
  道，或指理想的为王之道。

- 卷4〈周本纪〉："昭王之时，王道微缺……穆王即位，
  春秋已五十矣，王道衰微，穆王闵文武之道缺……"王
  道显然不指昭王、穆王所行之道，而当指周先王（文武
  周公）之道。

- 卷14〈十二诸侯年表〉："孔子明王道，干七十余君莫能
  用，故西观周室，论史记旧闻，兴于鲁而次《春秋》，上

记隐下至哀之获麟，约其辞文，去其烦重，以制义法，王道备，人事浃。"孔子明王道、《春秋》王道备，若以孔子"吾从周"视之，其中王道当指周先王（文武周公）之道，或指孔子所阐明的理想的为王之道。

● 卷41〈越王勾践世家〉："图王不王其敝可以伯，然而不伯者，王道失也。"此为齐使者与越王对话，以王道与霸道对举，王道当指理想的为王之道。

● 卷43〈赵世家〉："牛畜侍烈侯以仁义，约以王道，烈侯攸然。"

● 卷47〈孔子世家〉："三百五篇孔子皆弦歌之，以求合《韶》《武》《雅》《颂》之音，礼乐自此可得而述，以备王道，成六艺。"

● 卷68〈商君列传〉："鞅曰：'吾说公以王道而未入也，请复见鞅。'鞅复见孝公，孝公善之而未用也，罢而去。孝公谓景监曰：'汝客善，可与语矣。'鞅曰：'吾说公以霸道，其意欲用之矣。'"以王道与霸道对举，此处王道义不明，可指古先王之道，霸道可指五霸之道。

● 卷87〈李斯列传〉："若此然后可谓能明申、韩之术，而修商君之法。法修术明而天下乱者，未之闻也。故曰'王道约而易操'也。唯明主为能行之。"此李斯上秦二世书。此处王道指申、韩之术，似非古先王之道。

● 卷117〈司马相如列传〉："挈三神之欢，缺王道之仪。"王道当指理想意义上的为王之道。

● 卷128〈龟策列传〉："传曰：天下和平，王道得而蓍茎长丈。"

● 卷130〈太史公自序〉

　◇ "幽厉之后，王道缺，礼乐衰。"

　◇ "《春秋》上明三王之道，下辨人事之纪，别嫌疑，

明是非，定犹豫，善善恶恶，贤贤贱不肖，存亡国，
继绝世，补敝起废，王道之大者也。"此典型地以王
道为三王之道。

✧ "维三代之礼，所损益各殊务，然要以近情性、通
王道，故礼因人质为之节文。"似亦以王道为三王
之道。

✧ "周室既衰，诸侯恣行。仲尼悼礼废乐崩，追修经
术，以达王道。"王道指周王之道，亦指六艺之道。

《汉书》：特指古先王（如五帝三王）或周圣王之道有几处，与霸
道对，指治道，如怀柔远方、仁爱德让、正始之道、公正无私等；以
诗、礼乐、春秋和六经等释王道有明证。

- 卷 9〈元帝纪〉："宣帝作色曰：'汉家自有制度，本以霸
  王道杂之，奈何纯任德教，用周政乎？'"此汉宣帝告太
  子元帝语。方按：一方面称王道为德教，另一方面以周
  政为王道。可见王道本指周先王之道，内容以崇德为主。

- 卷 9〈元帝纪〉："盖闻明王在上，忠贤布职，则群生和
  乐，方外蒙泽，今朕暗于王道。"

- 卷 23〈刑法志〉："仁爱德让，王道之本也。"王道指以
  仁爱德让为教的治道。

- 卷 23〈刑法志〉："搜狩治兵大阅之事，皆失其正。《春
  秋》书而讥之，以存王道。"

- 卷 23〈刑法志〉："唯孙卿明于王道。"

- 卷 23〈刑法志〉："春秋之时王道浸坏，教化不行。"

- 卷 25 上〈郊祀志上〉："周公相成王，王道大洽，制礼
  作乐。"

- 卷 28 下〈地理志下〉："孔子闵王道将废，乃修六经，以

述唐虞三代之道。"孔子所谓王道指唐虞三代之道,不限于周先王之道。

- 卷29〈沟洫志〉:"圣王兴则出图书,王道废则竭绝。"

- 卷30〈艺文志〉:"诸子十家……皆起于王道既微,诸侯力政。"王道当指周王之道。

- 卷56〈董仲舒传〉:"制曰:……盖闻五帝三王之道,改制作乐而天下洽和,百王同之……圣王已没,钟鼓管弦之声未衰,而大道微缺。陵夷至乎桀纣之行,王道大坏矣。夫五百年之间,守文之君当涂之士,欲则先王之法,以戴翼其世者甚众,然犹不能。"此汉武帝之制,启董仲舒对策者。从上下文看,武帝所欲闻者,五帝三王之道也,故王道当指五帝三王之道。

- 卷56〈董仲舒传〉(方按:以下为仲舒所言)
  ◇ "道者,所繇适于治之路也,仁义礼乐皆其具也。故圣王已没而子孙长久安宁数百岁,此皆礼乐教化之功也。……故王道虽微缺,而管弦之声未衰也。"此董仲舒对策一。从上下文看,王道当指已没之圣王,而其内容为仁义礼乐。

  ◇ "春秋之文,求王道之端,得之于正……正者,王之所为也。其意曰:上承天之所为,而下以正其所为,正王道之端云尔。"此亦董仲舒对策。王道指正始之道,亦曰治道。

  ◇ "阴阳调而风雨时,群生和而万民殖,五谷熟而草木茂,天地之间被润泽而大丰美,四海之内闻盛德而皆来臣,诸福之物、可致之祥莫不毕至,而王道终矣。"

  ◇ "太学者,贤士之所关也,教化之本原也。今以一郡一国之众,对亡应书者,是王道往往而绝也。"

◇ "陛下有明德嘉道，愍世俗之靡薄，悼王道之不昭。"

● 卷63〈武五子传〉："大王诵《诗》三百五篇，睦两夏侯京翼李传第四十五渫，王道备。"师古曰："渫，彻也。"以《诗》解王道。

● 卷64上〈严助传〉："《诗》云：'王犹允塞，徐方既来。'言王道甚大，而远方怀之也。"师古曰："《大雅·常武》之诗。犹，道也。允，信也。塞，满也。既，尽也。言王道信充满于天下，则徐方淮夷尽来服也。"据此，"王犹"即王道。以怀柔远方为王道。

● 卷64上〈吾丘传〉："秦兼天下，废王道，立私议，灭诗书，而首法令。"公平无私为王道。

● 卷66〈刘屈牦传〉："中山刘子推言王道，挢当世，反诸正。"

● 卷67〈梅福传〉："秦为亡道，削仲尼之迹，灭周公之轨，坏井田，除五等，礼废乐崩，王道不通，故欲行王道者莫能致其功也。"以行礼乐等为王道。

● 卷75〈翼奉传〉

　　◇ "《易》有阴阳，《诗》有五际，《春秋》有灾异。皆列终始，推得失，考天心，以言王道之安危。"以六艺（五经）为王道。

　　◇ "天道有常，王道亡常。亡常者，所以应有常也。"王道亡常指王都无常地。

● 卷75〈李寻传〉

　　◇ "昔秦穆公……卒伯西域，德列王道。"

　　◇ "水为准平，王道公正修明，则百川理落脉通。"

● 卷81〈匡衡传〉："审好恶，理情性，而王道毕矣。"王道为修己之道。下文紧接："能尽其性，然后能尽人物之性；能尽人物之性，可以赞天地之化。治性之道，必审己之所有余，而强其所不足。盖聪明疏通者，戒于大察；寡闻少见者，戒于雍蔽；勇猛刚强者，戒于大暴；仁爱温良者，戒于无断；湛静安舒者，戒于后时；广心浩大者，戒于遗忘。必审己之所当戒，而齐之以义，然后中和之化应，而巧伪之徒不敢比周而望进。唯陛下戒，所以崇圣德。"

- 卷84〈翟方进传〉
  - ◇ "臣闻国家之兴，尊尊而敬长，爵位上下之礼，王道纲纪。"师古曰："言王道纲纪，以尊卑上下之礼为大也。"以君臣秩序为王道。
  - ◇ "伏念太皇太后惟经蓺分析，王道离散，汉家制作之业，独未成就，故博征儒士，大兴典制，备物致用，立功成器，以为天下利，王道粲然。"师古曰："惟，思也。"
- 卷85〈谷永传〉："白气起东方，贱人将兴之表也；黄浊冒京师，王道微绝之应也。夫贱人当起，而京师道微，二者已丑。"
- 卷87下〈扬雄传下〉："士有不谈王道者，则樵夫笑之。"
- 卷100上〈叙传上〉："一阴一阳，天地之方；乃文乃质，王道之纲。"

《后汉书》：王道既衰，王道为亏，王道之将崩，王道兴，王道得，王道有缺，王道陵缺，王道以清，王道陵迟，王道以成。

《晋书》：王道为现实王者之道。术语：王道太平，王道平和，王道昌，王道缺，王道平，王道协隆，王道之缺，王道之本，王道至深，王道之反复。

- 卷20〈志〉："屈家事于王道，厌私恩于祖宗。"

- 卷21〈志〉："纯子则王道缺，纯臣则孝道亏。"
- 卷34〈羊祜传〉："今王道维新，岂可不大判臧否。"当指现实的王者之道。
- 卷82〈陈寿传〉："王道不足于曹，则曹未始为一日之王矣。"王道指现实的王者之道？

《宋书》：王道或指现实王者之道。术语：王道或昧，王道已沦，王道浃，达王道，内亮王道，等等。

- 卷3〈武帝本纪下〉："今王道维新，政和法简。"
- 卷14〈礼志一〉
  ◇ "况今江表晏然、王道隆盛，而不能弘敷礼乐，敦明庠序，其何以训彝伦而来远人乎？"方按：此处王道似指现实王者之道，否则如果指古先王之道隆盛，则不可以说"不能弘敷礼乐，敦明庠序"。
  ◇ "大晋受命，值世多阻。虽圣化日融，而王道未备。"
- 卷20〈乐志二〉：当指现实王者之道。
  ◇ "容民厚下，育物流仁；跻我王道，晖光日新。"（张华撰）
  ◇ "淳化既穆，王道协隆；仁及草木，惠加昆虫。"（张华撰）
  ◇ "王道四达，流仁布德。"（王韶之撰）
  ◇ "文武焕，颂声兴；王道纯，德弥淑；宁八表，康九服。"（王韶之撰）
- 卷22〈乐志四〉："考功能，明黜陟；人思自尽，惟心与力；家国治，王道直。"当指现实王者之道。
- 卷42〈王弘传〉："豫章文侯昙首，夙尚恬素，理心贞正……内亮王道，外流徽誉。"

- 卷61〈武三王传〉："今王道既亨，政刑始判，宣昭国体于是乎在。"现实王者之道？

- 卷62〈王微传〉："今虽王道鸿邈，或有激朗于天表，必欲探援潜宝，倾海求珠。"现实王者之道？

- 卷63〈王华传〉："王粲《登楼赋》曰：'冀王道之一平，假高衢而骋力。'"从下文看，王粲诗似指期望王者之道路宽广，自己可以自由驰骋。当指现实王者之道。

- 卷64〈裴松之传〉："以岁时多难，王道未一；卜征之礼，废而未修。""王道未一"当指天子治理方略未能整齐统一，因此王道当指现实中王者之道。

- 卷69〈范晔传〉："虽豺狼即戮，王道维新，而普天无主。""王道维新"当指现实王者之道变革之际。

- 卷87〈殷琰〉："且朝廷方宣示大义，惟新王道，何容摽虚辞于士女，失国信于一州。"现实王者之道？

- 卷97〈夷蛮传〉："自昔祖祢躬擐甲胄，跋涉山川，不遑宁处。东征毛人五十五国，西服众夷六十六国，渡平海北九十五国。王道融泰，廓土遐畿，累叶朝宗，不愆于岁。""王道融泰"当指现实王者之道融和。

《隋书》：王道多指现实王者之道，即王者之统治。

- 卷1〈帝纪·高祖上〉："日往月来，由王道而盈昃。"王道指古先王之道，还是反映现实王者之道？

- 卷5〈帝纪·恭帝〉："王道丧乱，天步不康；古往今来，代有其事。"王道指古先王之道，还是现实王者之道？

- 卷20〈志·天文志中〉：王道似读为现实王者之道为顺。
  ◇ "其星明大，王道太平，贤者在朝。"
  ◇ "将有天子之事，占于斗。斗星盛明，王道平和。"

◇ "星明大，王道昌，关梁通。"

◇ "王道缺，则芒角张。"

◇ "星明，王道昌。暗，则贤良不处。"

- 卷36〈后妃传〉："实庸薄之多幸，荷隆宠之嘉惠；赖天高而地厚，属王道之升平。"王道当指现实王者之道。

- 卷43〈河间王传〉："帝曰：'王道高雅俗，德冠生人。'乃赐谥曰德。"王道指现实王者之道？

《北史》：人名中含"王道"者居多，《南史》尤其多，而与《晋书》《宋书》相重者不少，故不统计次数。

- 卷63〈苏绰传〉："一夫吁嗟，王道为之倾覆。"

《旧唐书》：王道常指现实王者之道，亦有指三王之道者。

- 卷24〈礼仪志四〉："太一掌十有六神之法度，以辅人极，征明而得中，则神人和，而王道升平。"当指现实王者之道。

- 卷71〈魏征传〉："自王道休明十有余载，威加海外，万国来庭，仓廪日积，土地日广。"王道似指现实王者之道。

- 卷73〈令狐德棻传〉："高宗初嗣位，留心政道。常召宰臣及弘文馆学士于中华殿而问曰：'何者为王道、霸道？又孰为先后？'德棻对曰：'王道任德，霸道任刑。自三王以上皆行王道，唯秦任霸术，汉则杂而行之，魏晋已下王霸俱失。如欲用之，王道为最，而行之为难。'"此段对王、霸含义言之甚明，而以三王为王道来源，三代以来王道、霸道情况根据亦精。

- 卷82〈许敬宗传〉："或以直言而遭箠朴，或以忤意而见猜嫌，一概雷同，并罹天宪，恐于王道伤在未弘。"

- 卷90〈朱敬则传〉："二子顾眄绰有余态，乃陈诗书，说礼乐，开王道，谋帝图。"二子指陆贾、叔孙通。王道当指古先王之道。

- 卷148〈裴垍〉："史臣曰：裴垍精鉴默识，举贤任能，启沃帝心，弼谐王道。"王道似指现实王者之道。

- 卷172〈牛僧孺传〉
  ◇ "岂以一女子而紊王道乎？"
  ◇ "陈皋陶之谟，述仲虺之诰，发挥王道，恢益帝图。"王道当指三王之道。

《新唐书》：王道指三王之道，亦有指现实王者之道者（卷97）。

- 卷97〈魏征传〉
  ◇ "征曰：五帝三王，不易民以教；行帝道而帝，行王道而王，顾所行何如尔。"此以三王之道为王道。
  ◇ "自王道休明，绵十余载，仓廪愈积，土地益广。"王道似指现实王者之道。

- 卷197〈循吏传〉："吏良则法平政成，不良则王道弛而败矣。在尧舜时曰九德咸事也，百工惟时也。在周文武时曰棫朴能官人也，《南山有台》乐得贤也，是循吏之效也。尧舜，五帝之盛帝；文武，三王之显王，不能去是而治后世。"王道似指三王之道。

《宋史》：王道或指现实的王者统治，或指理想的为王之道。

- 卷50〈天文志三〉：当指现实的王者之道。
  ◇ "星明大，吉，王道大平，贤者在朝。……暗而微小，王道失。"

◇ "星明盛，则王道和平，帝王长龄，将相同心。"

◇ "星主南越，明大则王道昌，关梁通。"

● 卷51〈天文志第四·天文四·二十八舍下〉

◇ "三光之道，主伺候关梁、中外之境。明，则王道正。"

◇ "星明，王道昌；暗，则贤良去，天下空。"

● 卷139〈乐志十四〉："崇邱巍巍，动植其依；高大之性，各极尔宜。王道坦坦，皇猷熙熙。仁寿之域，烝民允跻。"（崇邱二章）王道似指现实王者之道。

● 卷346〈吕陶传〉："君子小人之分辨，则王道可成。杂处于朝，则政体不纯。"王道当指理想的为王之道。

● 卷388〈周执羔传〉："以为王道在正心诚意。"王道指理想的为王之道。

【政论】

《明夷待访录》不见。

《群书治要》：区分帝、王、霸之别，王道即治道。

● 卷35〈文子·道自然〉："帝者，贵其德也；王者，尚其义也；霸者，迫于理也。道狭然后任智，德薄然后任刑，明浅然后任察。王道者，处无为之事，行不言之教，因循任下，责成不劳。谋无失策，举无过事，进退应时；动静循理，美丑弗好憎，赏罚不喜怒。其听治也，虚心弱志。是故群臣辐凑并进，无愚智不肖莫不尽其能，君得所以制臣，臣得所以事君，即治国之道。"分析帝、王、霸三种统治之异同甚精彩。此段亦界定王道之义，并直接联系治国之道，即治道。此似属黄老思想。

- 卷 49〈傅子〉："舜之举咎陶难，得咎陶，致天下之士易；汤之举伊尹难，得伊尹，致天下之士易。故举一人而听之者王道也。"以任人得当为王道。

《读通鉴论》卷 16〈齐高帝〉："逐末舍本，杂谶纬巫觋之言，涂饰耳目，是为拓拔宏所行之王道而已。"王道之引申义！"拓拔宏所行之王道"，蛮夷所崇尚之理想王者之道。

《皇朝经世文》卷 23〈治苏〉（沈寓撰）："王道治天下，三代以后，望之何人哉？"此明显以三王之道为王道。

【类书】

《艺文类聚》：王道升平。

- 卷 53〈治政部·荐举〉："汉高延商洛之隐，而王道以固。"王道当指现实王者之治。
- 卷 63〈居处部·魏王粲登楼赋〉："冀王道之一平，假高衢而骋力。"

《太平御览》

- 卷 77〈皇王部·春秋运斗枢〉："夏禹、殷汤、周武王，是三王也。……汤者，攘也，言其攘除不轨，改亳为商，成就王道，天下炽昌。文武皆以其长。夫擅国之谓王，能制杀生之威之谓王。王者，往也，天下所归往也。"三王之明确定义。王为天下归往之义。
- 卷 403〈人事部·道德〉："桓谭《新论》曰：'三皇以道治，五帝以德化。王道纯粹，其德如彼；霸道驳杂，其功如此。'"

- 卷505〈逸民部·逸民〉："今方王道文明，守在海外，隐沦之士靡然向风。"
- 卷620〈治道部·君〉："君人者必修诸己以先四海，去偏党以平王道，遣私情以树至公。"王道指现实王者之道？

《册府元龟》

- 卷67〈帝王部·求贤〉："庶欲博访丘园，搜采英俊，弼我王道，臻于大化焉。"（贞观二十年太宗手诏）当指现实王者之治。
- 卷208〈闰位部·恩宥二〉："朕……承鸿绪，王道未直，天步犹艰，式凭宰辅以弘庶政，履端建号，仰惟旧章，可大赦天下……"王道当指现实王者之道。
- 卷213〈闰位部·求贤〉："迄今三载，宵分辍寐，日旰忘食，思共力于庙谋，庶永清于王道。"王道指现实王者之道？
- 卷213〈闰位部·命使〉："以岁时多难，王道未一，卜征之礼废而未修。"王道当指现实王者之道。
- 卷295〈宗室部·复爵〉："今王道既亨，政刑始判，宣昭国章于是乎在。"王道当指现实王者之道。
- 卷321〈宰辅部·礼士〉："禁网疏阔，时或优容；王道清夷，孰免祸败。"清夷当指清廉公平。王道当指现实王者之道。
- 卷416〈将帅部·传檄第二〉："且朝廷方宣示大义，惟新王道，何容标虚乱于士女，失国信于一州。"王道当指现实王者之道。
- 卷500〈邦计部·钱币第二〉："贫民有至困之切，王道

262

贻隔化之讼。"王道当指现实王者之道。

- 卷 554〈国史部·选任〉："敕曰：……恭惟高祖皇帝受天历数，缵汉基，图戎虏，蛮夷慑灵旗而内附，礼乐征伐，建王道于大中，功格于上玄，化行乎率土。"王道当指现实王者之道。

- 卷 610〈刑法部·定律令〉："永初元年七月，诏曰：'往者军国务殷，事有权制，刻科峻重，施之一时。今王道维新，政和法简，可一除之。'"王道当指现实王者之道。

- 卷 632〈铨选部·条制第四〉："伏以明德惟馨，冀神灵之昭鉴；作事谋始，庶王道之和平。"王道指现实王者之道？或理想王道？

- 卷 643〈贡举部·考试〉："调露元年十二月壬子……帝又问：'皇道、帝道、王道何以区别？朕今可行何道？'长寿令萧思问、越州参军周彦昭以次应诏，帝皆称善。"

- 卷 658〈奉使部·举劾〉："农夫去草，嘉谷必茂；忠臣除奸，王道以清。"王道当指现实王者之治。

- 卷 684〈牧守部·条教〉："今江表晏然，王道聿隆，而不能宏敷礼乐，敦明庠序，其何以训彝伦而来远人乎？"

- 卷 813〈总录部·退迹〉："今虽王道鸿邈，或有激昂于天表，必欲潜渊探宝，倾海求珠。"

【通书】

《通典》卷 98〈礼·父母乖离知死亡及不知死亡服议〉："方今王道始通，各令寻求之理尽，乃后行丧，于礼未失。"王道始通，似指现实王者之道。

《通志》卷 109 下〈陈宠〉："季夏大暑，而消息不协，寒气错时，水涌为变。天之降异，必有其故。所举有道之士，可策问国典所务王道过差。"王道当指现实王者之道。或指理想王道之缺陷？

《文献通考》卷183〈经籍考·春秋〉："陈氏曰：复居泰山之阳，以《春秋》教授；不惑传注，不为曲说，其言简易，明于诸侯大夫功罪以考时之盛衰，而推见王道之治乱，得于经为多。"陈氏指陈傅良，复指孙明复，此评《春秋尊王发微》。王道当指现实王者（东周天子）之道。

（八）"人道"一词使用资料

说明：正史类选录一部分。

【经部】

《周易》：人道指为人之道。

- 〈谦·彖〉："鬼神害盈而福谦，人道恶盈而好谦。"
- 〈系辞下〉："易之为书也，广大悉备。有天道焉，有人道焉，有地道焉。"

《周礼》：指人事。

- 〈秋官·掌戮〉："宫者使守内。"郑注："以其人道绝也，今世或然。"

《礼记》：

- 〈丧服小记〉："亲亲尊尊长长，男女之有别，人道之大者也。"人道指人伦秩序。

- 〈大传〉："上治祖祢，尊尊也。下治子孙，亲亲也。旁治昆弟，合族以食，序以昭缪，别之以礼义，人道竭矣。"人道指人伦秩序。

- 〈大传〉："圣人南面而治天下，必自人道始矣。"人道似指人伦关系。

- 〈大传〉："人道亲亲也。亲亲故尊祖，尊祖故敬宗，敬宗故收族，收族故宗庙严，宗庙严故重社稷，重社稷故爱百姓，爱百姓故刑罚中，刑罚中故庶民安，庶民安故财用足，财用足故百志成，百志成故礼俗刑，礼俗刑然后乐。"人道指人间生活方式。

- 〈乐记〉："先王之制礼乐也，非以极口腹耳目之欲也，将以教民平好恶而反人道之正也。"人道指为人之道。

- 〈哀公问〉："孔子侍坐于哀公，哀公曰：'敢问人道谁为大？'孔子愀然作色而对曰：'君之及此言也，百姓之德也！固臣敢无辞而对？人道，政为大。'"人道指人间之道或人间秩序之道。

- 〈中庸〉："人道敏政，地道敏树。"人道指人间或社会治理之道。

- 〈三年问〉："三年之丧，人道之至文者也，夫是之谓至隆。是百王之所同，古今之所一也。"人道指人伦关系之道。

- 〈丧服四制〉："恩者仁也，理者义也，节者礼也，权者知也。仁义礼知，人道具矣。"人道当指为人之道。

- 〈乐记〉："人之道也。"郑注："人道，人之所为也，性术言此。"人道亦针对个人修道而言。

- 〈表记〉："子曰：'仁之难成久矣！'唯君子能之。"郑注："言能成人道者少也。"人道指个人之道，即成人之道。

- 《缁衣》："夫民闭于人而有鄙心。"郑注："言民不通于人道，而心鄙诈，难卒告谕。"人道指为人之道。

《左传》：

- 〈文公十七年〉："小国之事大国也，德则其人也。"杜注："以德加己，则以人道相事。"人道是规范意义，指人伦应有之道。
- 〈昭公二十八年〉："夏五月火始昏见……子产曰：'天道远，人道迩，非所及也。'"

《公羊传》：

- 〈隐公二年〉："春秋之始也。"何休注："夫妇正则父子亲，父子亲则君臣和，君臣和则天下治。故夫妇者，人道之始，王教之端。"明显以人道为人间秩序，类似于今日社会秩序。
- 〈隐公六年〉："春秋编年，四时具然后为年。"何休注："明王者当奉顺四时之正也。……有事不月者，人道正则天道定矣。"人道指人间政事。
- 〈宣公三年〉："自外至者，无主不止。"何休注："必得主人乃止者，天道暗昧，故推人道以接之。"所谓"无主不止"指郊祭天时以后稷配之，后稷为内主。此处人道指人间事。

《穀梁传》：

- 〈僖公八年〉："乞者重辞也。"《集解》："人道贵让，故以乞为重。"人道指人与人相处礼节，即人事。

《尚书大传·尧典》："七政者，谓春、秋、冬、夏、天文、地理、人道，所以为政也。"人道指人间或人间之道，与天文、地理相对。

《大戴礼记》：

- 〈哀公问于孔子〉："哀公曰：'敢问人道谁为大？'孔子愀然作色而对曰：'君及此言也，百姓之德也，固臣敢无辞而对。人道，政为大。'"
- 〈世代〉："子曰：天道以视，地道以履，人道以稽。"人道指人间事。

【诸子】

《老子》第77章："天之道损有余而补不足，人之道则不然，损不足以奉有余"。人之道指人与人相处之道。

《庄子》，9见。

- 〈人间世〉："事若不成，则必有人道之患……事若不成，必有人道之患"。人道指人事，叶公子高将使于齐，担心事办不成而有祸患。
- 〈在宥〉："何谓道？有天道，有人道。无为而尊者，天道也；有为而累者，人道也。主者，天道也；臣者，人道也。天道之与人道也，相去远矣，不可不察也。"人道针对天道言，其内容指人之所事，特别是臣事君之道，即"有为而累者"。
- 〈天道〉："夫天地至神，而有尊卑先后之序，而况人道乎！"人道当指人间秩序。
- 〈寓言〉："年先矣，而无经纬本末以期年耆者，是非先也。人而无以先人，无人道也；人而无人道，是之谓陈人。"人道指人与人交接之礼。

《管子》，3见。

- 〈五辅〉："地道不宜则有饥馑，人道不顺则有祸乱。"人道当指事。
- 〈霸言〉："立政出令用人道。"人道指人间治理之道，房玄龄注曰："政令须合人心。"
- 〈四时〉："人道以六制。"房注："六者，兼三材之数。人禀天也，阴阳之气以生，故以制人。"人道当指人间秩序原理。

《鹖冠子》：人道指人间治理之事。

- 〈天则〉："故天道先贵覆者，地道先贵载者，人道先贵事者。"人道既与天道、地道相对，又指人间治理之道。
- 〈近迭〉："庞子曰：人道何先？鹖冠子曰：先兵。""兵者，百岁不一用，然不可一日忘也，是故人道先兵。"人道当指人间治理之道。

《文子》：

- 〈符言〉："既喑且聋，人道不通……岂独形骸有喑聋哉，心亦有之，塞也，莫知所通。"人道指人事。
- 〈上礼〉："君臣父子兄弟夫妇，人道之际也。"人道指人伦关系。

《六韬·武韬·发启》："天道无殃不可先倡，人道无灾不可先谋。

必见天殃、又见人灾，乃可以谋。"人道即人事。

《孟子·尽心上》："孟子曰无为其所不为无欲其所不欲"，赵注："无使人为己所不欲为者，无使人欲己之所不欲者，每以身况之，如此则人道足也。""以身况之"即《大学》所谓絜矩之道。

《荀子》，共7见。

- 〈非相〉："夫禽兽有父子而无父子之亲，有牝牡而无男女之别，故人道莫不有辨。"人道指人伦关系。
- 〈礼论〉："礼者，人道之极也。"人道指人伦关系。
- 〈礼论〉："圣人者，人道之极也。"人道指人伦关系。
- 〈礼论〉："礼者，谨于治生死者也。生，人之始也；死，人之终也；终始俱善，人道毕矣。"人道指人伦关系。"终始俱善"当指对于一个人从生至死皆以礼事之。
- 〈礼论〉："三年之丧，人道之至文者也。"人道指人伦关系。
- 〈礼论〉："祭者，志意思慕之情也，忠信爱敬之至矣，礼节文貌之盛矣……其在君子，以为人道也；其在百姓，以为鬼事也。"人道指人伦关系。
- 〈解蔽〉："若夫非分是非，非治曲直，非辨治乱，非治人道，虽能之无益于人，不能无损于人。"此处是非指是否合于王制。人道当指社会秩序之道。

《淮南子》:

- 〈主术训〉："遍知万物而不知人道，不可谓智。"
- 〈缪称训〉："情胜欲者昌，欲胜情者亡。……欲知人道，从其欲。"
- 〈泰族训〉："喑者不言，聋者不闻。既喑且聋，人道不

通。故有喑聋之病者，虽破家求医不顾其费。"人道指人
事，即人与人交往。

《春秋繁露》：共9见，人道指人伦秩序、贫富关系、人间、人之
道德、个人当修之道，大体三类：a）人间秩序（与天相对）；b）人
间（与禽兽相对）；c）个人道德。

- 〈玉杯〉："《春秋》论十二世之事，人道浃而王道备……
  是以人道浃而王法立。"人道当指人伦秩序。
- 〈玉杯〉："《春秋》修本末之义，达变故之应，通生死之
  志，遂人道之极者也。"义同上。
- 〈度制〉："圣者则于众人之情，见乱之所从生，故其制
  人道而差上下也，使富者足以示贵而不至于骄，贫者足
  以养生而不至于忧，以此为度而调均之，是以财不匮
  而上下相安，故易治也。""制人道"指调节人间贫富
  关系。
- 〈深察名号〉："质于禽兽之性，则万民之性善矣；质
  于人道之善，则民性弗及也。"人道当指人间，与禽
  兽对。
- 〈王道通三〉："人之受命天之尊，父兄子弟之亲，有忠信
  慈惠之心，有礼义廉让之行，有是非逆顺之治，文理灿
  然而厚，知广大有而博，惟人道为可以参天。"人道指人
  可有之道德。
- 〈天道施〉："天道施，地道化，人道义。"人道指人类
  之道。
- 〈天道施〉："见善者不能无好，见不善者不能无恶，好恶
  去就不能坚守，故有人道。人道者，人之所由、乐而不
  乱、复而不厌者。"人道的定义，指个人当修之道。

《韩诗外传》：人道既可指规范性的道理或准则，亦可指实际的中性状态。

- 卷1："今杀其君，所以反天地，逆人道也。"人道指君臣关系应有的道德规范。
- 卷3："夫天道亏盈而益谦，地道变盈而流谦，鬼神害盈而福谦，人道恶盈而好谦。"（亦见卷8）人道指个人行为的客观规则。
- 卷8："君臣不正，人道不和，国多盗贼，下怨其上。"人道指人间社会状态，无规范含义。

《论衡》：指人事、人事之理、人伦之道、人间治理之道、人间秩序之道，亦可指个人生长之道（包括衣食住行之特点）。

- 〈变虚篇〉："天人同道，好恶不殊。人道不然，则知天无验矣。"人道即人事。
- 〈雷虚篇〉："隆隆之声，天怒之音，若人之呴吁矣。世无愚智，莫谓不然。推人道以论之，虚妄之言也。"人道指人事之理。
- 〈说日篇〉："难曰：附地之气不行，人附地何以行？曰：人之行，求有为也。人道有为，故行求。古者质朴，邻国接境，鸡犬之声相闻，终身不相往来焉。……难曰：人道有为故行，天道无为何行？……"人道指人的特点。行而求之，是人的特点，亦称为人道。
- 〈谴告篇〉："管蔡篡畔，周公告教之，至于再三。其所以告教之者，岂云当篡畔哉？人道善善恶恶，施善以赏，加恶以罪，天道宜然。"
- 〈自然篇〉："物自生，子自成，天地父母，何与知哉？及其生也，人道有教训之义。"人道指人伦之道，具体指父母有教育子女的责任。

- 〈自然篇〉："凡言谴告者，以人道验之也。人道君谴告臣，上天谴告君也。谓灾异为谴告，夫人道臣亦有谏君。以灾异为谴告，而王者亦当时有谏上天之义，其效何在？"人道指人事，亦指人伦之理。

- 〈讥日篇〉："人道所重，莫如食急。故八政一曰食，二曰货。"人道指人生，或者说人生之道。

- 〈卜筮篇〉："人道：相问则对，不问不应。"人道指人与人交接之礼。

- 〈正说篇〉："说《春秋》者曰：二百四十二年，人道浃，王道备，善善恶恶，拨乱世反诸正，莫近于《春秋》。若此者，人道、王道适具足也。"人道指人间秩序之道。"人道浃，王道备"在同篇下文及〈对作篇〉中重见。

《太玄经》：人道指人事、人间，或指人之生理特征、做人之道等。

- 〈唫〉："貌不交，嗫嚅，唫无辞。测曰：'貌不交，人道微也。'"人道指生理特征不合于正常人，人道当读作人之生理特征（嗫嚅指口吃）。

- 〈玄莹〉："人道象焉其事而不务其辞。"范望注："虽以事实为务，不尚文辞。"人道即人事也。他本"其事"前多有"务"，读作"人道象焉，务其事而不务其辞"。

- 〈玄莹〉："天地福顺而祸逆，山川福庳而祸高，人道福正而祸邪。故君子内正而外驯。"人道当指做人之道。

- 〈玄莹〉："天地所贵曰福，鬼神所佑曰福，人道所喜曰福。"人道即指人间，人道与天地、鬼神相对。

- 〈玄图〉:"夫玄也者,天道也,地道也,人道也,兼三道而天名之。"人道指人间之道。

《法言·修身》:"天地交,万物生。人道交,功勋成。"人道指人间,或人与人之间。

《孔子家语·弟子行》:"启蛰不杀,则顺人道。"王肃注:"春分当发,蛰虫启户咸出,于此时不杀生也。"人道指为人之道。

《新语》:

- 〈道基〉:"先圣乃仰观天文,俯察地理,图画乾坤以定人道。"人道指人间秩序。
- 〈术事〉:"天道调四时,人道治五常。"人道指为人之道。
- 〈明诫〉:"尧舜不易日月而兴,桀纣不易星辰而亡,天道不改而人道易也。"人道指人事。

《说苑·修文》:"有质而无文谓之易野。子桑伯子易野,欲同人道于牛马,故仲弓曰太简。"

《潜夫论》:人道指为人之道。

- 〈梦列〉:"凡人道,见瑞而修德者福必成,见瑞而纵恣者福转为祸。"人道指为人之道,针对个人修行。
- 〈本训〉:"天道曰施,地道曰化,人道曰为。为者,盖所谓感通阴阳,而致珍异也,人行之动天地……"人道针对个人,即为人之道。

《中论·治学》:"国子教以六德,曰:智、仁、圣、义、中、和;教以六行,曰:孝、友、睦、姻、任、恤;教以六艺,曰:礼、乐、射、御、书、数。三教备而人道毕矣。"人道指教育之道,指教为人之道，亦可指育人之道，作者本意可能是以人道指社会治理之道（教为治理之本）。

《中说·王道篇》（卷1）："见〈辩命论〉曰'人道废矣'。"阮逸注："峻又有〈辩命论〉，言管辂才高不遇，乃谓穷达由天，殊不由人，是不知命，废人道也。"此段指文中子读刘孝标《辩命论》而发人道废之慨，则人道指性命之道或生命之道，亦泛指为人之道。

《张子全书》：

- 卷3〈正蒙·有德篇〉："人道知所先后，则恭不劳，慎不葸，勇不乱，直不绞，民化而归厚矣。"人道指个人之道，即修己之道。
- 卷3〈正蒙·大易篇〉："仁义人道，性之立也。"人道即仁义之道，立性之道。
- 卷9〈易说上·比〉："爱自亲始，人道之正。"人道指亲亲之道。
- 卷10〈易说中·恒〉："人道之交，贵乎中礼，且久渐而成也。"人道指人事或人间。
- 卷11〈易说下·系辞上〉："盖尽人道，并立乎天地，以成三才，则是与天地参矣。但尽人道，理自当耳。"人道针对天道和地道而言。
- 卷11〈易说下·系辞下〉："人道之用，尽于接人而已。"明确以人道为人与人相处之道。
- 卷11〈易说下·系辞下〉："始陈上下交以尽接人之道，卒具男女致一之戒，而人道毕矣。"人道即人与人交接之道。
- 卷11〈易说下·杂卦〉："人事不过于上下之交，此可尽人道也。"显然以上下之交为人道。
- 卷11〈易说下·杂卦〉："《系辞》所举《易》义……亦

是人道之大且要者也。"《易》之义为人道之大且要者。

《二程集》：明道先生论人道多指为人之道，即讲道修德。

- 〈遗书·二先生语二上〉："立人之道曰仁与义。据今日合人道废，则是今尚不废者……"人道指行仁义，即为人之道，针对个人。
- 〈遗书·明道语一〉："忠者天理，恕者人道。"人道亦针对个人，为人之道也。
- 〈遗书·明道语一〉："人道只在忠信，不诚则无物。"
- 〈遗书·伊川语一〉："祭祢而不及祖，非人道也。"人道指人伦之道。
- 〈遗书·伊川语四〉："惟圣人然后践形，言圣人尽得人道也。人得天地之正气而生，与万物不同。既为人须尽得人理，众人有之而不知……"人道典型地指为人之道，不过主要指道德。以尽理释人道，又见〈周易程传·大过〉："圣人尽人道，非过于理也。"
- 〈遗书·伊川语八上〉："凡生于天地之间者，皆人道也。至否之时，天地不交，万物不生，无人道矣。"人道指天地间万物生长之道。又见〈周易程传·否〉："凡生天地之中者，皆人道也。天地不交则不生万物，是无人道，故曰匪人，谓非人道也。"
- 〈外书·罗氏本拾遗〉："即之也温，中心和易，而接物也温，备人道也。"人道指人与人交接之道，不仅是一个礼字，更是指性情有涵养。
- 〈伊川经说·诗解〉："苟惟欲之从，则人道废，而入于禽兽矣。"人道指为人道德。
- 〈伊川经说·春秋传〉："桓公弑君而立，天子不能治，天下莫能讨，而王使其宰聘之，示加尊宠，天理灭矣，人道无矣。"人道指君臣秩序。

《近思录》卷3〈致知〉："天之生民，必有出类之才，起而君长之，治之而争夺息，导之而生养遂，教之而伦理明，然后人道立。……暨乎三王迭兴，三重既备，子丑寅之建正，忠质文之更尚，人道备矣。"人道指人间治理之道，或人间秩序之道。

《朱子语类》：

- 卷21〈论语·学而篇中〉："人道惟在忠信，不诚无物。"
- 卷29〈论语·公冶长下〉："子桑户不衣冠而处，夫子讥其同人道于牛马。"
- 卷62〈中庸·第一章〉："循人之性则为人道，循马牛之性则为马牛之道。"以循性为人道，且以人道与禽兽对举。
- 卷127〈本朝·高宗朝〉："古人置宦者，正以他绝人道后可入宫。"人道显然指常人世俗生活。

《王文成全书》卷29〈续编四·澹然子序〉："道凝于己，是为率性，率性而人道全。"非常典型地以人道为个人生命之道，即率性。

《宋元学案》：

- 卷首〈序录〉："水心天资高，放言砭古人多过情……要亦有卓然不经人道者。"人道指人情，即人间实情。
- 卷47〈艾轩学案·林希逸鬳斋学记〉："事当为者，岂可不为？废事便是废人道。"（和靖语）人道指个人做事之道。
- 卷49〈晦翁学案下·朱熹附录〉："若井田，若学校，凡古人经理人道之具尽废。"人道即人间事务，特别是治事，中性。

- 卷 54〈水心学案上·叶适习学记言〉："隋文徒出旁议，而不知身为人道之主。"论"候气之术"，见于《习学记言》卷 36〈隋书一〉。人道指人间，人道之主即人主，中性。

- 卷 80〈鹤山学案·王万〉："陛下之于兄弟，不幸而居人道之变。"人道指人伦关系，中性。

- 卷 90〈鲁斋学案·鲁斋门人附录〉："博文约礼，日笃于人道之常。"此许衡语。人道指人伦关系。

《明儒学案》：

- 卷 8〈白沙学案一·陈献章题采芳园记后〉："鬼道显，人道晦。"人道与鬼道对。

- 卷 26〈南中相传学案二·唐鹤征桃溪札记〉："人率是性而行，则谓之人道。"以率性为人道。

- 卷 41〈甘泉学案五·许孚远原学〉："舍仁而不求者，昧其本心，不可立人道于天地之间。"以求仁为人道。

- 卷 51〈诸儒学案中五·黄佐论学书〉："人道盛则鬼道衰。"以人道与鬼道对。

- 卷 58〈东林学案一·高攀龙讲义〉："一是天道，自然之养夜气是也；一是人道，当然之养操存是也。"以修养为人道。

- 卷 62〈蕺山学案·刘宗周证学杂解〉："恻隐、羞恶、辞让、是非，全是人道边事，最有功于学者。"（"子思子从喜怒哀乐"章）以四端之心为人道。

【集部】

《文选》：人道做中性词，指人间现实。

- 卷21〈咏霍将军北伐诗〉（虞子阳撰）："天长地自久，人道有亏盈。"
- 卷28〈齐讴行〉（陆士衡撰）："天道有迭代，人道无久盈。"

《嵇中散集》：

- 〈与山巨源绝交书一首〉："不喜吊丧，而人道以此为重。"人道即人伦关系之道。
- 〈家诫〉："宜适有壶榼之意、束修之好，此人道所通，不须逆也。"人道指人与人之关系。

《陶渊明集》卷3〈饮酒十二首〉："衰荣无定在，彼此更共之。……寒暑有代谢，人道每如兹。"议人生事无定常，今荣明衰，故人道当指人生变化之道。

《韩愈集》卷22〈欧阳生哀辞〉："寿命不齐兮，人道之常。"人道指人生道路。

《柳宗元集》卷18〈斩曲几文〉："且人道甚恶，惟曲为先。在心为贼，在口为愆……"人道是中性词，即人际关系复杂。

《元丰类稿》卷10〈洪范传〉："人道莫急于养生，莫大于事死，莫重于安土。"人道指人生之道。

《朱子文集》：朱子所用人道一词，虽多属规范性价值判断，然亦有不少属于事实判断，无褒贬。盖古人所谓人道即人之道，既可指事实，亦可指价值。而人之道，既可指人间（政治及社会等）之道，亦可指个人之道。如为人间之道，既可从政治上讲，指治道；亦可从社会上讲，指人伦之道，或人事、人间。如为个人之道，则指个人当走之道或实走之道。而作为个人之道，人道既可从道德上讲，指个人道德；亦可从生理上讲，指生命成长之理（如卷 67〈太极说〉从生命动静规律讲人道）。

- 卷 13〈垂拱奏札二〉："人道既得天地之和气。"人道指人间。

- 卷 36〈与陈同甫〉："从事于惩忿窒欲迁善改过之事，粹然以醇儒之道自律，则岂独免于人道之祸？"人道指人间或人事，中性。

- 卷 61〈答严时亨〉："微子之去，乃去纣而适其封国，则尤为无所处矣，此乃人道之大变。"人道当指人生之道，是事实判断。

- 卷 64〈与湖南诸公论中和第一书〉："人道莫如敬。"人道指人生之道，是价值判断。

- 卷 67〈太极说〉："动静无端，阴阳无始，天道也。始于阳，成于阴，本于静，流于动者，人道也。"以动为人道，人道指生命运动方式，故指生命之道，亦为事实判断。

- 卷 69〈学校贡举私议〉："所以必立德行之科者，德行之于人大矣。然其实则皆人性所固有，人道所当为。""人道所当为"，人道指人生之道，属价值判断。

- 卷 70〈记易误〉："否之匪人为否塞，非人道，语脉又不同，决是衍字。"人道指人事？

- 卷 81〈跋黄仲本朋友说〉："所以纪纲人道，建立人极。"人道指偏向于事实判断，人间之道。

《真德秀文集》卷 25〈昌黎濂溪二先生祠记〉："夫人性之有五常，

人道之有五品，此即所以天之柱、地之维，而有生之类所恃以为安者也。"

《水心文集》：人道或指人生之路，有规范含义，但未必以道德为重；或指做事之方，如退还是进，有规范含义，但亦不必以道德为重。

- 卷14〈吕君墓志铭〉："人道多方，举要而言，治生能富，教子能贤。"人道指人生之路。
- 卷18〈陈公墓志铭〉[481]："人道昏母悲子，啼记斯文。"人道指人情。
- 卷22〈高公墓志铭〉："退固人道之甚重，而止者义理之奥枢也，在艮之象，时止则止，时行则行。"人道指做事之方，含义特别。

《龙川集》：

- 卷3〈问答〉："人道失其统纪，而天地几于不立矣。"人道为中性词，指人间或人间秩序现状。
- 卷4〈问答〉："万物皆备于我，而一人之身、百工之所为具。……百骸九窍具而为人……必有食焉……必有室庐以居之……必有门户藩篱以卫之……而非高明爽垲之地则不可以久也，非弓矢刀刃之防则不可以安也。若是者，皆非外物也。有一不具，则人道为有阙。"人道显然指人的生命之道或生存之道。
- 卷10〈周礼〉："《周礼》一书，先王之遗制具在……周家之制既尽而秦亦亡矣，人道废则其君岂能独存哉？"以周制喻人道，人道指人间治理之道，或制度之道。
- 卷17〈谪仙歌有序〉："欣观《李白集》，高吟数篇，皆古今不经人道语。"人道指人情，后称"吾所起敬起慕者太白一人而已"。

- 卷24〈祭妻父何茂宏文〉："生事爱敬，死事哀戚；人道始终，一用其极。"人道指人的一生？或指对于亲人生死一生之始终？

- 卷25〈祭楼德润母夫人文〉："年逾八十，为人子者，宁有满时，命至再三，有国家者，以锡类耳。虽天报之未殒，而人道之有终。"人道当指人的一生。

- 卷25〈祭妻姑刘夫人文〉："生必有死，在昔自古；哀乐从之，人道如许。"此处人道似指人的一生。全句指人的一生必然有死，死后自然有哀乐相随。

《方望溪全集》：

- 卷2〈又书礼书序后〉："先王之缘情依性，经纬人道。"人道指人间秩序。
- 卷10〈教授胡君墓志铭〉："君自成童以后，黾勉于人道六十余年，未尝有出入也。"人道指为人之道。

《定盦文集》〈续集·己亥杂诗三百十五首〉："人道苍茫十四年。"人道指人间、人生。

《曾国藩集》〈文集卷三·大界墓表〉："有疾则问，人道之常也。"人道指人情。

【史部】
《国语》：

- 〈鲁语上〉："犯鬼道二，犯人道二，能无殃乎？"方按：

此段讲夏父弗忌掌国祭祀之礼，烝，将跻僖公。"犯鬼道"，韦昭据上文指其为"易神之班"和"跻不明"，"犯人道"，韦注认为指"犯顺"和"以逆训民也"。显然，人道与鬼道相对，与《明儒学案》等古人说法相似。人道的内容包括"顺"和"训民"之道，则其义当指祭祀所遵循的人伦秩序和训民之道。

《史记》：

- 卷24〈乐书〉
  ◇ "海内人道益深，其德益至，所乐者益异。满而不损则溢，盈而不持则倾，凡作乐者所以节乐。"人道当指人事。人道益深当谓人事复杂。
  ◇ "乐必发诸声音，形于动静，人道也。"人道谓生命之道。

《汉书》：

- 卷8〈宣帝纪·地节四年〉："今系者或以掠辜，若饥寒，瘐死狱中，何用心逆人道也？朕甚痛之。"人道类似今日人道之义，指待人应有的怜悯之道。
- 卷27〈五行志上〉："《春秋》及朔言朔，及晦言晦。人道所不及，则天震之。展氏有隐慝，故天加诛于其祖夷伯之庙，以谴告之也。""人道所不及"指当事人未发现自己错了，人道当指当事人。
- 卷81〈匡衡传〉："圣人所以统天地之心，着善恶之归，明吉凶之分，通人道之正……"人道指人间、人伦，中性。

- 卷83〈薛宣传〉:"夫人道不通,则阴阳否鬲。""否"颜注"闭也"。人道当指人伦关系,通或指通畅。

《后汉书》:

- 卷67〈丁鸿传〉:"人道悖于下,效验见于天。"人道为中性,指人间、人事。

《晋书》:

- 卷29〈五行志下〉:"惠帝之世,京洛有人兼男女,体亦能两用人道,而性尤淫。"人道即人体性器官活动方式。
- 卷42〈王浚传〉:"然臣孤根独立,朝无党援,久弃遐外,人道断绝。"人道当指人间,指与他人往来。
- 卷51〈皇甫谧传〉:"春华发萼,夏繁其实,秋风逐暑,冬冰乃结,人道以之,应机乃发,三材连利。"人道当指人、人事。
- 卷60〈张辅传〉:"良史述事,善足以奖劝,恶足以监诫。人道之常、中流小事,亦无取焉,而班皆书之。"人道指人事,中性。

《宋书》:

- 卷21〈乐志三·愿登秋胡行〉:"天地何长久,人道居之短。"人道当指人,或指生命之道。
- 卷44〈谢晦传〉:"槛送京师于路,作《悲人道》。其词曰:'悲人道兮!悲人道之实难,哀人道之多险;伤人道之寡安,懿华宗之冠胄。'"(作者当为谢晦)。人道似指人生道路。

《魏书》：

- 卷94〈仇洛齐传〉："我养子，兼人道不全，当为兄弟试祸福也。"人道当指现实中的人伦关系，人道不全即当事人仇洛齐无子。
- 卷114〈释老志十〉："其弟子皆髡形染衣，断绝人道。"人道指世俗社会。

《旧唐书》卷120〈郭子仪传〉："权倾天下而朝不忌，功盖一代而主不疑，侈穷人欲而君子不之罪。富贵寿考，繁衍安泰，哀荣终始，人道之盛，此无缺焉。"人道谓人生，或者人的一生。

《资治通鉴》：

- 卷31〈汉纪·孝成皇帝上之下〉："今雄以傅士行礼之日，大众聚会，飞集于庭，历阶登堂，万众睢睢，惊怪连日，径历三公之府。大常、宗正，典宗庙骨肉之官，然后入宫，其宿留告晓人，具备深切，虽人道相戒，何以过是。"源自《汉书》〈五行志中之下〉，人道指人们、人事。
- 卷71〈魏纪·烈祖明皇帝上之下〉："但求人道不勤、罗之不博耳。"人道指人生或人生事务。上文谓纨绔结党图利。

【政论】
《群书治要》：

- 卷21〈大傅宣德侯卓茂〉："今邻里长老尚致馈遗，此乃人道所以相亲。"人道即人与人交接方式。

- 卷30〈刘毅传〉："昔在前圣之世，欲敦风俗，镇静百姓，隆乡党之义，崇六亲之行，人道贤否于是见矣。"人道是中性词，指人间秩序。
- 卷40〈新语〉："尧舜不易日月而兴，桀纣不易星辰而亡。天道不改，而人道易也。"人道为中性词，即人间统治者。

《读通鉴论》：多数情况下皆指人间正道。可以此书为案例，典型地反映出宋明学者心目中的人道概念之义。

- 卷16〈武帝〉："死生，人道之大者也。"此处死生指对待亲人死生，人道指人伦关系（武帝当指北魏孝武帝）。
- 卷16〈武帝〉："婚姻，人道之大者也。"人道指人伦关系。

《皇朝经世文》卷60〈恤臧获议〉（邱嘉穗撰）："奴婢之走使于我前者，独非人子乎哉？……食粝食，衣敝衣，祁寒暑雨，戴星霜而出入者几何年，其情已大可悯，而我复利其服役，至以幽囚终其世，而不得少尝人道之万一。"讲奴婢。人道指人间正常生活。

【类书】

《北堂书钞》卷84〈礼仪部·婚姻十一〉："十五许嫁，有适人道。"人道似指个人生活之道。作者引《家语》解释"有适人道"为"有适人之道"。

《艺文类聚》：

- 卷21〈人部·交友〉："刘歆《新义》曰：'夫交接者，人道之本始，纪纲之大要。'"人道指人伦之道。

- 卷41〈乐部·论乐〉："天道有迭代，人道无久盈。"（出自晋陆机《齐讴行》）人道指人事，中性。
- 卷41〈乐部·论乐〉："晋陆机《君子行》曰：天道夷且简，人道险而艰。"人道即人生道路。
- 卷58〈杂文部·笔〉："《魏末传》曰：夏侯太初见召，还洛阳，绝人道，不畜笔砚。"人道指人与人往来，中性。

《太平御览》：

- 卷14〈天部·虹霓〉："庐陵巴丘民陈济者，作州吏。其妇姓秦，独在家，忽疾病，恍惚发狂，后渐差。常有一丈夫长大，仪貌端正，着绛碧袍，彩色炫耀。来从之，常相期于一山涧之旁寝处，不觉有人道感接，忽忽如眠耳。"人道感接，指人与人交接感应。
- 卷607〈学部·叙学〉："善学者假人道之长以补其短。"称引自《吕氏春秋》（不见于今本）。人道指人间。

《册府元龟》：

- 卷325〈宰辅部·谏争〉："人道悖于下效验见于天。"
- 卷536〈谏诤部·直谏第三〉："夫人道义于下，则阴阳和于上。"
- 卷537〈谏诤部·直谏第四〉："《礼》：天子一娶九女，嫡媵毕具。今宫人侍御动以千计，或生而幽隔，人道不通，郁积之气上感皇天。"人道不通指宫女不能过正常人的生活。

【通书】

《通典》卷101〈礼·为废疾子服议〉："今有狂痴之子，不识菽麦，不能行步，起止了无人道，年过二十而死。"人道指正常人身体行动方式。

《通志》卷75〈昆虫草木略第一·草类〉："何首乌者，顺州南河人，初名田儿。生而阉弱，年五十八，无妻子，卧田野中，见田中之藤两本异生，而能相交，久乃解。解而复合，如此数四。田儿异之，剐根而服，七日而思人道，十年而生数男，头白变黑，遂以名此草。"人道指男女两性关系。

《文献通考》：

- 卷136〈路鼓路鼗〉："陈氏《乐书》曰：雷，天声也；灵，地德也；路，人道也。"人道指人之道路。

- 卷148〈彻乐〉："鬼神居天地之间，不可以人道接也。"人道与鬼道对。

（九）"中道"一词使用资料

【经部】

《周易·象传》：5见，指中位之道，或正道。

- 〈蛊·九二〉："干母之蛊，不可贞。〈象〉曰：'干母之蛊'，得中道也。"方按：前文王弼注有"干不失中，得中道也"。此处孔颖达疏曰："干母之蛊，义虽不能全正，犹不失在中之道，故云得中道也。"则"中道"当指在中之道，中指居中位之道。然而李鼎祚《集解》曰："虞翻曰：应在五泰，坤为母，故干母之蛊失位，故不可贞。

变而得正，故贞而得中道也。"虞氏显然以中道为正道。

- 〈离·六二〉："黄离，元吉。〈象〉曰：'黄离元吉'，得中道也。"〈正义〉曰："黄者，中色；离者，文明。居中得位而处于文明，故元吉也。故〈象〉云'得中道'，以其得中央黄色之道也。"

- 〈解·九二〉："田获三狐，得黄矢，贞吉。〈象〉曰：'九二贞吉'，得中道也。"王弼注："狐者，隐伏之物也。刚中而应，为五所任，处于险中，知险之情，以斯解物，能获隐伏也。黄，理中之称也；矢，直也。田而获三狐，得乎理中之道，不失枉直之实，能全其正者也。故曰：'田获三狐，得黄矢，贞吉也。'"孔疏："〈象〉曰'得中道也'者，明九二位既不当，所以得贞吉者，由处于中，得乎理中之道故也。"疏谓九二位虽不当，但"处于中，得理中之道"，即王弼所谓"刚中而应，为五所任"。然而，李鼎祚《集解》曰："虞翻曰：动得正，故得中道。"

- 〈夬·九二〉："惕号，莫夜有戎，勿恤。〈象〉曰：'有戎勿恤'，得中道也。"孔疏有"体健居中，能决其事"。然《集解》谓："虞翻曰：动得正，应五，故得中道。"

- 〈既济·六二〉："妇丧其茀，勿逐，七日得。〈象〉曰：'七日得'，以中道也。"王弼注九二谓："居中履正，处文明之盛而应乎五阴之光盛者也。"李鼎祚《集解》引王肃曰："体柔应五，履顺承刚，妇人之义也。茀，首饰。坎为盗，离为妇。丧其茀，邻于盗也。勿逐自得，履中道也。二五相应，故七日得也。"妇人丧其饰而不寻，七日自得，履中道之故。"体柔应五，履顺承刚，妇人之义"，则是以义释中。

《礼记》：指道路中央、中间（2 见），或合于道（2 见）。

- 〈曲礼上〉："为人子者，居不主奥，坐不中席，行不中道，立不中门。"中指中央，为动词，中道指行于道中间。
- 〈曲礼上〉："步路马，必中道。"孔颖达疏："路马必中道者，此谓单牵君马行时。步，犹行也。若牵行君之马，必在中道，正路为敬也。"中道亦指行于道路中央。
- 〈中庸〉："诚者不勉而中，不思而得，从容中道，圣人也。"中道指合乎道。孔疏释为"中乎道"，与"不勉而中"之"中"同。朱注"中"读去声，亦是此义。
- 〈表记〉："子曰：《诗》之好仁如此：乡道而行，中道而废，忘身之老也，不知年数之不足，俛焉日有孳孳，毙而后已。"疏："乡道而行，中道而废者，言好仁之甚，乡仁道而行，在于中道。力之罢极而始休废之也。"

《大戴礼记》：指合于道。

- 〈保傅〉："化与心成，故中道若性。"卢辩注："观心施化，故变善如性也。"
- 〈曾子事父母〉（6见）："父母之行若中道则从，若不中道则谏。""兄之行若中道则兄事之，兄之行若不中道则养之。""弟之行若中道则正以使之，弟之行若不中道则兄事之。"

《论语》：1见，指中途。〈雍也〉："冉求曰：非不说子之道，力不足也。子曰：力不足者，中道而废。今女画。"方按：参何晏《集解》，张轼《论语解》,《朱子语类》卷26、29及刘宝楠《正义》相关解释。

《孟子》：3见，指恰好之道。

- 〈尽心上〉:"孟子曰:……君子引而不发,跃如也。中道而立,能者从之。"据朱注"中者,无过不及之谓",则中指恰好。然从上文看,中当读去声,中道即中乎道。

- 〈尽心下〉(2见):"孟子曰:孔子'不得中道而与之,必也狂狷乎! 狂者进取;狷者有所不为也。'孔子岂不欲中道哉? 不可必得,故思其次也。"方按:此句《论语·子路》作"子曰:不得中行而与之,必也狂狷乎! 狂者进取,狷者有所不为也"。中道作中行。据《孟子》解,中道重点在中,不在道,中指不偏。

【子部】

《庄子》:8见,指人生中途(5见),道路中间(2见),行事中途(1见)。

- 〈人间世〉:"夫柤梨橘柚果蓏之属,实熟则剥则辱,大枝折,小枝泄。此以其能苦其生者也,故不终其天年而中道夭,自掊击于世俗者也。"

- 〈人间世〉:"未终其天年而中道之夭于斧斤,此材之患也。"

- 〈大宗师〉:"知人之所为者,以其知之所知,以养其知之所不知。终其天年而不中道夭者,是知之盛也。"

- 〈在宥〉:"使人喜怒失位,居处无常,思虑不自得,中道不成章。"郭注云:"寒暑之和败,四时之节差,百度昏亡,万事失落也。"据此推测,"中道"当指人生中途。

- 〈达生〉:"汝得全而形躯,具而九窍,无中道夭于聋盲跛蹇,而比于人,数亦幸矣。"

- 〈外物〉:"庄周忿然作色曰:'周昨来,有中道而呼者,周顾视,车辙中有鲋鱼焉。'"中道犹当道。
- 〈寓言〉:"阳子居南之沛,老聃西游于秦,邀于郊,至于梁,而遇老子。老子中道仰天而叹曰:'始以汝为可教,今不可也。'"中道犹当道。
- 〈列御寇〉:"列御寇之齐,中道而反,遇伯昏瞀人。"

《韩非子》:指中途。

- 〈内储说上七术〉:"中山之相乐池以车百乘使赵,选其客之有智能者以为将行,中道而乱。乐池曰:'吾以公为有智而使公为将行,今中道而乱何也?'"中道指走了一半路。

《吕氏春秋》:1见,指中途。

- 〈不苟论·当赏〉:"往击寇,中道因变曰:非击寇也。"

《淮南子》:1见,指人生半路上。

- 〈精神训〉:"夫人之所以不能终其寿命,而中道夭于刑戮者。"中道指生命半路上。

《孔子家语》:1见,指合道。

- 〈哀公问政〉:"夫诚,弗勉而中,不思而得,从容中道,圣人之所以体定也。"

《孔丛子》：1见，指中之道。

- 〈儒服〉："平原君曰：儒之为名何取尔？子高曰：取包众美，兼六艺，动静不失中道耳。"中道，或当读作"中之道"，而未必读作"中于道"。

《新语》（陆贾）：1见，指人生中途。

- 〈怀虑〉："合弱而制强，持横而御纵。内无坚计，身无定名，功业不平，中道而废身，死于九人之手。"

《新书》：3见，指中途（2见），履道、合于道（1见）。

- 卷1〈益壤〉："其吏民繇役往来长安者，自悉而补，中道衣敝钱用诸费。"中途。
- 卷3〈属远〉："繇使长安者，自悉以补，行中道而衣，行胜已赢弊矣。"中途。
- 卷5〈保傅（连语）〉："士传民语，习与智长，故切而不愧。化与心成，故中道若性。是殷周之所以长有道也。"中道，动宾结构，指合于道，履道也。

《盐铁论》：指合道（1见），中途（1见）。

- 卷4〈毁学〉："动作应礼，从容中道。"
- 卷5〈遵道〉："小人智浅而谋大，赢弱而任重，故中道而废，苏秦、商鞅是也。"

《新序》：指合于道。

- 卷9〈善谋〉："今王中道而信。"此楚使者黄歇说秦昭王书，欲说秦王联楚伐韩魏。中道当指合于道，赞秦王也。

《说苑》：1见，指中途。

- 卷9〈正谏〉："遂归，中道闻国人谋，不内矣。"

《韩诗外传》：3见，指合道。

- 卷2："由也闻之于夫子，士不中道相见，女无媒而嫁者，君子不行也。"
- 卷4："若夫行之而不中道，即恐惧而自竦，此全道也。"
- 卷7："动作中道，从容得礼。"

《春秋繁露》：1见，指合于道。

- 〈奉本〉："天子所诛绝、所败师，虽不中道，而《春秋》者不敢阙，谨之也。"

《申鉴》：1见，指合适的道。

- 〈杂言下〉："圣人之道其中道乎？是为九达。"黄省曾注：《尔雅》曰：九达谓之达，谓四道交出，复有旁通也。言圣道无所不达，百家则私蹊曲径而已。"

《张子全书》：26见，指恰好之道，或正道。

- 卷2〈正蒙·中正篇〉："学者中道而立，则有位以弘之，

无中道而弘，则穷大而失其居。"方按：从后面"有位以
弘之"看，"中道"似指《易象传》所谓中位之道，但从
后文看不然，中当指正，引申指不偏离正道。[482]

- 卷3〈正蒙·三十篇〉："六十尽人物之性，声入心通；
  七十与天同德，不思不勉，从容中道。"据《中庸》当指
  合于道。

- 卷5〈经学理窟·气质〉："今闻说到中道，无去处，不
  守定，又上面更求，则过中也。过则犹不及也。"指中之
  道，即恰好之道也。

- 卷5〈经学理窟·气质〉："孔子、文王、尧、舜皆则，
  是在此立志，此中道也。"

- 卷6〈经学理窟·义理〉："知之而不信而行之，愈于不
  知矣。学者须得中道，乃可守。"

- 卷9〈易说上·蛊〉："'九二：干母之蛊，不可贞。〈象〉
  曰：干母之蛊得中道也。'处中用巽，以刚系柔，干母之
  蛊，得刚柔之中也。"中道不是指取刚柔之中，而是指处
  理刚柔关系的恰当方式，即"以刚系柔"。

- 卷9〈易说上·复〉
  ◇ "'六四：中行独复。〈象〉曰：中行独复，以从道
    也。'柔危之世，以中道合正应，故不与群爻同。"
  ◇ "'六五：敦复，无悔。〈象〉曰：敦复无悔，中以自
    考也。'性顺位中，无它应援，以敦实自求而已。刚
    长柔危之世，能以中道自考，故可无悔，不然取悔
    必矣。"

- 卷10〈易说中·益〉："亦须执礼告上公而行，方合
  中道。"

- 卷10〈易说中·夬〉："'九二：惕号莫夜，有戎勿恤。
  〈象〉曰：有戎勿恤，得中道也。'警惧申号，能孚号而

有厉也。以必胜之刚，决至危之柔，能自危虑，虽有戎何恤？能得中道，故刚而不暴。”

- 卷12〈语录〉：“执守见人说有，己即说无，反入于太高。见人说无，己则说有，反入于至下。或太高，或太下，只在外面走，元不曾入中道，此释老之类。”

《二程集》

- 〈周易程传·上经下〉：“九二，干母之蛊，不可贞。……不可贞，谓不可贞固、尽其刚直之道，如是乃中道也。又安能使之为甚高之事乎？若于柔弱之君，尽诚竭忠，致之于中道，则可矣。又安能使之大有为乎？且以周公之圣辅成王，成王非甚柔弱也，然能使之为成王而已。守成不失道则可矣。固不能使之为羲、黄、尧、舜之事也。二巽体而得中，是能巽顺而得中道，合不可贞之义，得干母蛊之道。”中道当指正道。

- 〈周易程传·上经下·复〉：“五以阴居尊，处中而体顺，能敦笃其志，以中道自成，则可以无悔也。自成，谓成其中顺之德。”虽有处中位之词，然中道指“体顺，能敦其志”，当指正道。

《近思录》：指正道。

- 卷5〈克治〉：“夬九五曰：苋陆夬夬，中行无咎。象曰：中行无咎，中未光也。传曰：夫人心正意诚，乃能极中正之道而充实光辉。若心有所比，以义之不可而决之，虽行于外，不失其中正之义，可以无咎，然于中道未得为光大也。盖人心一有所欲，则离道矣。夫子于此示人之意深矣。"伊川语。中道指正道，从"人心一有所欲，则离道矣"得之。

- 卷13〈辨异端〉："伊川先生曰：儒者潜心正道，不容有差。其始甚微，其终则不可救。如师也过、商也不及，于圣人中道，师只是过于厚些，商只是不及些。然而厚则渐至于兼爱，不及则便至于为我。"非常明确地指正道，亦即不偏之道。

《朱子语类》：多读为恰好之道，读中乎道少（限于"从容中道"）。读为物理意义上的中途较少（仅见于讨论《论语》"中道而废"，以及卷127"二圣北狩时遣曹真中道归"等个别地方）。读为中于道（合于道）亦不多，主要限于讨论或使用"从容中道"时。术语：圣人中道（卷36），中道不可识（卷36），圣人之中道（卷100）。

- 卷13〈学·力行〉："学者要学得不偏。如所谓无过不及之类，只要讲明学问，如善恶两端，便要分别理会。得善恶分明后，只从中道上行，何缘有差。"从不偏、无过不及说中道。

- 卷20〈论语·学而篇上〉："据贺孙看，不思而行则未必中道。"此为学生问，后有朱子答，称思、行不可分离。中道盖指思、行之恰当关系，当读为中于道。

- 卷24〈论语·为政篇下〉："又如熙宁变法，亦是当苟且惰弛之余势有不容己者，但变之，自不中道。"中道做动宾结构，显然当读作中于道，不读正道（名词）。

- 卷26〈论语·里仁篇上〉："问：《集注》前后说不同，前说能用力于仁，未见其力有不足者。后说有用力而力不足者，既曰用力，亦安有昏弱欲进而不能者？曰：有这般人，其初用力非不切至，到中间自是欲进不能，夫子所谓力不足者中道而废，正说此等人。冉求力可做，却不自去着力耳。间或有曾用力而力不足底人，这般人亦是难得。某旧只说得有能一日用其力一句，后知其未稳，大段费思量，一似蚁钻珠模样，钻来钻去，语脉却是如此，方见得两个，未见字不相碍。"解释《论语》"中道而废"，理解为中途。

- 卷29〈论语·公冶长下〉（3见）："且如狂简，真个了得狂简底事，不是半上落下，虽与圣贤中道不同，然毕竟是他做得一项事，完全与今学者有头无尾底不同。圣人不得中道者与之，故不得已取此等狂狷之人，尚有可裁节，使过不及归于中道。"从《论语》孔子论"不得中行而与之"论中道，中道指不偏离、恰到好处之道。

- 卷32〈论语·雍也篇三〉："力不足者，中道而废，废是好学而不能进之人，或是不会做工夫，或是材质不可勉者。今女画，画是自画，乃自谓材质不敏而不肯为学者。""中道而废与半途而废不同，半途是有那懒而不进之意。中道是那只管前去，中道力不足而止，他这中道说得好。""吕氏发明伊川之说，以中道而废作不幸，字甚亲切。"

- 卷43〈论语·子路篇〉："狂狷者又各堕于一偏，中道之人有狂者之志而所为精密，有狷者之节又不至于过激，此极难得。"此处明显以中道指不偏。同卷后面还有类似说法，皆以孔子"中行"指中道，针对狂狷而言。

- 卷44〈论语·宪问篇〉："以德报怨，怨乃过德。以怨报德，岂是人情。以直报怨则于彼合为则为是无怨也，与孟子三反而不校同。《礼记》云'以德报怨，宽身之仁也'，言如此亦是宽身，终不是中道。"从以德报怨、以怨报德与以直报怨关系，说明以直报怨才是中道。中道还是指恰到好处之道。

- 卷73〈易·既济〉："六二以中道也，道亦上声音斗。"
- 卷127〈本朝·太祖朝〉："二圣北狩时遣曹真中道归。"中道指半途。

《王文成全书》：多指中途或半途（而殒等），指恰好之道（2见）。

- 卷19〈外集一·吊屈平赋〉："中道难勉低回兮。"指中途。
- 卷19〈外集一·去妇叹五首〉："委身奉箕帚，中道成弃捐。"中途或曰半途。
- 卷21〈外集三·答佟太守求雨〉："彼皆有高洁不污之操，特立坚忍之心，虽其所为不必合于中道，而亦有以异于寻常。"典型地指恰好之道。
- 卷25〈外集七·祭杨士鸣文〉："兄弟虽皆中道而逝。"中途。
- 卷31下〈山东乡试录·策五道〉："过与不及，皆不得夫中道者也。"恰好之道。

《宋元学案》：指恰好之道、合于道，中途（2见）。
主要指恰好之道，然亦不时使用"从容中道"（指合于道），极少见指半途或中途者。

- 卷5〈古灵四先生学案·陈烈〉："虽有迂阔之行，不合中道犹为守节之士。"方按：恰好之道。
- 卷6〈士刘诸儒学案·士建中〉："至于箴规徂徕，谓其未抵中道，尤切当其弊。"方按：恰好之道。
- 卷17〈横渠学案上·张载〉："中道疾作。"

- 卷30〈校书李端伯先生吁〉："皇天降灾，夭于中道，使不得尽其才。"方按：吕正字祭李端伯文，中道是指人生中途，同类用法甚多。

《明儒学案》：18见，指恰好之道。

- 卷2〈河东学案二·吕柟语录〉："此亦可谓慷慨之士，或曰但欠中道耳。"
- 卷19〈江右相传学案四·陈九川论学书〉："贤豪之士所以自别于流俗，而其运动设施不合于中道，不可语天德王道也。"中道做名词，显然指恰好之道。
- 卷20〈江右相传学案五·王时槐语录〉："千圣语学皆指中道，不落二边。""孟子洞悟中道原无内外，其与告子言皆就用上一边帮补说，以救告子之所不足。"
- 卷37〈甘泉学案一·湛若水语录〉："中道而立，能者从之。"
- 卷51〈诸儒学案中·黄佐〉："视听言动之中礼，喜怒哀乐之中节，彝伦经权之中道。"虽然，此处"中道"做动宾，指中乎道、合于道。
- 卷62〈蕺山学案·刘宗周语录〉："即心而言，则'寂然不动，感而遂通'，当喜而喜，当怒而怒，哀乐亦然。由中道和，有前后际，而实非判然分为二时。"

【集部】
《文选》：6见，多指中途，1例指合道。

- 卷17〈洞箫赋〉（王子渊撰）："从容中道乐不淫兮。"
- 卷26〈赠郭桐庐〉（任彦升撰）："中道遇心期。"方按：

铣曰："心期,谓峙也。"中道,中途。

- 卷 27〈怨歌行〉(班婕妤撰):"恩情中道绝。"
- 卷 27〈苦寒行〉(曹操撰):"中道正徘徊。""中道"二字李善注本作"中路。"
- 卷 37〈出师表〉(诸葛亮撰):"先帝创业未半,而中道崩殂。"方按:人生中途。

《楚辞》:指中途。

- 卷 4〈九章·昇诵〉:"昔余梦登天兮,魂中道而无杭。"
- 卷 4〈九章·抽思〉:"羌中道而回畔兮。"王逸注:"信用谗人更狐疑也。"

《蔡中郎文集》:指中途。

- 〈外传·上汉书十志疏〉:"二十年之思,中道废绝,不得究竟。"

《曹子建集》:指中途。

- 卷 1〈怨歌行〉:"君怀常不开,贱妾当何依。恩情中道绝,流止任东西。"

《嵇中散集》:指中途。

- 卷 3〈养生论〉:"风寒所灾,百毒所伤,中道夭于众难。"人生中途。

《陶渊明集》卷4〈拟古九首·其一〉："出门万里客，中道逢嘉友。"

《韩愈文集》：指合道，中途。

- 卷14〈省试颜子不贰过论〉："从容中道，圣人也。"
- 〈外集〉卷第九〈顺宗实录四〉："载妻子一行中道而逃城。"

《柳宗元集》：指恰好之道、人生中途等。

- 卷3〈时令论下〉："圣人之为教，立中道以示于后，曰仁曰义曰礼曰智曰信，谓之五常，言可以常行者也。"恰好之道。
- 卷6〈南岳弥陀和尚碑〉："凡化人，立中道而教之权。"
- 卷6〈岳州圣安寺无姓和尚碑〉："和尚绍承本统，以顺中道，凡受教者不失其宗。"
- 卷10〈李公墓志铭〉[483]："以宽通简大，辅治得中道。"
- 卷13〈亡姑渭南县尉陈君夫人权厝志〉："不幸中道而有痼疾。"人生中途。
- 卷19〈师友箴并序〉："吾欲取友，谁可取者？借有可取，中道或舍。"朋友交往中途。
- 卷22〈送杨凝郎中使还汴宋诗后序〉："控制之术，难乎中道。"指控制将卒的方法难以掌握分寸，做到恰到好处。
- 卷25〈送巽上人赴中丞叔父召序〉："中书见上人，执经而师受，且曰：'于中道吾得以益达。'"当指恰好之道。
- 卷26〈四门助教厅壁记〉："课生徒之进退必酌于中道。"
- 卷31〈与韩愈论史官书〉："司马迁触天子喜怒，班固不检下，崔浩沽其直以斗暴虏，皆非中道。"中道指恰到好处，若读为"合于道"则不通。

- 卷31〈与韩愈论史官书〉："宜守中道，不忘其直，无以他事自恐。退之之恐，唯在不直，不得中道，刑祸非所恐也。"中道似指正直之道？

- 卷31〈答吴武陵论非国语书〉："夫为一书，务富文采，不顾事实，而益之以诬怪，张之以阔诞，以炳然诱后生，而终之以僻，是犹用文锦覆陷阱也。不明而出之，则颠者众矣。仆故为之标表，以告夫游乎中道者焉。"从上下文看，中道指修习为书事业之中途。

- 卷33〈与杨诲之疏解车义第二书〉："今吾先尽陈者，不欲足下如吾更讪辱，被称号，已不信于世，而后知慕中道，费力而多害，故勤勤焉云尔而不已也。"当指恰好之道。先言自己早年"更讪辱，被称号，已不信于世"，虽慕中道而多害。

- 卷34〈答严厚舆论师道书〉："攻其车，肥其马，长其策，调其六辔，中道之行大都，舍是又奚师欤？"中道似指恰好之道。

- 卷40〈祭吕敬叔文〉："天乎有亡，中道是弃。"人生中途。

- 卷40〈祭李中明文〉："中道瘆殒兮。"人生中途。

- 卷41〈祭外甥崔骈文〉："中道夭死。"人生中途。

《范文正公集》：指中途，恰好之道。

- 卷3〈寄秦州幕明化基寺丞〉："同时辟命新，中道改丝纶。"

- 卷13〈贾公墓志铭〉[484]："颠沛造次，弗离中道。"

《司马光文集》: 指恰好之道。

- 卷24〈陈烈札子〉:"虽有底滞污阔之行, 不能合于中道, 犹为守节之士。"
- 卷63〈答韩秉国书〉:"凡曰虚曰静曰定云者, 如《大学》与荀卿之言, 则得中而近道矣。如佛老之言则失中而远道矣。光所以不好佛老者, 正谓其不得中道, 可言而不可行故也。"前文有强调"虚""不为空洞无物", "静"不是"兀然如木石", 而以佛老不中、远道。所谓"失中""得中", 与《中庸》"中节""时中"之"中"同义。中即恰好也。
- 卷63〈答秉国第二书〉:"从容中道。"

《临川文集》: 5见, 指中途 (1见), 恰好之道 (4见)。

- 卷4〈食黍行〉:"游人中道忽不返。"
- 卷64〈三圣人〉:"三人者因时之偏而救之, 非天下之中道也, 故久必弊。"三人谓伊尹、伯夷、柳下惠, 三人救天下之道皆因时而作, 各有偏颇, 不如孔子考虑周全、恰当。
- 卷65〈洪范传〉:"人君以中道布言。……凡厥庶民, 以中道布言, 是训是行。"
- 卷75〈答殳缝书〉:"巩果于从事, 少许可, 时时出于中道。"

《欧阳修文集》: 12见, 指中途, 或恰好之道。

- 卷7〈代鸠妇言〉:"女弃父母嫁日归, 中道舍君何所之。"

舍君指离开夫君。

- 卷66〈与石推官第一书〉："向谓公操能使人誉者，岂其履中道，秉常德而然欤？"

- 卷78〈易童子问〉："圣人之中道。"

- 卷89〈赐宰臣富弼上第一表乞解罢机务不允批答〉："中道而止。"

- 卷102〈论乞令宣抚使韩琦等经略陕西札子〉："议方未决，中道召还。"

- 卷102〈论体量官吏酷虐札子〉："光化兵变虽因韩纲自致，其如兵亦素骄，处置之间须合中道。"

- 卷105〈论水洛城事宜乞保全刘沪等札子〉："其功垂就，而中道获罪。"

《东坡全集》：17见，多指中途，少数指恰好之道（5见）。

- 卷32〈和归去来分辞〉："曷中道而三休。"中途。

- 卷36〈庄子祠堂记〉："列御寇之齐，中道而反。"

- 卷37〈黄州安国寺记〉："举意动作皆不中道。"

- 卷40〈刘恺丁鸿孰贤论〉："世以为无能而摈之，则丁鸿之复于中道，尤可以深嘉而屡叹也。"

- 卷44〈大臣论下〉："昔之举事者，常以中道而众散以至于败。"

- 卷63〈奏内中车子争道乱行札子〉："后妃之属中道迎谒。"

- 卷72〈上韩太尉书〉："非圣人之中道。"

- 卷72〈上富丞相书〉："异时士大夫皆喜为卓越之行，而世亦贵狡悍之才。自明公执政而朝廷之间习为中道而务循于规矩，士之矫饰力行为异者，众必共笑之。"中间道路，指不极端。

- 卷91〈祭吴子野文〉："送我北还，中道弊衣。"
- 卷108〈范百禄刑部侍郎〉："朕哀敬五刑，期协中道。"
- 卷113〈赐宰相吕公著乞罢相位批答〉："譬如玉人雕琢玉，中道而易之，岂复成器哉。"中途，指事未完、过程中间。

《朱子文集》：27见，多数指恰好之道，或指行进或人生中途（约8见）。"从容中道"共8见（卷32、35、40、42、50〔2见〕、62、84）。

- 卷12〈己酉拟上封事〉："化与心成，中道若性。"
- 卷25〈答张敬夫书〉："计虑不定，中道变移。"
- 卷33〈答吕伯恭〉："窃以天理揆之二者，恐皆非中道。"
- 卷34〈答吕伯恭〉："中道夭丧，甚可伤也。"
- 卷41〈答程允夫〉："理之所在，即是中道。"
- 卷41〈答程允夫〉："非圣人之中道也。"
- 卷43〈答李伯谏〉："圣人以中道自任，不欲学者躐等。"朱子书引对方言而赞之。
- 卷43〈答林择之〉："喜怒哀乐浑然在中，未感于物，未有倚着一偏之患，亦未有过与不及之差，故特以中名之，而又以为天下之大本。程子所谓中者在中之义，所谓只喜怒哀乐不发便是中，所谓中，所以状性之体段。所谓中者，性之德，所谓无倚着处，皆谓此也。择之谓，在中之义是里面底道理，看得极子细。然伊川先生又曰：'中即道也。'又曰：'不偏之谓中，道无不中，故以中形道。'此言又何谓也？盖天命之性者，天理之全体也。率性之道者，人性之当然也。未发之中，以全体而言也。时中之中，以当然而言。要皆指本体而言。若吕氏直以率性为循性而行，则宜乎其以中为道之所由出也，失之矣。"本段释"中"与"道"关系。

- 卷50〈答潘端叔〉："未能从容中道由中而行耳故。"
- 卷55〈答李时可〉："中道之所感格，天地以位万物以育。"
- 卷65〈尚书·大禹谟〉："民情又皆合于中道，无有过不及之差焉。"
- 卷70〈读苏氏纪年〉："夫子中道而立。"
- 卷70〈读苏氏纪年〉："始终不贰，则其所行自无过不及，而合中道耳。"
- 卷85〈陈明仲画象赞〉："孰谓其赍此志而中道以没。"
- 卷88〈少传刘公神道碑〉："夜驰三百里中道少止。"
- 卷89〈右文殿修撰张公神道碑〉："不得尽其所为而中道以没。"
- 卷95下〈张公行状下〉[485]："公中道具奏。"行道中。
- 卷95下〈张公行状下〉："何为中道遽欲引嫌自陈。"
- 〈别集卷二·林择之〉："又闻中道而逸矣。"

《象山全集》：3见，指恰好之道（1见），中途（2见）。

- 卷6〈与傅圣谟〉："从容中道。"
- 卷30〈房杜谋断如何论〉："王良中道而驲舆，少下于王良者必不能以振其策。"
- 卷35〈语录〉："力不足者，中道而废，今女画。"

《龙川集》：3见，指中途（2见），恰好之道（1见）。

- 卷4〈问答〉："圣人酌古今而裁之中道，必有俟百世而不惑者。"

- 卷12〈诸葛亮〉："玄德中道而殂，属大事于孔明。"
- 卷24〈祭王天若父母文〉："而人子之心夺之中道。"

《水心文集》：8见，指中乎道（2见），恰好之道（4见），中途（2见）。

- 卷1〈上宁宗皇帝札子〉："销磨党偏，秉执中道。"
- 卷7〈送胡衍道〉："中道不及伸，偏质徒受乱。"
- 卷17〈刘子怡墓志铭〉："太守袁孚代归，中道诏令复还。"
- 卷20〈宝谟阁直学士赠光禄大夫刘公墓志铭〉："约以中道，常屈而改为。"
- 卷20〈太学博士王君墓志铭〉："昔子中道，我勉而进。"人生中途。
- 卷27〈答少詹书〉："要当修为充扩，勉而中道。"中道为动宾结构，中读去声，少有。
- 卷27〈上李签启〉："前世之用人，无若本朝之中道。"
- 卷28〈祭蔡行之尚书文〉："世故迁流，多否常屯。每辄中道，濡尾曳轮。"中途。

《逊志斋集》（方孝孺）：7见，指恰好之道（3见），中乎道（1见），中途（3见）。

- 卷5〈汉章帝〉："二者俱政之弊，不足以为中道。"
- 卷16〈遗安堂记〉："而皆未合乎中道。"
- 卷18〈题郑叔致字辞后〉："从容而中道矣。"
- 卷21〈先府君行状〉："而水兵果中道杀护吏。"
- 卷21〈友鹿翁传〉："非圣而自高，多戾中道。"

《姜斋诗文集》: 3 见，指中途。

- 〈六十自定稿·拟古诗十九首〉: "中道悲弃捐。"
- 〈六十自定稿·拟古诗十九首〉: "中道至合浦。"
- 〈六十自定稿·拟古诗十九首〉: "中道困蛟龙。"

《亭林诗文集》: 2 见，指中途（1 见），中间路（1 见）。

- 〈广宋遗民录序〉: "且改行于中道而失身于暮年。"
- 〈答王山史书〉: "自西上不敢当中道。"

《南雷集》: 4 见，指中途（3 见），恰好之道（1 见）。

- 卷5〈万公墓表〉[486]: "中道覆一舟。"
- 〈子刘子行状〉: "仁义之良而精以择之，一以守之，则随吾心所发，自无过不及之差，而中道在我矣。"
- 〈诗历·饮酒〉: "所愧中道捐，垂实见收荷。"
- 〈学箕初稿·哀张梅先辞〉: "前途渺渺中道捐。"

《戴东原集》: 1 见，指中心之路。

- 卷8〈法象论〉: "日行中道，月五星各由其道而宗之，各为迟疾而会归之。"

《抱经堂文集》: 4 见，指中途（2 见），合于道（2 见）。

- 卷17〈与薛淀山洪书〉: "往往中道废，不克自振。"
- 卷17〈与张东之弟孟阳书〉: "天不假年，中道摧折。"

- 卷19〈与理斋书〉："是从容中道之圣人。"
- 卷31〈张贞女事略〉："然则贞女之行，虽谓之中道可也。"

《潜研堂文集》：6见，指中途（3见），恰好之道（3见）。

- 卷3〈中庸说〉："曰中道。……凡物之失其常者，不可以用。其可常用者，皆中道也。"
- 卷14〈答问十一〉："月行中道也。"
- 卷21〈张氏墓庐记〉："有合于圣人之中道乎？"
- 卷38〈严先生衍传〉："慕容幼、慕容稚，皆东走，幼中道而还。"
- 卷44〈陈公墓志铭〉[487]："天不假年，中道而息。"

《揅经室集》：1见，指恰好之道。

- 〈三集卷二·武昌节署东箭亭记〉："勿以华靡损其性，性损者折；勿以枯槁矫其情，情矫者偏。譬如射者，立乎中道而已。"

《定盦文集》：3见，指合乎道（1见），中间路（2见）。

- 〈续集卷二·古史钩沉论三〉："进中礼，退中道。"
- 〈续集卷三·己亥六月重过扬州〉："由午门中道出。"指中部道路。
- 〈续集卷四·王仲瞿墓表铭〉："以步卒三百伏于路，而亲自中道追之。"指中间路。

《方望溪全集》：24 见，指人生中途。

多指人生中途（中道夭、中道亡、中道殒、中道殂、中道殁之类），亦有指行进中途，或道路中间（1 见）。

- 卷 15〈圣主亲征漠北颂〉："皇帝总六师，由中道出次。"此义并不多见。中道指中间位置。

《惜抱轩集》：2 见，指中途。

《曾国藩集》：4 见。中道捐、中道夭殂、从容中道、依乎中道无峻绝可惊之行（〈文集卷三·大界墓表〉）。

【史部】

《战国策》：3 见，指中途（2 见），中间路线（1 见）。

- 卷 6〈秦·昭襄王〉："今王中道而信韩魏之善王也。"
- 卷 7〈魏·哀王〉："苏代曰：衍将右韩而左魏，文将右齐而左魏，二人者将用王之国，举事于世，中道而不可，且王无所闻之矣。"方按：此处鲍氏注"中道"曰："中道犹中立也，言不能两全二国。"中道指走中间路线。
- 卷 7〈魏·安釐王〉："闻之，中道而反，衣焦不申。"

《史记》：4 见，指中途（3 见），中间（1 见）。

- 〈天官书〉："月行中道。"
- 〈索隐案〉："中道，房室星之中间也。"
- 〈春申君列传〉："今王中道而信韩魏之善王也。"
- 〈张丞相列传〉："奈何中道而弃之于诸侯乎？"

《汉书》：14见，指中心之道（日行轨道，7见），中途，中乎道（2见）。

- 卷26〈天文志〉
  - ✧ "日有中道，月有九行。中道者黄道，一曰光道。"中间道也。
  - ✧ "立夏夏至南，从赤道。然用之一决房中道。"方按：据颜注，决当作于，并谓"盖言月之行，其道虽多，然皆决于日之中道也"。故其后云："至月行则以晦朔决之。"又曰："日之所行为中道，月五星皆随之也。"中道似指作为中心之道。
  - ✧ "日之所行为中道，月五星皆随之也。……月去中道，移而东北，入箕。若东南入轸，则多风。西方为雨，雨少阴之位也。月失中道，移而西入毕，则多雨。"
- 卷48〈贾谊传〉："化与心成，故中道若性。"

《后汉书》：4见，指中途，中乎道（1见）。

- 卷67〈桓荣传〉："化与心成，则中道若性。"

《晋书》：55见，指车行之道（47见），月行道（1见），中途。

- 卷17〈律历志中〉："月行中道也。"
- 卷25〈舆服志〉："先象车鼓吹一部十三人，中道。"方按：指车行于道。本卷多达47见，皆此义。

《宋书》：7见，指中途（5见），月行中道（1见），恰好之道（1见）。

- 卷 13〈历志下〉："月行中道。"
- 卷 20〈乐志二〉："我敷玄化，臻于中道。"恰好之道。

《魏书》：14 见，多指行军路线或军衔名。

- 卷 2〈太祖纪〉："七军从西道出牛川车驾亲勒六军从中道。"东西中间道。
- 卷 30〈宿石传〉："为北中道都大将。"
- 卷 44〈乙瑰传〉："又为中道都将。"
- 卷 101〈蛮传〉："公十七年加征南将军、中道大都督。"

《隋书》：7 见，指中途（4 见），合于道（1 见），恰好之道（2 见）。

- 卷 19〈天文志上〉："天子动得天度，止得地意，从容中道。"合于道，少有。
- 卷 32〈经籍志一〉："先王设教以防人欲，必本于人事，折之中道。"恰好之道。
- 卷 34〈经籍志三〉："若使总而不遗，折之中道，亦可以兴化致治者矣。"

《旧唐书》：9 见，指立场中立（1 见），恰好之道（2 见），中途。

- 卷 84〈郝处俊传〉："洪范曰：高明柔克，沉潜刚克谓中道也。"恰好之道。
- 卷 119〈杨绾传〉："时元载秉政，公卿多附之。绾孤立中道，清贞自守，未尝私调载。"中道当指立场中立。
- 卷 158〈郑余庆传〉："绥所议论常合中道。"
- 卷 194 上〈骨咄禄传〉："天兵中道大总管。"

《新唐书》: 21 见，指恰好之道（3 见），中途。

- 卷 4〈本纪·则天顺圣皇后武氏〉:"清边中道前军总管；天兵中道大总管。"
- 卷 27 上〈历志〉:"月逶迤驯屈，行不中道，进退迟速，不率其常。过中则为速，不及中则为迟，积迟谓之屈。"以月行速言恰好之道。
- 卷 115〈狄郝朱传〉:"《书》曰：'高明柔克，沉潜刚克。'中道也。"
- 卷 139〈房张李传〉:"帝号送承天门，而辒车行不中道。"

《宋史》: 78 见，指恰好之道（12 见），中途等。
职衔名甚多，未删。

- 卷 49〈天文志二〉:"从容中道。"
- 卷 50〈天文志三〉:"太阴犯阳道，为旱；阴道，为雨；中道，岁稔。"中道指阴阳二道之中间道。
- 卷 51〈天文志四〉:"月出入两河间中道，民安岁美，无兵。出中道之南，君恶之，大臣不附。"中间道。
- 卷 148〈仪卫志·卤簿仪服〉:"《开元礼义纂》曰：唐太宗法夏后之前制，取中方之正色，故制大麾，色黄。今礼有黄麾，其制十二幅。《开宝通礼义纂》曰：黄，中央之色。此仗最近车辂，故以应象，取其居中道、达四方、含光大也。"
- 卷 197〈兵志·器甲之制〉:"以要切军器立为岁课，务得中道。"
- 卷 257〈列传第十六·论〉:"其子继昌忘父仇，以恤伸母之贫，虽非中道，亦人所难。"恰好之道。
- 卷 293〈王禹偁传〉:"亦匪得其中道也。"

- 卷 306〈朱台符传〉："太祖深鉴往古，酌取中道，与民休息。"

- 卷 314〈范仲淹传〉："论继述事当执中道，不可拘一偏。"

- 卷 328〈李清臣传〉："帝曰：是岂无中道耶。"

- 卷 345〈陈瓘传〉："为今之计，唯消朋党，持中道，庶可以救弊。"

- 卷 385〈葛邲传〉："孝宗正风俗，节财用，振士气，执中道，恤民力。"

- 卷 404〈刘颖传〉："王佐为帅负其能，盛气以临僚吏。颖约以中道，多屈而改为。"

- 卷 458〈陈烈传〉："烈平生操守出于诚实，虽有迂阔，不合中道，犹为守节之士。"

《元史》：指中途，有指日行轨道（2 见），未见指恰好之道或中平道。

《明史》：45 见，指恰好之道（1 见），中途、中央道，多指庭中央道。

- 卷 216〈田一俊传〉："并得圣贤中道，竖儒安足知之。"

《清史稿》：未见作恰好之道或中于道之例。

《资治通鉴》卷 245〈唐纪·文宗中〉："但思虑不至，或失中道耳。"恰好之道，可能是唯一见到的。

【类书】

《艺文类聚》，12 见。

- 卷 8〈水部上·洛水〉："雾开中道日。"

《太平御览》，39 见。

314

- 卷 773〈车部·叙车下〉："谯周《法训》曰：鸾车璜佩求中道心。"含义不明。在车部，可能指车子轨道。

《册府元龟》

恰好义：或乖中道，臻于中道，非中道之言也，孤立中道，以从中道，颇叶中道（叶字或误），中道之心，论（说）中道，契于中道，从容中道。

- 卷 58〈帝王部·致治〉："后唐明宗始为藩臣及应运，以君德临下，力行于王化，政皆中道，时亦小康。"中道指合于道，较少见。

【三通】

《通典》卷 66〈礼·卤簿〉"中道"共 47 见，基本上均是车行时，使在中道，如"晋制，大驾卤簿：先象车，鼓吹一部，十三人，中道。次静室令，驾一，中道"之类。

《通志》：指自然现象，如：五星之中道，日月之中道，天之中道。卷 48〈器服略·车辂之制·卤簿〉"中道"47 见，皆指车行中道，内容与《通典》同。

《文献通考》

指恰好之道：务得中道（卷 161），乃合中道（卷 164），约之于中道（卷 187）。卷 116〈王礼考·乘舆车旗卤簿〉"中道"47 见，皆指车驶中道，与《通典》《通志》同。

- 卷 113〈王礼考·君臣冠冕服章〉："乃中道家法。"

【政书】

《名臣言行录》：10 见，多指恰好之道。术语：当履中道，御军自有中道，消朋党持中道，折以中道。

《群书治要》，3 见。

- 卷 16〈汉书四〉："化与心成，故中道若性。"唯一指中乎道者，无指恰好之道者。

《天下郡国利病书》：13 见，皆指中途。无指恰好之道或中乎道者。

《宋论》卷 10〈高宗〉："二者之患，皆本原于居心之量；而或踰其度，或阻其几，不能据中道以自成。"

《读通鉴论》：指恰好之道（1 见），中乎道（1 见），中途（1 见）。

- 卷 4〈汉昭帝〉："草野无知，而从容中道于道路，有是理哉？"
- 卷 21〈高宗〉："庶乎不疑不衰，得进贤之中道。"

《皇朝经世文》：指恰好之道或中乎道者多条。

- 卷 4〈书立命说辩后〉（罗有高撰）："中道若性者。"
- 卷 7〈请译进大学衍义疏〉（徐必远撰）："皇上圣心纯一，从容中道。"
- 卷 10〈进呈经义〉（陶贞一撰）："用舍举措，无不合乎中道。"
- 卷 11〈治法论〉（陆陇其撰）："宽而详者为体，严而简者为用，此今日之中道也。"
- 卷 11〈三代因革论四〉（恽敬撰）："三代不同礼而王，五伯不同法而霸，此便私挟妄之说也。虽然，有中道焉。"
- 卷 21〈诫子书〉（聂继模撰）："往省见上司，有必需衣服，须如式制就，矫情示俭，实非中道。"

附录二　［宋］程颢《陈治法十事》

方按：所谓治法十事，包括师友之道、六官之职、井田经界、乡里之教、学校之教、兵农关系、国库积蓄、四民之职、山泽之禁、礼制之修。从内容看，治法一词指治国要策，主要涉及政策层面，不及形上原理。

臣窃谓：圣人创法皆本诸人情，通乎物理。二帝三王之盛，曷尝不随时因革，称事为制乎？然至于为治之大原，牧民之要道，理之所不可易，人之所赖以生，则前圣后圣未有不同条而共贯者。如生民之称有穷，则圣王之法可改。故后世尽其道则大治，用其偏则小康，此历代彰灼著明之效也。苟或徒知泥古而不能施之于今，姑欲循名而顾忘其实，此固末世陋儒之见，诚不足以进于治矣。然倘谓今世人情已异于古，先王之迹必不可复于今，趋便目前，不务高远，亦恐非大有为之论，而未足以济当今之极弊也。独行之有先后，用之有缓急耳。

古者自天子达于庶人，未有不须师友而成其德者。故舜、禹、文、武之圣，亦皆有所从受学。今师傅之职不修，友臣之义不著，而尊德乐善之风未成，此非有古今之异者也。

王者奉天建官，故天地四时之职，二帝三王未之或改，所以修百度而理万化也。唐存其略，而纪纲小正。今官秩淆乱，职业废弛，太平之治，郁而未兴，此非有古今之异者也。

天生蒸民，立之君，使司牧之，必制之常产以厚其生。经界必正，井地必均，此为治之大本也。唐尚存口分授田之制，今益荡然。富者田连阡陌，跨州县而莫之止。贫者日流离，饿殍而莫之恤；幸民猥多，衣食不足而莫为之制。将生齿日繁，转死日促，制之之道，所当渐图，此亦非有古今之异者也。

古者政教始乎乡里，其法起于比闾族党，州乡酇遂以联属，统治其民，故民安于亲睦，刑法鲜犯，廉耻易格，此亦人情之自然，行之则效，非有古今之异者也。

庠序学校之教，先王所以明人伦，化成天下者也。今师学废而道德不一，乡射亡而礼义不兴，贡举不本于乡里而行实不修，秀士不养于学校而人材多废，此较然之事，亦非有古今之异者也。

古者府史胥徒受禄公上，而兵农未始判也。今骄兵耗国力，匮国财，极矣。禁卫之外，不渐归之于农，将大贻深患。府史胥徒之毒遍天下，而目为公人，举以入官，不更其制，何以善后？此亦至明之理，非有古今之异者也。

古者国有三十年之通余，九年之食以制国用，无三年之食者，则国非其国。今天下耕之者少，食之者众，地力不尽，人功不勤，虽富室强宗，鲜有余积，况其贫弱者乎？一遇年岁之凶，即盗贼纵横，饥羸满路。如不幸有方三二千里之灾，或连年之歉，当何以处之？宜渐从古制，均田务农，俾公私交务于储余，以豫为之备，未可以幸为恃也。

古者四民各有常职，而农者十居八九，故衣食易给，而民无所苦。今京师浮民数逾百万，游手游食，不可赀度，其穷蹙辛苦，孤贫疾病，变诈巧伪以自求生而常不足以生，日益岁滋。宜酌古变今，均多恤寡，渐为之业以振救其患。

圣人奉天理物之道，在乎六府，六府之任，列之五官，山虞泽衡，各有常禁。夫是以万物阜丰，而财用不乏也。今五官不修，六府不治，用之无节，取之不时，林木焚赭，斧斤残伤，而川泽渔猎之繁，暴殄耗竭，而侵寻不禁。宜修古虞衡之职，使将养之，以成变通长久之利。

古冠婚丧祭，车服器用，差等分别，莫敢逾僭。故财用易给而民有常心。今礼制未修，奢靡相尚，大夫之家莫能中礼。而商贩之类或逾王公。礼制不足以检饬人情，名数不足以旌别贵贱，诈虞攘夺，人人求厌其欲而后已。此大乱之道也。因先王之法，讲求而损益之。凡此，皆非有古今之异者也。然是特其端绪，必可施行之验也云尔。

如科条度数、施为注措之道，必稽之经制而合，施之人情而安。惟圣明博择其中！

（摘自 ［明］黄宗羲原著，全祖望补修：陈金生、梁运华点校，《宋元学案》，北京：中华书局，1986年，第 571—573 页，原文未分段）

附录三　［清］陆陇其《治法论》

方按：此文以治道为治法。强调中道是天下治平根本，而其所谓"中"主要是指宽简适宜、恰到好处，即所谓无偏差，"宽而详者为体，严而简者为用，此今日之中道也"。而此处中得宜之道，归根结底还靠皇上之心，"治之本在皇上之一心"。从其"汉、唐、宋所以不如三代者，非独其政之未尽适中"，"欲施之政事者尽得其中"等句，可知作者所谓"中"之义。又称"盖宽严烦简者，为治之大体"，所谓"为治之大体"似与本书"治体"义近。

帝王之道，中而已矣。惟中，故缓狱措刑而不厌其宽，诘奸锄暴而不厌其严，治具悉而不厌其烦，独持大体而不厌其简。此唐、虞、三代之治所以万世莫与京也。苟不审其中，而徒徇于一偏，方其宽也，则奸宄肆行而不知诘；方其严也，则无辜触网而不知恤；方其烦也，则天下多事而吏弗能纪；方其简也，则教弛法废而上弗知饬。安在其能振风俗而感人心乎？汉、唐、宋之所以有古治遗意者，则以其宽严烦简偶合于中也；其所以不如三代者，则以合而有未尽合也。

今皇上绍承先烈，思所以整齐风俗，和辑人心，则宽严烦简之间，诚不可不加之意。

然愚窃谓今日为宽严烦简之说者，皆未得其要，而徒徇一偏者也。故见《周礼》之委曲烦重，则以为宜用烦。见太公之三月报政，则以为宜用简。见汉高三章之约，则以为宜用宽。见诸葛严峻之治，则以为宜用严。夫周公之治周，诚烦矣，然其间岂无简者存乎？太公之治齐，诚简矣，然其间岂无烦者存乎？汉高、孔明诚一以严而一以宽矣，然宽者岂无用严之处，严者岂无用宽之处乎？盖宽严烦简者，为治之大体，因乎时者也。宽严并用，烦简互施者，为治之大要，随乎事者也。故善为政者，贵因时而知变，又贵因事而知变。苟谓时可宽而一乎宽，或可严而一乎严，犹未知宽严之变者也。谓时可简而一乎简，或可烦而一乎烦，犹未知烦简之变者也。

皇上垂统方新，比之于周，则正成、康制礼作乐之会也，其道宜用详。拟之于汉，则又文、景与民休息之会也，其道宜用宽。此今日之时则然也。然以其事论之，则又有不可概论者，愚请得指其一二，而其他可以类推焉。

今日之宜详者莫大乎尊卑上下之差别，宜简者莫要乎簿书文移之虚名，宜宽者，在钱粮之诖误、诏狱之株连，宜严者在吏胥之舞法、守令之贪污。尊卑上下之辨，所以节淫侈、定民志也。今胥隶得与缙绅同服，商贾得与公卿齐饰，而法制不立其间，将何所底止乎？宜命礼臣酌其差等，不厌精详，务为定式，庶贵贱不逾，而朝廷之名器足为重于天下。此以详为贵者也。簿书文移，上下所凭以为信者也。然今上之施于下者，非必其尽行也，以应故事而已。下之申于上者，亦非必其尽行也，以应故事而已。而徒使奸豪得借以为资，而成其所欲，此可不思所以省之乎？宜务在必行，不为虚文，庶官吏得尽心于职业，亦以少损奸豪之虚伪，此以简为贵者也。钱粮之催征不可宽矣，然以分毫之拖欠而遭黜革，以限期之稍逾而加谴谪，不已甚乎？诏狱之审录有不得已矣，然以一事之蔓延而累及千百，以一人之有罪而祸及亲属，不已甚乎？此宜以宽为贵者也。吏胥之舞法亦既屡申饬矣，而舞法者自若。守令之贪污亦既屡申饬矣，而贪污者自若。

岂非舞法贪污者未必尽发觉，发觉者未必尽加诛乎？此宜以严为贵者也。故愚尝论之曰：宽而详者为体，严而简者为用，此今日之中道也。致治之谟，无逾于此。

虽然，犹有进焉：夫宽严烦简者，治之迹，而非治之本也；治之本，在皇上之一心。汉、唐、宋所以不如三代者，非独其政之未尽适中，亦其心有未纯焉。是故以至仁为心而无杂乎偏私，以主敬为心而无入乎怠弛，此又皇上用宽用严用烦用简之本。苟无是心，而欲施之政事者尽得其中，岂有是理哉！

（摘自〔清〕魏源：《皇朝经世文编》，载魏源全集编辑委员会编，《魏源全集》第十三册，长沙：岳麓书社，2004年，第463—465页）

附录四 ［清］俞长城《王霸辨》

方按：本文说明王道与霸道之别在心不在法。三代之法尽在，而三代以后无王。举汉以来有为之君如汉武帝、汉宣帝、唐太宗、唐玄宗、宋太祖等例说明，心有不纯，虽有意王道，终成于霸。王者与霸者之别在于心之纯杂。此亦程、朱之共见也，即程子所谓"有天德然后可以语王道"。

王霸之辨，何辨乎？辨之于心也。

汉宣帝曰："汉家之法，以王霸杂之。"夫纯则王，杂则霸，安有王杂乎霸者？明太祖论汉曰："高帝创业，未遑礼乐。孝文当复三代之旧，乃逡巡不为，故治不古若。"夫道德仁义，体也；礼乐刑政，用也。无体有用，徒文具耳，乌得王？然则二君之言，非特不能致于王，并不知王霸之道者也。

心有诚伪，则治有纯杂。王道之行，如黄河发源于昆仑，历积石，下龙门，达乎九州，而放乎四海。分为川渎，决为浸泽，盈为沟浍，聚为井泉；其出无穷，而其流不息，有本故也。七八月之雨集，来易盈而去易竭，无本故也。王之与霸亦然。治显者自微始，治外者自内始，治疏者自亲始，治远者自近始。明此而王道之本末可知矣。

夫使舍其本而徒务其末，则养民莫若井田，教民莫若学校，固宗藩莫若封建，辅元良莫若豫教，求人才莫若乡举里选，阜财用莫若重农抑商，厚风俗莫若先礼后刑，来远人莫若修文偃武。凡此数者，三代以后皆能仿其意而行之，而终不能致于王，何也？如徒以末而已，则禁内侍干政而珰祸息，戒母后临朝而戚属衰，收兵权而藩镇弱，重台谏而专擅杜，严边备而不庭服，宽赋役而盗贼止。凡此数者，三代以后优为之，而终不能进于王，何也？今夫周官者，古今治法之全也。然周公制之以治周则王，管仲变之以治齐则霸，商鞅废之以治秦则强，王安石复之以治宋则乱，岂其法之有异哉？心之有不同也！

喜怒哀惧爱恶欲，王道之源；君臣父子夫妇兄弟朋友，王道之纲。源深则流远，纲举则目张。故为人君者，必正其心于平居无事之时，而尽其诚于人伦日用之大。然后推之天下，礼乐刑政莫不毕举，而王道四达。霸者，本之不图，而规规于法制之末。饰于昭明而偷于暗昧，勤于变乱而忽于治安，慎于重大而失于几微，成于少壮而败于老耄。其善者不过偏陂驳杂之治，而下之或不免于乱亡。揆之王道，相去远矣。

予尝谓三代以前无霸，三代以后无王。桓、文，霸也。汉高祖、唐太宗、宋太祖、明太祖，亦霸也。等而上之，周宣王亦霸也。秦穆作书悔过，近于古人，而三置晋君以为德，其伪亦甚也。故《尚书》录秦穆，志秦兴也。《国语》溯宣王，志周衰也。周宣、秦穆，其王霸升降之会乎？

夫人主之患，莫不始于有为而终于不继。当其始也，如日之方升，如月之方生，如木之方长，如水之方达，如火之方然，志盈气溢，不难侈言道德而粉饰仁义。迨乎功已成，年已老，岁月有限，而嗜好可娱，则向之所谓道德仁义者，一旦而弃之矣。若此者，由其以血气为主，而无义理以养之。故血气盛则盛，血气衰则衰，此其弊不在于怠荒之日，而在乎奋励之初。故人言汉高不事诗书而霸，然光武投戈讲艺而亦霸。唐太宗闺门不肃而霸，然明太祖修女戒、严宫政而亦霸；宋太祖乘势窃位而霸，然昭烈仗义讨贼而亦霸。所谓王与霸，特在于心辨之；而区区事为之迹，固不足以定之也。

夫格物、致知、诚意、正心、修身、齐家以至治国、平天下，此自然之理，而必至之势也。今而曰物不必格也，知不必致也，意不必诚，心不必正，而身不必修也，我治天下而已耳。是犹不逾跬步而欲至千里，吾见其不能及也；是犹不阶尺寸而欲登万仞，吾见其不能上也。《高宗肜日》定祀典耳。祖己曰："惟先格王，正厥事。"以为王不格，则祀典不得而定也。《旅獒》，却贡献耳，召公曰："志以道宁，言以道接。"以为不衰于道，则贡献不得而却也。周公告成王曰："厥或怨汝詈汝，则皇自敬德。厥愆，曰：'朕之愆，允若时。'不啻不敢含怒。"以为怒苟含，则始虽或忍之，而终必发也。古之王者于敬小慎微之中，皆有正本清源之学，故过日去而善日臻。孟子曰："君仁莫不仁，君义莫不义，君正莫不正。一正君而国定矣。"董子曰："正君心以正朝廷，正朝廷以正百官，正百官以正万民，正万民以正四方。"君心正则虽节目疏阔，不害其为王；君心不正，则虽治具毕张，不免于为霸。故三代以前无霸，而三代以后无王也。

汲黯谓武帝曰："陛下内多欲而外施仁义，奈何欲效唐、虞之治乎？"嗟乎，人主之患莫大于多欲！夫所谓欲者，岂必声色货利之悦人也哉？苟安，欲也；欲速，欲也；好名，亦欲也。粗既入于声色货利，而精犹蹈于苟安欲速好名，则善自外入，不自中生，故势不可久也。今自中主以上，莫不有为善之心，而不能致于王者，惟其无以充之也。唐肃宗外能克复两京，而内无以安上皇。宋太宗生能身致太平，而死无以见杜后。汉武之才过文、景，而卒不得免戾太子之死。唐开元之治比贞观，而终不能庇杨贵妃之诛。则能推不能推之效也。唐太宗始用魏征，既死而仆其碑；明神宗师事张居正，旋籍灭其产。岂始明而终暗哉，亦以心本不正，特勉强以从之耳？

善为主，恶为客，则恶不能攻；恶为主，善为客，则善不能固。故霸足以致治，亦足以致乱。治乱之机，一反手间耳。譬之患痛，毒在腹心，而治之乃在皮毛。过之愈久，其毒愈深，一发而溃，则死矣。然则所谓正心者，何如也？曰：治之纯杂在诚伪，心之存亡在敬肆；敬则未有不诚者也，肆则未有不伪者也。曰：正心而不求治法，无乃入于黄老之学乎？曰：黄老之学，荡佚其心而不存者也；王者之治，检持其心而不失者也。且夫正也者，岂徒正之也哉？正身则心在身，正家则心在家。以之正国正天下，则心在国与天下。心贯万事而无有不谨，无有不实，则王也。

故曰：王霸之辨，辨之于心也。

（摘自［清］魏源：《皇朝经世文编》卷 7〈治体一·原治上〉，载《魏源全集》第十三册，长沙：岳麓书社，2004 年，第 277—280 页）

注　释

1　李守奎、马楠、陈颖飞三位同事对我考证"治"字的本字及含义提供了极为重要的帮助。李守奎教授一开始就明确表示认同我前于"作治理义的'治'在先秦可能另有原形字"的猜测，告诉我"治"字的前身可能是与"辞"有关的几个古字，而传世先秦文献中的"治"字是用秦文字转写而来的；他并专门花精力向我提供了一些重要材料。另外，李守奎教授还告诉我一个非常重要的信息，即乿为辞在先秦的另一异体。马楠教授提醒我，辞在甲骨文中即已存在，金文中分化出辤、嗣二字，含义有别，这对我理清此字的含义演变极为重要。陈颖飞也专门花精力帮我查找了治、辞、辤等几个汉字的来源，并提供了重要材料。正是他们的帮助，这里关于"治"之义的研究才得以写成。在此，要特别对他们三位的重要帮助深表谢意。

2　许慎：《说文解字》，北京：中华书局，1963 年，第 227 页。

3　引用时有节文，中间不用省略号。

4　容庚：《金文续编》，上海：上海书店出版社，2000 年，第 256 页；汤余惠编：《战国文字编》（修订本），福州：福建人民出版社，2015 年，第 739 页；王辉：《秦文字编》（全四册），北京：中华书局，2015 年，第 1041—1044 页。

5　张显成主编：《秦简逐字索引》（增订本），全二册，成都：四川大学出版社，2014 年，第 482、1021、1249、1321 页。

6　黄德宽主编：《古文字谱系疏证》（全四册），北京：商务印书馆，2007 年，第 128 页。

7　其词组形式有："治狱""治事""治室""不治室屋""不治骚马""官治""助治""治之纪""宽以治之""治则敬自赖之""老为人治"（《睡虎地秦墓竹简》）；"治啬夫""治人""有不治者"（《放马滩秦简》）；"治铁官""治竟陵""治后府""治事""治痿病"（《周家台秦简》）；"启治所狱""治笥""治

邸""治观""治船"(《里耶秦简》);等等。参张显成:《秦简逐字索引》,第482、1021、1249、1321页;里耶部分见里耶秦简博物馆、出土文献与中国古代文明研究协同创新中心中国人民大学中心编著:《里耶秦简博物馆藏秦简》,上海:中西书局,2016年,第165、182、192、217页。

8 朱骏声:《说文通训定声》(影印本),北京:中华书局,1984年,第176页。

9 谷衍奎:《汉字源流字典》,北京:华夏出版社,2003年,第397页。又窦文宇、窦勇:《汉字字源:当代新说文解字》,长春:吉林文史出版社,2005年,第162页。

10 据朱骏声、段玉裁考证,治字用作水名也是假借尤(沈)字而来。段玉裁指出:"治水今名小沽河。"春秋时期称"尤水":"尤,古音读如贻,与治同在第一部。"《左传·昭公二十年》"姑、尤以西",杜注称:"姑水、尤水皆在城阳郡。"因此,治水旧称"尤水",后又称"小沽河"(段玉裁:《说文解字注》,上海:上海古籍出版社,1988年,第540页)。朱骏声猜测《说文》中作水名的治从沈字假借而来,台、尤古同音(朱骏声:《说文通训定声》,第176页)。从"治"未见于目前出土的齐文献(孙刚编纂:《齐文字编》,福州:福建人民出版社,2010年),似可佐证治为水名为晚出,若如此则治本义为何亦成问题。然《汉书·地理志》颜师古注载治为水名有三:泰山郡冠石山为"治水所出,南至下邳入泗";雁门郡累头山亦为"治水所出,东至泉州入海"(上游为桑干河);以及东莱郡阳丘山"治水所出,南至沂入海"。可见治用作水名并不限于《说文》所说东莱阳丘山一处。这些治水之名,何时产生则不得而知。

11 郭忠恕编:《汗简》,北京:中华书局,1983年,第35—36页;夏竦编:《古文四声韵》,北京:中华书局,1983年,第52页。据《四声韵》第3、4字出自《义云章》,第5、6字出自《古孝经》。

12 参汉语大字典编辑委员会编:《汉语大字典》(缩印本),武汉:湖北辞书出版社,成都:四川辞书出版社,1992年,第24页("乿")。

13 许慎:《说文解字》,第308页。

14 字形演变参李学勤主编:《字源》(上中下),天津:天津古籍出版社,沈阳:辽宁人民出版社,2012年,第343页。

15 参容庚编,张振林、马国权摹补:《金文编》,北京:中华书局影印,1985年,第273页。汉语大字典编辑委员会编:《汉语大字典》(缩印本),第854页。

16 许慎:《说文解字》,第84页。

17　杨树达："说蠲"，参《积微居小学述林全编》（全二册），上海：上海古籍出版社，2013 年，第 138—139 页。

18　朱熹《诗集传·绿衣》："治，谓理而织之也。"朱熹撰，朱杰人等主编：《朱子全书》（修订本）第 1 册，第 424 页。

19　〔明〕闵齐伋辑，〔清〕毕弘述篆订：《订正六书通》，上海：上海古籍书店，1981 年，第 404 页。

20　许慎：《说文解字》，第 309 页。

21　徐锴：《说文解字系传》卷 35〈通论下·翩〉，第 317 页。

22　于省吾：《双剑誃群经新证双剑誃诸子新证》，上海：上海书店出版社，1999 年，第 220 页。标点为引者加。于并以为《墨子·经上》"治，求得也"及《墨子·经说上》"治，吾count治矣，有人治南北"句中的"治"当读为"司"，即"主管其事之谓"，同上书，第 290 页。

23　由于先秦文字中的"台"多从"㠯"（音同"以"）演变而来，台、辝两字无别。参李守奎等编著：《上海博物馆藏战国楚竹简（一—五）文字编》，北京：作家出版社，2007 年，第 436 页。

24　容庚编：《金文编》，第 975—976 页。

25　陆德明：《经典释文》，北京：中华书局，1983 年，第 299 页。陆又云："辤，宜辞也。"似乎后世"辞"的"推迟""辞却"义来源于"辤"字，而辝为辤之籀文。

26　李守奎等：《上海博物馆藏战国楚竹简（一—五）文字编》，第 436 页。引文中的"司"原文无中间"口"，此处因造字不便写成司，二字无别。

27　《殷墟花园庄东地甲骨》著录号 HD00286.11，原文："壬卜：束彔弜若巳，佳（唯）又（有）辥。一。"〔刘钊主编：《新甲骨文编》（增订本），福州：福建人民出版社，2014 年，第 816 页〕

28　李学勤：《字源》，第 795 页。

29　朱骏声：《说文通训定声》，第 176 页。

30　许慎：《说文解字》，第 309 页。

31　李学勤：《字源》，第 1275 页。

32　这一看法得自我的同事马楠教授。

33　徐锴：《说文解字系传》，北京：中华书局，1987 年，第 317 页。

34　郭沫若：《管子集校》（一），《郭沫若全集·历史编第五卷》，北京：人民出版社，1984 年，第 287 页。

35　于省吾:《双剑誃群经新证双剑誃诸子新证》,第 205 页。

36　孙诒让:《墨子间诂》,第 337 页。

37　容庚:《金文编·散氏盘》,第 105 页。

38　段玉裁:《说文解字注》,第 75 页。

39　徐锴:《说文解字系传》,第 35 页。

40　容庚:《金文编·曾伯簠》,第 105 页。道的字形演变,参李学勤主编:《字
　　源》,第 133 页。

41　桂馥:《说文解字义证》,济南:齐鲁书社,1987 年,第 161 页。

42　段玉裁:《说文解字注·导》,第 121—122 页。

43　孙诒让:《周礼正义》,第十一册,北京:中华书局,1987 年,第 2815 页。

44　古本導多写作道。黄怀信称:"'道''导'古今字,以今当作'导'。"参黄
　　怀信主撰:《论语汇校集释》(全二册),上海:上海古籍出版社,2008 年,
　　第 104 页。另参第 39 页、第 1708 页。

45　段注以道的引导义是引申,而道路为本义,恐不正确;因为不仅寸有引导
　　义,首也有引导义。段玉裁:《说文解字注》,第 75 页。

46　徐锴:《说文解字系传》,第 307 页。

47　邢昺疏:《尔雅注疏》,见阮元校刻:《十三经注疏》(全二册,影印本),北
　　京:中华书局,1980 年,第 2575 页。

48　郝懿行:《尔雅义疏》,王其和等点校,北京:中华书局,2017 年,第 181 页。

49　徐锴:《说文解字系传》,第 307—308 页。

50　郑玄笺:《毛诗正义》,见阮元校刻:《十三经注疏》,第 460 页。

51　孔颖达疏:《周易正义》,见阮元校刻:《十三经注疏》,第 27 页。

52　《荀子·正名》"形体、色理以目异"句,杨倞注:"理,文理也";《荀
　　子·儒效》"井井兮其有理也"句,杨倞注:"理,条理也。"《礼记·乐记》
　　"理发诸外"、《祭义》"理发乎外"之"理",郑注分别释为"容貌之进止",
　　或"言行",当指言行容貌皆有条理。《广韵·止韵》:"理,文也"(陈彭
　　年:《钜宋广韵》,上海:上海古籍出版社,2017 年,第 170 页)。

53　王叔岷先生认为,理与道分别从分与统言,即理是道之分,道是众理之所
　　凝,故"道为统一义,理为分别义"。这一说法是从战国后期道被上升为
　　抽象的、统领一切的东西来看,是有道理的(见《老子》第 25 章、《淮南
　　子·原道训》),然未必合乎道之本义。〈乐记〉讲"天理",至宋明蔚为大
　　观,可见理也未必不可以上升为统领一切的东西。参王叔岷:"道家思想

之渊源・道与道术",见王叔岷:《先秦道法思想讲稿》,北京:中华书局,2007 年,第 13 页。

54　王引之:《经义述闻》卷 3〈尚书上〉,南京:江苏古籍出版社,2000 年,第 78 页。

55　皇侃疏:《论语集解义疏》(卷四),见王云五主编:《丛书集成初编》全四册,上海:上海商务印书馆,1937 年,第 87 页。

56　李轨注:《法言・问道卷第四》,见《诸子集成》第 7 册,上海:上海书店出版社,1986 年,第 9 页。

57　徐元诰撰:《国语・周语下第三》,王树民、沈长云点校,北京:中华书局,2002 年,第 93 页。

58　李轨注:《法言》,第 9 页。

59　俞樾:《群经平议》卷 26〈春秋左传二〉,见俞樾:《春在堂全书》(第一册),南京:凤凰出版集团,2010 年,第 420 页。

60　俞樾:《群经平议》卷 24〈春秋穀梁传〉,见俞樾:《春在堂全书》(第一册),第 387 页。

61　王引之:《经义述闻》卷 21〈国语下・道逆〉,第 510 页。

62　王念孙:《读书杂志》〈管子第八・小问〉,南京:江苏古籍出版社,1985 年,第 484 页。

63　转引自郭沫若:《管子集校》(三),见《郭沫若全集・历史编第七卷》,北京:人民出版社,1984 年,第 90 页。

64　本书从本节开始涉及的名词、术语在古籍出现的大量统计性数据,均依据电子文献检索,参书末〈参考文献〉,并参其中所列古文献简称及来源。

65　除《说文解字注》〈第三篇下・隶〉"使将徒治道沟渠之役"1 条。

66　牟宗三:《政道与治道》(增订新版),台北:台湾学生书局,1987 年,第 26 页。

67　黎红雷:《为万世开太平——中国传统治道研究引论》,《云南大学学报》社会科学版,2007 年第 6 期,第 37 页。

68　杨琪:《〈贞观政要〉治道研究》,成都:巴蜀书社,2011 年,第 3—18 页。

69　河北省文物研究所:"定州西汉中山怀王墓竹简《文子》释文",《文物》,1995 年第 12 期,第 27—34 页。括号内数字为竹简编号。

70　桓谭:《新辑本桓谭新论》,北京:中华书局,2009 年,第 3 页。

71　朱子引此话略异,曰:"程先生说帝王以道治天下,后世只是以智力把持天下。"(《朱子语类》卷 137〈战国汉唐诸子〉)陈亮与朱子有辩,称:"然谓三

代以道治天下，汉唐以智力把持天下，其说固已不能使人心服。"（陈亮撰：《龙川集》卷 20〈又甲辰答书〉）

72　"治道"一词还有一些其他用法，一指修治道路，非常常见；二指治病之道，较少见。但这两种用法与我们的主题无关。参〈附录一（一）〉中各书材料脚注。

73　戴望：《管子校正》，见《诸子集成》第 5 册，上海：上海书店出版社，1986 年，第 201 页。

74　据黎靖德编，王星贤点校：《朱子语类》（全 8 册），北京：中华书局，1994 年，第 2678—2690 页。

75　分别是："治道别无说。若使人主恭俭好善，有言逆于心必求诸道，有言孙于志必求诸非道，这如何会不治？"（黎靖德编，《朱子语类》，第 2678 页）"治道必本于正心修身，实见得恁地，然后从这里做出。"（《朱子语类》，第 2686 页）

76　除《群书治要》卷 14〈汉书二·志〉"郡国皆豫治道修缮故宫" 1 条，见本书〈附录一（一）〉。

77　下文称："君子之治之也，先务其本，故德建而怨寡。小人之治之也，先追其末，故功废而仇多"，强调："明莫大于自见，聪莫大于自闻，睿莫大于自虑。"（《群书治要》卷 46〈中论〉）

78　除《资治通鉴·御制序》"明君良臣切劘治道"（非作者语），卷 18〈汉纪十·世宗孝武皇帝上之下〉"发巴蜀卒治道"，卷 71〈魏纪三·烈祖明皇帝上之下〉"治道功夫，战士悉作"，卷 195〈唐纪十一·太宗文武大圣大广孝皇帝中之上〉"治道葺桥，动费一二万"，共 4 条。

79　本表根据〈附录一（一）〉制作，尽量将表述方式及含义相近者放在一起，个别词组作了精简重编，以体现其句法。各词组所在的古籍参〈附录一（一）〉。

80　《公羊传·隐公元年》何休注："取法十二公，天数备足，着治法式。"此处"治法"非独立术语，治为动词，"着治法式"指确立后世永久可效法之政治规矩。《穀梁传·僖公二十年》"南门者法门也"，范宁《集解》："法门谓天子诸侯皆南面而治，法令之所出入，故谓之法门。"治法非术语。

81　除《明史》卷 95〈刑法志三〉"许法司参治法司"；卷 130〈郭英传〉"刘大直复勘勋乱政十二罪，请并治。法司乃尽实诸疏中罪状，当勋罪绞"；卷 160〈金濂传〉"安乡伯张安与弟争禄，诏逮治，法司与户部相诿"；卷 240〈韩爌传〉"言病源及治法甚合";卷 299〈凌云传〉"或病痿,玉察诸医之方,与治法合而不效",共 5 条。

82　除《清史稿》卷 23〈德宗本纪一〉"敕曾国荃等详议两江河道治法",卷 55〈地理志二·奉天〉"设治法库门",卷 126〈河渠志一·黄河〉"毓贤言黄河治法",卷 147〈艺文志三·医家类〉"宋董汲〈脚气治法总要〉",卷 323〈庄有恭传〉"今筹治法,当于运河西凡太湖出水之口,皆为清理占塞,俾分流无阻";卷 336〈唐侍陛传〉"河行挟沙,治法宜激之使怒而直以畅其势",卷 452〈宗源瀚传〉"时太湖溇港淤塞,前守杨荣绪疏浚无功,会有疏陈治法者",卷 502〈张璐传〉"其注本草,疏本经之大义,并系诸家治法",卷 502〈尤怡传〉"乃就六经,各提其纲,于正治法之外,太阳有权变法,斡旋法,救逆法,类病法;阳明有明辨法,杂治法;少阳有权变法;太阴有藏病、经病法,经、藏俱病法",共 10 条。

83　除《明儒学案》卷 62〈蕺山学案·刘宗周诸说〉"一日三检点,则丛过对治法也"1 条。

84　此 2 条见于《欧阳修文集》〈附录五·事迹〉引述欧阳修语。

85　除《郡国利病书》册 38〈论曰〉"禹时之九江犹受岷江之输……故禹所患者,经不足以持纬,其治法后纬而先经;今所患者,纬不足以受经,其治法后经而先纬",共 2 条。

86　除《皇朝经世文》〈简介〉中"治法"1 条,卷 22〈为宰议〉治法指治游民,卷 99〈通筹湖河情形疏〉治法指治河,卷 100〈筹疏治河身事宜疏〉指治河(2 条),卷 101〈治河杂论〉治法指治水,卷 113〈元和水利议〉治法指治水,共 7 条。

87　除《太平御览》卷 388〈人事部〉"贾充等治法律,楷亦参典其事",卷 624〈治道部〉"明法度、必赏罚,则国富而治／法度、赏罚者,国之脂泽粉黛也",共 2 条。

88　除《二程集·外书·春秋录拾遗》"诗书易如药方,春秋如治法"1 条,此处"治法"与"药方"相应,应指治病方法。

89　除《册府元龟》卷 858〈总录部·医术〉"治法曰后三日而当狂妄起行",卷 934〈总录部·告讦〉"诏狱,与廷尉杂治法至死",共 2 条。

90　《史记》《汉书》皆有治法指治病者,除之。参《史记》卷 105〈扁鹊仓公列传〉"此不当医治法曰后三日而当狂",《汉书》卷 45〈蒯伍江息夫传〉"诏狱与廷尉杂治法至死"。

91　《说文·廌部》:"灋,刑也。平之如水,从水。廌,所以触不直者去之,从廌、去。"

92　《周礼·天官·大宰》"以八法治官府"孙诒让疏,见孙诒让:《周礼正义》,第63页。

93　程氏曰:"治身齐家以至平天下者,治之道也。建立纲纪,分正百职,顺天揆事,创制立度,以尽天下之务,治之法也。法者,道之用也。"(程颢、程颐,《河南程氏粹言·论政篇》,见程颢、程颐:《二程集》全二册,王孝鱼点校,北京:中华书局,2004年,第1219页)

94　梁启超:《中国法理学发达史论》,见梁启超:《饮冰室合集》第五册〈文集之十五〉,第1320—1323页。

95　如《墨子·法仪》:"然则奚以为治法而可?……故父母、学、君三者,莫可以为治法。然则奚以为治法而可?故曰:莫若法天。天之行广而无私,其施厚而不德。"法指效法,谓不可以效法父母、学及君三者,只有法天。又:荀悦《前汉纪》卷第十〈前汉孝武皇帝纪〉有"吾欲兴政,治法尧舜何如?"《方望溪全集》卷13〈翰林院检讨窦君墓表〉有"治法尧舜,学遵孔孟"。

96　道家文献或医书(如《黄帝内经》)常以治法指治病方法。又如《挚经室集》〈二集卷六·山东分巡兖沂曹济道唐公神道碑〉"尝论治河之道曰:河行挟沙,治法宜激之",治法指治理河道。

97　高亨以为此句"治法"二字当倒读,读为"以法治者强,以政治者削",见高亨:《商君书注译》,北京:中华书局,1974年,第95页。

98　如陆贾《新语·无为》"蒙恬讨乱于外,李斯治法于内",《东坡七集》卷28〈应制举上两制书一首〉"轼闻:治事不若治人,治人不若治法,治法不若治时",方孝孺《逊志斋集》卷14〈送陈达庄序〉"禹益之治水土,皋陶之治法"。治法均指创立、设置法度。

99　如《荀子·王霸》"无国而不有治法,无国而不有乱法",《荀子·君道》"有乱君,无乱国;有治人,无治法"中的"治法",读为动宾结构亦通,不过从上下文看应指"致治之法"。

100　张灏译"治道"为"治理方式"(the way of governance),译"治法"为"治理的制度措施"(institutional measures of governance),当基于此。Chang Hao, "The intellectual heritage of the Confucian ideal of Ching-shih", in Tu Wei-ming ed., *Confucian Traditions in East Asian Modernity*, Cambridge, Mass.: Harvard

University Press, 1996, pp.72-91; 中文版本见张灏著，苏鹏辉译：《儒家经世理念的思想传统》，见《政治思想史》，2013 年第 3 期，第 1—19 页。

101 黄宗羲：《明夷待访录》，见吴光主编：《黄宗羲全集》第 1 册，杭州：浙江古籍出版社，2012 年，第 6—7 页。

102 梁启超：《中国法理学发达史论》，见梁启超：《饮冰室合集》（第五册），第 1311—1364 页。

103 梁启超：《管子评传》，见《诸子集成》第 5 册，上海：上海书店出版社，1986 年，第 1—67 页。

104 程颢、程颐：《二程集》，第 4 页。

105 除《新唐书》卷 130〈李尚隐传〉"仇家告其罪尚隐穷治具得奸赃"1 条。

106 除《临川文集》卷 85〈祭范颍州文〉"遂参宰相，厘我典常，扶贤赞杰，乱穴除荒，官更于朝，士变于乡，百治具修，偷堕勉强"，卷 96〈度支郎中葛公墓志铭〉"寡妇告者也，穷治具服，为私谋"，共 2 条。

107 除《宋史》卷 252〈洪义传〉"即捕僧讯治之具状"1 条。

108 除《东坡七集》卷 2〈次韵致政张朝奉仍招晚饮〉"回车入官府，治具随贫家"，卷 4〈南华寺一首〉"策杖归去来，治具烦方平"，共 2 条。

109 除《元史》卷 2〈太宗本纪〉"诸王各治具来会宴"，卷 181〈元明善传〉"成季为我治具，招伯生来观之"，共 2 条。

110 除《朱子文集》卷 95 下〈张公行状下〉"公至建康，奏乞车驾早来临幸，闻已进发，乃督官属治具，不半月而办"；"岁时祭祀，必预戒小大，使各严恪涤牲，治具必亲莅焉"，共 2 条。

111 除《明史》卷 206〈叶应聪传〉"会御史熊兰、涂相等杂治，具上洸罪状至百七十二条"，"应聪赴戍所，道经苏州，知府治具候之"，卷 249〈徐如珂传〉"治具饮客"，卷 307〈佞幸传·纪纲〉"内侍仇纲者发其罪，命给事、御史廷劾，下都察院按治，具有状"，共 4 条。

112 除《象山全集》卷 28〈墓志铭·葛致政志〉"性喜饮酒，客至治具随有，无饮必至醉"1 条。

113 除《清史稿》卷 90〈礼志·军礼〉"驾至卢沟桥迎劳驻跸，有司治具，翼日驾莅至"，卷 309〈卫哲治传〉"入觐，哲治具言亲老不便迎养"，卷 459〈马盛治传〉"盛治具糇粮"，卷 476〈循吏传一·卫立鼎〉"已治具，不肯食"，卷 511〈列女传四〉"会有客至，治具"，共 5 条。

114 除《资治通鉴》卷 14〈宋纪十四·太宗·端拱元年〉"捕马周系狱穷治之

具伏"，卷24〈汉纪十六·中宗上〉"坐语未讫广汉使吏捕治具服"，卷178〈隋纪二·高祖上之下〉"令高颎等杂治之具得其实"，共3条。

115　除《水心文集》卷17〈戴夫人墓志铭〉"夫人……复治具如昨日矣"1条。

116　除《续资治通鉴》卷162〈宋纪一百六十二〉"天大雨，避全保长家，保长知其为丞相客，治具甚肃"，卷168〈宋纪一百六十八〉"诸王各治具来宴会"，卷217〈元纪三十五〉"一日图沁治具躬诣额森屯所饷之"，共3条。

117　《中说》阮逸注"治具"有2条，其中〈序〉"唐太宗正观精修治具文经武略高出近古"，卷4〈周公篇〉"元魏之有主其孝文之所为乎"，阮注："观孝文治具知魏有主"。此处"治具"似乎指治理方式。

118　除《郡国利病书》册29〈蜀中边防记·川西〉"练兵理饷造舟治具"1条。

119　除《潜研堂文集》〈诗集·读汉书〉"却席避田蚡，长揖无汲黯。将军肯临况，治具吾敢俭"1条。

120　除《皇朝经世文》卷20〈复秦小岘廉使论吏弊书〉（周锡溥撰）"除道治具"1条。

121　除《王文成全书》卷25〈节庵方公墓表〉"士农以其尽心于修治具养者，而利器通货犹其士与农也；工商以其尽心于利器通货者，而修治具养犹其工与商也"2条。

122　除《方望溪全集》卷11〈李淑人墓志铭〉"淑人治具夜分莫息"，〈集外文补遗卷二·史记评语〉"中间魏其夫妇治具旦及日中"，共2条。

123　除《太平御览》卷252〈职官部·尹〉"坐语未讫广汉使吏捕治具服"；卷846〈饮食部·使酒〉"魏其夫妻治具，自旦至今未敢尝食"，共2条。

124　除《册府元龟》卷306〈外戚部·骄慢〉"魏其夫妻治具至今未敢尝食"；卷689〈牧守部·威严〉"坐语未讫广汉使吏捕治具服"；卷697〈牧守部·酷虐〉"以刀锯为治具"；卷914〈总录部·酒失〉"魏其夫妻治具自旦至今未敢尝食"，卷918〈总录部·忿争〉"魏其夫妻治具自旦至今未敢尝食"，卷942〈总录部·黩货祸败〉"秦王下吏治具得情实"，共6条。

125　除《史记》卷85〈吕不韦传〉"于是秦王下吏治具得情实"，卷107〈魏其武安侯列传〉"魏其夫妻治具自旦至今未尝敢食"，共2条。

126　除《通志》卷94〈列传第七·秦吕不韦〉"秦王下吏治具得情实"，卷98上〈列传第十一上·前汉灌夫〉"魏其夫妻治具自旦至今未敢尝食"，卷101〈列传十四·前汉赵广汉〉"坐语未讫广汉使吏捕治具服"，共3条。

127　除《汉书》卷52〈窦田灌韩传〉"魏其夫妻治具至今未敢尝食"，卷76〈赵尹韩张两王传〉"广汉使吏捕治具服",共 2 条。

128　容庚编,《金文编》,第 162 页。

129　刘安撰,高诱注,《淮南子注》卷 20〈泰族训〉(《诸子集成》第 7 册,上海:上海书店出版社,1986 年),第 355 页。

130　黎红雷:《为万世开太平——中国传统治道研究引论》,第 39 页。

131　黎红雷:《为万世开太平——中国传统治道研究引论》,第 41 页。

132　黎红雷:《为万世开太平——中国传统治道研究引论》,第 36 页。

133　《孟子》赵注"治术" 2 条,然皆指治业。《孟子注》卷 3〈公孙丑上〉"然故术不可不慎也",赵注:"作棺欲其蚤售利在于人死也故治术当慎修其善者也";同卷同章"人役而耻为役,由弓人而耻为弓、矢人而耻为矢也。如耻之,莫如为仁",赵注:"治术之忌,勿为矢人也。"治术指从事职业技艺。

134　除《元丰类稿》卷 12〈先大夫集后序〉"后生小子治术业于闾巷文多浅近" 1 条。

135　除《揅经室集》〈三集卷三·汉延熹华岳庙碑跋〉"郭香为太史治术郎中" 1 条。

136　除《清史稿》卷 115〈职官志二〉"监正掌治术数" 1 条。

137　除《亭林诗文集》卷 2〈钱生肃润之父出示所辑方书〉"和扁日以遥,治术多督乱。方书浩无涯,其言比河汉。"当指医治方法。

138　除《郡国利病书》册 13〈吕梁洪志革代役议〉"黄河之溢未平,何以祛淤塞之患,所谓图久安长治之术于雍熙丰皞之日,庶运事有赖而河道无滞矣";册 46〈募勇守城议〉"今虽召募革兵一百二十名,每名月给银一钱八分、米三斗,把守关隘,然亦生苗等耳,非久安长治之术也",共 2 条。

139　除《文献通考》卷 234〈经籍考六十一·曾致尧文集十卷〉"儒学既摈,后生小子治术业于闾巷" 1 条。

140　许慎:《说文解字》,第 44 页。术或不同于繁体術,可为秫之省形(《说文·禾部》:"秫……或省禾"),故秫之异体写作秫。

141　原名"朝议大夫奉敕提督山东学政布政司右参议兼按察司金事清溪钱先生墓志铭",此处压缩。他处有类似处理。

142　除《范文正公集》〈鄱阳遗事录·诸贤赞颂论疏〉"东莱先生治体论"段 2 条(非本人语)。

143　《四部备要》 4 条,多出 2 条为翁元圻注。

144　除《三国志》〈魏志卷十六考证〉〈吴志卷八考证〉。

145　《东坡全集》亦只 1 条。

146　除《四库全书》提要中"治体" 1 条。

147　《四部丛刊》本《元丰类稿》卷 23〈左右常侍郎制〉"练达治体"误作"练达治体",兹据《四库全书》本同书补。

148　除〈粹言〉卷下〈君臣篇〉"法先王之治,体干刚健而力行之"中"治体" 1 条。

149　除《张子全书》卷 15〈附录〉"正叔言及行状"中"治体" 2 条。

150　除《方望溪全集》〈年谱〉(苏惇元辑)中"治体" 1 条。

151　除《皇朝经世文》之〈简介〉〈出版说明〉〈校点说明〉"治体"共 11 条。

152　除《宋元学案》卷 51〈东莱学案〉"须实下存养克治体察工夫" 1 条。

153　除《太平御览》卷 951〈虫豸部八·地胆〉"所化状如大豆,大都治体略同" 1 条。

154　除《魏源集·杂篇》"《学治体行录》若干卷" 1 条。

155　除《新书》卷 10〈传·杂事〉中后人加入文字中的"治体" 1 条。

156　《群书治要》因放入政论中,未计入子部。此处《四部丛刊初编·子部》宋以前著述统计时,除《重修政和经史证类备用本草》《山海经》《云笈七签》中"治体"分别指治病 4 条、1 条和 1 条,共 6 条。

157　见《范文公正集·范文正公政府奏议卷上》。

158　吕祖谦文见《范文正公集》〈鄱阳遗事录·诸贤赞颂论疏〉所引"东莱先生《治体论》曰"(《四部丛刊初编·集部》);吕中《治体论》见所撰《宋大事记讲义》(《四库全书》史部史评类),陈谦《治体论》见宋王霆震编《古文集成》卷 38〈前戊集八·论〉(《四库全书》集部总集类)。

159　程颢、程颐:《二程集》,第 76 页。

160　程颢、程颐:《二程集》,第 20 页。

161　程颢、程颐:《二程集》,第 165 页。

162　Chang Hao, "The intellectual heritage of the Confucian ideal of Ching-shih", in Tu Wei-ming, ed., *Confucian Traditions in East Asian Modernity*, Cambridge, Mass.: Harvard University Press, 1996, pp.72-91; 中文版本见张灏著,苏鹏辉译:《儒家经世理念的思想传统》,见《政治思想史》,2013 年第 3 期,第 1—19 页。

163　任锋:《中国政学传统中的治体论:基于历史脉络的考察》,见《学海》,

2017 年第 5 期，第 37 页。另参任锋，《立国思想家与治体代兴》，北京：中国社会科学出版社，2019 年，第 46 页。

164　任锋：《立国思想家与治体代兴》，第 46 页。

165　除《柳宗元集》卷 9〈陆文通先生墓表〉"道之存也，以书不及，施于政；道之行也，以言不及，睹其理" 1 条。

166　除《经义考》卷 176〈陆氏质集注春秋〉"施于政，道之行也" 1 条。

167　除《南史》卷 67〈钱道戢传〉"武帝辅政道戢随文帝平张彪于会稽" 1 条。

168　除《北史》卷 36〈薛辩传〉"素专掌朝政，道衡既与素善" 1 条。

169　除《隋书》卷 57〈薛道衡传〉"杨素专掌朝政，道衡既与素善"，卷 59〈列传第二十四·炀三子〉"有遗腹子政道"，共 2 条。

170　除《鹖冠子·夜行》"五政道也" 1 条。

171　除《朱子文集》卷 41〈答程允夫〉"以政道民者，必以刑齐民" 1 条。

172　除《旧唐书》卷 18 下〈宣宗本纪〉"若为成政／道涂郡吏有迎送之劳"；卷 54〈窦建德传〉及卷 194 上〈突厥传上〉齐王暕之子政道、为人名 5 条，一共 6 条。

173　除《新唐书》卷 85〈王窦传〉"以齐王暕子政道为郇公"，卷 191〈忠义传上〉"吏部尚书参预朝政，道国公戴胄"，共 2 条。

174　除《宋史》卷 413〈赵与欢传〉"会潮汐啮堤，执政道帝意留治之" 1 条。

175　除《明史》卷 98〈艺文志三〉"程敏政道一编五卷" 1 条。

176　除《清史稿》卷 116〈职官志三〉"参政道""马政道" 3 条，卷 234〈列传二十一·祖大寿〉"参政道" 1 条，共 4 条。

177　除《逊志斋集》卷 7〈凝命神宝颂〉"出令发政，道为权衡" 1 条。

178　除《资治通鉴》卷 187〈唐纪三〉、卷 188〈唐纪四〉、卷 189〈唐纪五〉、卷 193〈唐纪九〉及卷 213〈唐纪二十九〉中 "遗腹子政道""杨政道" 或 "炀帝之孙政道" 或 "政道之子" 人名，共 7 条。

179　除《中说》卷 6〈礼乐篇〉"施于有政道亦行矣" 1 条。

180　杨琪，《〈贞观政要〉治道研究》，第 21—22 页。

181　除《太平御览》卷 251〈职官部·总管〉"杨素专掌朝政，道衡既与素善"，卷 578〈乐部·琴中〉"季氏专政道犹龟山之蔽鲁也"，共 2 条。

182　除《册府元龟》卷 181〈帝王部·疑忌〉"杨素专掌朝政／道衡与素善"，卷 540〈谏诤部·直谏第七〉"孝武帝以会稽王道子辅政／道子既为皇太妃所爱"，卷 791〈总录部·长者〉"钟离牧字子干，为南海太守，有异政／道与太常滕裔书",共 3 条。

183　除《通典》卷 197〈边防十三·北狄四〉"政道"为人名 3 条。

184　除《通志》卷 144〈列传第五十七·陈·钱道戢〉"高祖辅政 / 道戢随文帝",卷 164〈列传七十七·隋〉"杨素专掌朝政,道衡既与素善",共 2 条。

185　除《文献通考》卷 343〈突厥上〉"政道"为人名 3 条。

186　《鹖冠子·夜行》"五政道也",指"五政"之导,非指"政道"。

187　牟宗三:《政道与治道》,第 1 页。

188　牟宗三:《政道与治道》,第 1 页。

189　牟宗三:《政道与治道》,第 26 页。

190　程洁:《治道与治权:中国宪法的制度分析》,北京:法律出版社,2015 年,第 19 页。

191　中国社会科学院考古所编:《甲骨文编》(考古学专刊乙种第十四号),北京:中华书局,1965 年,第 139 页。

192　刘心源、马叙伦、高鸿缙、戴家祥等学者皆持此说,见李圃主编:《古文字诂林》(第三册),上海:上海教育出版社,2004 年,第 630 页。另参李学勤主编,《字源》,第 250—251 页。

193　《论语·颜渊》季康子问政于孔子,孔子对曰:"政者,正也。子帅以正,孰敢不正?"《礼记·哀公问》《孔子家语·大婚解》亦有类似记载。又:《管子·法法》"政者,正也。正也者,所以正定万物之命也。是故圣人精德立中以生正,明正以治国",《说文·攴部》"政,正也",《释名·释言语》"政,正也,下所取正也",《周礼·夏官·序官》郑玄注:"政,正也,政所以正不正者也",《尸子·神明》"政也者,正人者也",是各家以"正"为"政"。

194　例如《尚书·舜典》"以齐七政",《诗经·商颂·长发》"敷政优优",《左传·隐公三年》"周人将畀虢公政",《老子》第 8 章"政善治",《论语·为政》"为政以德",《子路》"卫君待子而为政",《墨子·尚贤上》"为政于国家者",《中庸》"哀公问政",《周礼》"政典""邦政",《礼记·乐记》"礼乐政刑",《庄子·逍遥游》"平海内之政",《荀子·臣道》"政令教化"……其中的"政"皆指政治、政务、政事之类,可见"政"至春秋、战国时期即已超出征伐、匡正等古义。

195　杨琪《〈贞观政要〉治道研究》(第 20—28 页)中针对《贞观政要》等书中对此词的使用作过专门研究,得出与黎红雷类似的结论。引文见第 26 页。

196　除《新论·附录》孙冯翼序"王道之主德统乾元"1条。

197　除《中说》后附杜淹、王福畤等撰附录"王道"共7条,阮逸注中"王道"6条亦除。

198　除《潜研堂文集》"哲王道在惟钦若"(《诗集卷第五》),人名"王道士"(〈续集目录〉〈续集卷三〉),共3条。

199　含《二程集》所附〈伊川先生年谱〉中"劝仁宗以王道为心"1条。

200　除《史记》卷7〈项羽本纪〉"汉王道逢得孝惠鲁元",卷24〈考证〉"自人心生而静至王道备矣为一重",卷40〈楚世家〉"何足为大王道也",卷50〈楚元王世家〉"三年卒子安王道立",共4条。

201　除《汉书》卷1上〈高帝纪上〉"汉王道逢孝惠鲁元",卷36〈楚元王传〉"子安王道嗣",卷51〈贾邹枚路传〉"岂足为大王道哉",卷97下〈外戚列传下〉"功冠三王/道德最备",共4条。

202　除《困学纪闻》卷12〈考史〉"鲁王道坚所举"1条。

203　除《朱子语类》彭时〈原序〉1条,人名"王道夫"(卷120)1条,共2条。

204　除《后汉书》卷6〈顺冲质帝纪第六〉"彭城王道虇叛羌诣左冯翊梁并降",卷49〈耿弇列传第九〉"固以后王道远,山谷深",卷80〈孝明八王列传第四十〉"子考王道嗣",卷108〈宦者列传第六十八〉"王道"人名4条,共7条。

205　除《经义考》人名、人称"王道"(卷2、16、120、283、297,共5条)、"王道子"(卷11)、"王道增"(卷54)、"王道行"(卷55),卷1"朕惟帝王道法载在六经",共9条。

206　除《王文成全书》卷32、35(年谱)"王道"2条。

207　除《晋书》卷13"天津为贼断王道",卷23"帝王道大"1条,人称"王道子"59条,人称"新蔡王道赐"(卷118)1条,共62条。

208　除《宋元学案》卷71〈岳麓诸儒学案〉"三人其一为王道夫"1条。

209　除《宋书》〈目录〉,卷3、4、7、9、15、25、26、29、30、41、44、44考证、61、74、79、84、85、85考证、86、87、91、94等人称"王道规""王道隆""王道怜""王道子""王道起""王道龙""王道迄""王道",共43条,除卷22"帝王道"1条,卷29"济南朝阳王道获白兔",卷42"骠骑彭城王道德昭备",卷45"伪辅国将军王道恩斩道养",卷74"大司马江夏王道略明远",共48条。

210　除《揅经室集》人名"王道子"(〈一集卷第九〉)、"王道可"(〈外集卷第一〉），共 2 条。

211　电子版据《四部备要》本。除《明儒学案》人名"王道思"4 条、人名"王道（字纯甫）"2 条，共 6 条。

212　除《魏书》人称共 15 条："王道成"（卷 2），"王道符"（卷 6、30、44、49 及 105 之 3，共 5 条），"王道隆"（卷 21 下、98），"王道雅"（卷 48），"王道安"（卷 58），"王道怜"（卷 59），"王道习"（卷 59），"王道子"（卷 96、97，共 2 条），"王道翼"（卷 114）；以及卷 9"丞相高阳王道德渊广"，卷 105 之 4"彼光后王道者"，共 17 条。

213　除《文选》卷 39〈于狱上书自明一首〉（邹阳撰）"岂足为大王道哉"1 条。

214　除《隋书》卷 35 人名"王道怜""王道规"2 条。

215　除《孟子·梁惠王上》"黎民不饥不寒然而不王者未之有也"赵注"帝王道纯"1 条。

216　除《旧唐书》人称、人名及义异者共 51 条，其中包括人名"王道"4 条（见于卷 86、126），人称"王道宗"26 条（目录，卷 3、4，等等），"王道明"3 条（卷 3、171、198），"王道玄"7 条（目录，卷 1、55、55 考证、60），"王道坚"（卷 64），"王道成"（卷 95），"王道立"2 条（卷 194 下），"弥臣国嗣王道勿礼封弥臣国王"（卷 14），"上古哲王道济烝人"（卷 21），"恽子仁则为唐王道诚为卫王道询为赵王道棱为燕王"（卷 54，3 条），"彼武王道无不行"（卷 134），"陈先王道德以沃君心"（卷 171）。

217　除《新唐书》人称、人名及异义共 37 条。其中人称或人名"王道"（卷 212）、"王道宗"23 条、"王道玄"5 条、"王道秀"（卷 58）、"王道子"（卷 60）、"王道武"（卷 72 上）、"王道彦"（卷 78）、"王道立"（卷 215 下）、"王道珪"（卷 200）、"王道明"（卷 221 上）共 36 条，"先王道德"（卷 118）1 条。

218　除《宋史》人名、人称"王道"（卷 106、207、380，共 3 条）、"王道进"（卷 67）、"王道泰"（卷 13）、"王道夫"（卷 47、451，共 3 条）、"王道进"（卷 67）、"王道中"（卷 207）、"王道珪"（卷 208），及"起兵勤王道阻未得进"（卷 247），共 12 条。

219　定州八角廊《文子》竹简残本"王道"一词共 2 条（0571、2385），参河北省文物研究所：《定州西汉中山怀王墓竹简〈文子〉释文》，见《文物》，1995 年第 12 期，第 27—34 页。

220　除《范文正公集》卷 1〈上汉谣〉"百王道不同"1 条。

221　除《元史》人名人称"王道"（卷4、124、161，共3条）"王道贞"（卷4），
　　　"王道明"（卷28，共2条），"王道夫"（卷129），共7条。

222　除《欧阳修文集》〈年谱〉"王道"2条，〈外制集卷第一〉"王道卿"1条，
　　　共3条。

223　除《明史》人名人称"王道"［卷96（3条）、97、98、99、213、236、
　　　卷247（2条）、287、322，共12条］，"王道纯"［目录、卷71、248、264
　　　（2条）、264考证后、308，共7条］，"王道同"（卷1、289，共2条），"王
　　　道成"［卷84（2条）、87（2条）、90、223、225，共7条］，"王道隆"
　　　（卷97），"王道行"（卷97、223，共2条），"王道中"（卷197），"王道
　　　直"［卷251（2条）、254，共3条］，"王道焜"［卷276（2条）、276考证
　　　后，共3条］，"王道显"（卷283），"王道穆"（卷283考证），"王道行"
　　　（卷287）、"王道恩"（卷123），"左御道左王道道两旁稍低为从官之地"
　　　（卷47），"唐宋屡封至英显王道家谓帝命梓潼掌文昌府事及人间禄籍"（卷
　　　50），"随从官不得径由中道并王道"（卷53），"唐王道浦城知其廉"（卷
　　　277），"往道"（卷179），共47条。

224　除《司马光文集》〈序〉（刘峤作）1条、目录及卷4人名"王道济"4条，
　　　共5条。

225　除《清史稿》人名人称"王道"（卷148）、"王道隆"（卷252）、"王道士"
　　　（卷456）、"王道父"（卷484），"百王道同"（卷98），共5条。

226　除《资治通鉴》人名人称"王道"［卷51（2条）、52、117，共4条］、"王
　　　道子"［卷104、105（2条）、106（2条）、107（2条）、108（6条）、109
　　　（3条）、110（5条）、111（3条）、112（5条），共29条］、"王道成"（卷
　　　108）、"王道怜"（卷119）、"王道恩"（卷123）、"王道隆"［卷130、131
　　　（3条）、132、133（6条），共11条］、"王道符"（卷132）、"王道生"（卷
　　　135）、"王道习"［卷154（2条）］、"王道宗"（卷188）、"王道询"（卷187）、
　　　"王道徇"（卷188）、"王道玄"［卷189（2条）、190（3条），共5条］、"王
　　　道宗"［卷190、191、193（3条）、194（5条）、196、197（5条）、198（7条）、
　　　199（2条），共25条］、"王道立"（卷191、192），以及卷9"汉王道逢孝惠
　　　鲁元公主"，卷33"功冠三王道德最备"，卷45"后王道远"，共89条。

227　除《续资治通鉴》人名人称卷89"王道"2条、卷10及11"王道隐"2条、
　　　卷38"王道平"1条、卷59"王道古"1条、卷126"王道济"1条，卷
　　　176"王道贞"1条，卷183及184"王道夫"3条、卷201"王道明"2条、

卷 216 "王道同" 1 条，共 14 条。

228　除《东坡全集》人名 "王道祖"（卷 28）、"王道矩"（卷 79），共 2 条。

229　除《群书治要》卷 9〈孝经〉 "言先王道"，卷 17〈汉书五〉"岂足为大王道哉"，共 2 条。

230　除《春秋繁露》卷 17〈后记〉（嘉定三年四明楼钥书）中 "今所引在王道通三第四十四篇中" 1 条。

231　除《朱子文集》卷 50〈答潘端叔〉"文王道行于当时" 1 条。

232　除《贞观政要》人名 "王道宗"（卷 5、6、9）3 条。

233　除《象山全集》〈集序〉（王阳明作）"王道" 1 条。

234　除《真德秀文集》卷 11〈三乞黜责状〉"孟子事齐之宣王道未尝少行也" 1 条。

235　除《水心文集》卷 8 "王道夫"（人称，2 条），卷 9 "先王道德"，卷 15 "王道父"（人称），卷 22 "王道"（人称），卷 24 "王道" "王道甫"（人称），共 7 条。

236　除《孔子家语·本姓解》"惜乎夫子之不逢明王 / 道德不加于民" 1 条。

237　除《龙川集》人名 "王道"（卷 9）、"王道甫"（卷 9、21、25），共 4 条。

238　除《天下郡国利病书》人名 "王道行"（册 17）、"王道成"（册 38）、"王道干"（册 42、43），共 4 条，及〈年谱〉"明经术扶王道" 1 条，共 5 条。

239　除《新语·术事》"有士而不遭文王 / 道术蓄积而不舒" 1 条。

240　除《逊志斋集》卷 2〈释统上〉"仁义而王道德而治"，卷 24〈蜀王殿下赐行厨酒膳奉谢〉"愿王道德为世模"，及〈附录一卷〉2 条，共 4 条。

241　除《皇朝经世文》〈序言〉（今人撰）"王道"，人名 "王道思"（卷 21）、"陈王道"（卷 68）、"王道怜"（卷 68），共 4 条。

242　除《新序·杂事》"岂足为大王道哉" 1 条。

243　除《南雷集》卷 5 "王道父"（人名），〈子刘子行状〉"左都御史王道直"，共 2 条。

244　除《艺文类聚》卷 68 "王道子"（人称），卷 16 "储王道之"，卷 89 "北行见王道逢老人"，卷 95 "将北见王道逢老人"，共 4 条。

245　除《太平御览》人名人称 "王道"（卷 703）、"王道子"〔卷 99、100（3 条）、149、170、181、210（2 条）、302、380、445、466 等，共 28 条〕、"王道玄"（卷 108、436）、"王道宗"（卷 109、154、213、272、289、314、330、449、783 等，共 11 条）、"王道隆"（卷 128）、"王道生"（卷 129）、"王道

规"（卷 293）、"王道摽"（卷 492）、"王道度"（卷 516）、"王道生"（卷 562）、"王道益"（卷 838）、"王道隆"（卷 885）、"王道之"（卷 918），"陈先王道德以沃君心"（卷 216），"汉王道逢孝惠鲁元公主"（卷 308），"谅彼武王道无不行"（卷 592），"先王道术陵迟"（卷 613），"乃是鬼王／所治前见王／道人便自说"（卷 736），"何足为大王道哉"（卷 832），"淮南王道死"（卷 840），"北见（于）王道逢老人"（卷 910、962），"何足为大王道也"（卷 914），共 61 条。

246 除《说苑》卷 1〈君道〉"成汤之后先王道缺"，卷 10〈敬慎〉"至殷王武丁之时先王道缺"，共 2 条。

247 除《鲒埼亭集》人名人称"王道坚"（目录、卷 38）、"王道夫"（卷 12、外编卷第五十）、"王道甫"（卷 28、外编卷第十）、"王道长"（外编卷第四）、"王道光"（外编卷第十二）、"王道成"（外编卷第二十九），"鸿沟之迹实始于徐偃王道元引古徐州志言偃王导沟陈蔡之间"（经史问答卷第八），"路人遥指降王道好似周家七岁儿"（外编卷三十三），共 11 条。

248 除《册府元龟》人名或人称"王道"［卷 263、268、282、283、295、424、485、665（3 条）、669（2 条）、670、776、803，共 15 条］、"王道子"56条、"王道宗"53 条、"王道隆"12 条、"王道玄"10 条、"王道怜"17 条、"王道生"8 条、"王道立"5 条、"王道赐"（卷 230、438）、"王道坚"（卷131、162、281、284、654，共 5 条）、"王道彦"［卷 265（2 条）］、"王道规"（卷 276、278、284、290、292、293……344，共 13 条）、"王道度"（卷 276、279、284、296、827、843，共 6 条）、"王道谈"（卷 276、284、296、425，共 4 条）、"王道明"（卷 277、281）、"王道符"（卷 323、397）、"王道安"（卷 372）、"王道膏"（卷 382）、"王道宝"（卷 416）、"王道习"（卷 479、481）、"王道迄"（卷 843）、"王道期"（卷 932）、"王道璘"（卷716、719、724，共 3 条）、"王道胥"（卷 724），"德不迨于前王／道未方于往古"（卷 167），"朝阳王道获白兔"（卷 201），"高阳王道德渊广"（卷277），"后王道远"（卷 394），"足下与汉中王道路之人耳"（卷 415），"圣王道兴"（卷 532），"上古哲王道济烝人"（卷 564），"陈先王道德"（卷636），"极皇王道变之义"（卷 644），"骑彭城王道德昭备"（卷 832），"岂足为大王道哉"卷 872），"封弥臣嗣王道勿礼为弥臣国王"（卷 965），共235 条。另除"往道"（卷 49、879、914）及"虢王道王元庆高祖"（卷265），共 4 条。

249　除《通典》人称人名"王道子"（卷52、59）、"王道宗"〔卷155（2条）、190、199〕、"王道立"（卷199），卷43"上古哲王道济烝人"，共8条。

250　除《通志》人名或人称"王道"〔卷6下、78上、79上、140、167、179（3条），共8条〕、"王道规"7条、"王道怜"11条、"王道隆"19条、"王道子"57条、"王道度"5条、"王道生"7条、"王道符"4条、"王道宗"（卷195）、"王道习"（卷82、151、155、171，共4条）、"王道谈"〔卷83下（2条）〕、"王道雅"（卷148）、"王道迄"（卷184）、"王道赐"（卷194），"汉王道逢孝惠鲁元"（卷5上），"道武七王道武皇帝"（卷84上），"何足为大王道也"（卷86），"岂足为大王道哉"（卷97），"后王道"（卷106），"足下与汉中王道路之人耳"（卷118上），共134条。

251　除《文献通考》人名或人称"王道"〔卷265、268（2条）、269（2条）、290，共6条〕、"王道子"9条、"王道宗"6条、"王道生"3条、"王道怜"2条、"王道规"2条、"王道度"2条、"王道元"2条、"王道彦"（卷259）、"王道谈"（卷272）、"王道坚"（卷275）、"王道立"2条，"上古哲王道济烝人"（卷78），"天津为贼断王道天下大动"（卷286），"封弥臣国嗣王道勿礼为弥臣国王"（卷330），共40条。

252　此据《资治通鉴外纪》卷2〈夏商纪〉，与四库全书本《尚书大传》（孙之骕辑校）及四部丛刊本《尚书大传》（陈寿祺辑校）文本略异。"王道亏"，或即作"先王道亏"，参《困学纪闻》卷2〈书〉。

253　《孟子·告子下》"五霸者，三王之罪人也"章赵岐注。

254　《群书治要》卷35〈文子·道自然〉亦引此段。

255　桓谭：《新辑本桓谭新论》，第3—4页。

256　又如康熙御制《日讲四书》〈提要〉称"内圣外王之道备于孔子"。

257　《孟子》中"三王"3条，"五霸"7条（其中〈告子下〉6条）。《荀子》中"三王"6条，"五帝"3条，"五伯"7条。其他"三王""五帝""五霸（伯）"用法参《墨子》《鹖冠子》《文子》《慎子》《尹文子》《吕氏春秋》《韩非子》《淮南子》《管子》《盐铁论》《论衡》等。

258　原名"显谟阁学士致仕赠龙图阁学士开府袁公行状"，此处用简称。

259　从1973年定州西汉中山怀王墓《文子》竹简对勘传世本《文子》，发现传世本确有不少窜乱，比如将"（楚）平王"改为"文子"，将"文子"改为"老子"，还可能有其他不少后人增入的部分。参河北省文物研究所：《定州西汉中山怀王墓竹简〈文子〉的整理和意义》，见《文物》，1995年第12

期，第 38—40 页。

260　河北省文物研究所：《定州西汉中山怀王墓竹简〈文子〉释文》。

261　罗仲祥："简本《文子》散论"，《毕节学院学报》，2009 年第 6 期，第 55—
　　　59 页。

262　朱子此话略异，曰："程先生说帝王以道治天下，后世只是以智力把持天
　　　下。"（《朱子语类》卷 137〈战国汉唐诸子〉）陈亮与朱子有辩，称："然
　　　谓三代以道治天下，汉唐以智力把持天下，其说固已不能使人心服。"（陈
　　　亮：《龙川集》卷 20〈又甲辰答书〉）

263　罗竹凤主编：《汉语大词典》第 4 卷，上海：汉语大词典出版社，1989 年，
　　　第 466 页。

264　例如《现代汉语词典》的定义是："我国古代政治哲学中指君主以仁义治天
　　　下的政策。"（中国社会科学院语言研究所词典编辑室，北京：商务印书馆，
　　　2012 年，第 1344 页）《在线汉语辞海》中称王道为"君主以仁义治天下，
　　　以德政安抚臣民的统治方法。常与'霸道'相对称"（https://cihai.supfree.
　　　net/，2018 年 8 月 12 日上网）。《重编国语辞典》（台湾本）称王道为"一
　　　种以仁义治天下的政治思想"（参网站 http://dict.revised.moe.edu.tw/cbdic/
　　　search.htm，2015 年发布，2018 年 8 月 12 日上网）。

265　除《近思录》卷 4〈存养〉"非是道独善其身，要人道如何"1 条。

266　除《曾国藩文集·诗集卷一》"嘉庆己卯举人道光六年"，〈文集卷一〉"与
　　　野人道岩廊缨绂"，〈文集卷二〉"四川达州人道光丁酉"，〈文集卷二〉"云
　　　南师宗人道州旧姻"，〈文集卷二〉"陈恭人道州旧姻"，〈文集卷三〉
　　　"又奚为于选人道光二十一年"，〈文集卷三〉"施太夫人道光二十六年"，
　　　〈文集卷三〉"名自可致学可染人道德有轨涂可循"，共 8 条。

267　除《周易·泰·象》"小人道消也"，〈否·象〉"小人道长"，〈观·初
　　　六·象〉"小人道也"，〈系辞下〉"苟非其人道不虚行"，〈杂卦〉"小人道忧
　　　也"，共 5 条。

268　除《朱子语类·原序》3 条，卷 4 "说与人道"，卷 8 "放门外报人道我家
　　　有许多饭"及"今人道理"2 条，卷 13 "怕人道如何"，卷 15、106 "古人
　　　道理"3 条，卷 16、17、28、29、60、119 "要人道好"6 条，卷 20 "今人
　　　道理""添入道理"及"要人道好……他便要人道"4 条，卷 21 "圣人道信
　　　近于义"，卷 25 "苟非其人道不虚行"，卷 27 "圣人道回"及"人道是圣贤
　　　逐一写得"2 条，卷 33、36 "圣人道大"2 条，卷 45、76、101 "圣人道理"3

条，卷 49 "圣人道头便知尾"，卷 60 "秦汉以下人道不到"，卷 66 "难向人道"，卷 69 "孔子怕人道"，卷 77 "后人道不到"，卷 78 "后来无人道夫再三请之曰"（道夫为人名）及 "人心较切近于人道心虽先得之" 2 条，卷 81 "大抵古人道言语自是不泥着" "某云诗人道言语皆发乎情" 2 条，卷 83 "人道春秋难晓"，卷 94 "濂溪恐人道太极有形"，卷 95 "无人道得到"，卷 98 "只是一个天人道夫曰"，卷 99 "横渠教人道夜间自不合睡"，卷 100 "恐人道下面有物" 及 "圣人道其常" 2 条，卷 101 "若有人道不是亦可"，卷 113 "不要倚靠人道" "人人道好" 及 "别人道好" 3 条，卷 116 "见人道好他也道好"，卷 118 "只是使人道是一好官人" 及 "若只要人道是好官人" 2 条，卷 121 "今人道理" "人道他得一善则拳拳服膺" 及 "要教人道好" 3 条，卷 125 "圣人道德" 《史记》人道如何" 及 "佛是个人道却如何会说话" 3 条，卷 126 "也是动得人道夫曰"，卷 127 "只缘众人道"，卷 129、137 "小人道消" 2 条，卷 132 "闻人道及此等事"。另除原注《姓氏》"浦城人道夫从兄" 及卷 132 "怕人道不会不肯问人" 2 条，共 65 条。

269 　除《周礼·秋官·掌讶》"凡从者出，则使人道之" 1 条。

270 　除《王文成全书》卷 2〈答聂文蔚〉"不若真信于一人道固自在"，卷 20〈宿净寺四首〉"可看时事更愁人，道人莫问行藏计"，卷 21〈与黄宗贤〉"小人道消"，卷 34〈年谱〉"小人道消"，卷 34〈八月答聂豹书〉"不若真信于一人道固自在"，共 5 条。

271 　除《宋元学案》卷 4〈庐陵学案〉"小人道长"，卷 13〈明道学案上〉"要人道如何"，卷 18〈横渠学案下〉"横渠教人道夜闲自不合睡"，卷 28〈兼山学案〉"圣人道在成能" 和 "圣人道之易明" 2 条，卷 32〈周许诸儒学案〉"数十人道送"，卷 35〈陈邹诸儒学案〉"宁可使人道村，不可使人道奸" 2 条，卷 41〈衡麓学案〉"若有人道不是"，卷 86〈东发学案〉"僧人道士牒"，卷 87〈静清学案〉"而今人道在这里"，卷 90〈鲁斋学案〉"家藏而人道之"，共 12 条。

272 　除《史记》卷 4 "诗人道西伯"，卷 74 "受业子思之门人 / 道既通"，卷 113 "伏波将军将罪人 / 道远"，卷 115 "路人道死"，卷 127 "圣人道固非浅"，共 5 条。

273 　除《明儒学案》卷 2 "心一也，有人 / 道之别者"（人道之别指人心与道心之别），卷 3 "遣人道执景"（景为人名），卷 8 "甚爱人道好，怕人道恶" 2 条，卷 34 "此临刑之人 / 道学作如何讲" 及 "道体人人具足，则岂有全无

348

功夫之人 / 道体既时时不离，则岂有全无功夫之时"2 条，卷 47"人道是亦得，道不是亦得"，卷 58"欲人道得一个好"，卷 62"另寻主人 / 道体浑然"，共 9 条。

274 除《汉书》卷 27 中上"知其非人 / 道住止而待之"，卷 30、100 下"苟非其人道不虚行"，卷 36"小人道（长）或（消）"3 条，卷 61"使人道送我"，卷 83"圣人道"，卷 95"将军将罪人 / 道远后期""路人道死"2 条，卷 98"得妇人道 / 尝许嫁"，共 11 条。

275 除《后汉书》卷 96、98"小人道长"，卷 112 上"苟非其人道不虚"，共 3 条。

276 除《文选》卷 26〈河阳县作二首〉（潘安仁撰）"小人道遂消"1 条。

277 除《晋书》卷 87"言发往人 / 道师于此"，卷 93"天人道尽"，共 2 条。

278 除《困学纪闻》"小人道忧"2 条，"小人道消"4 条，"诗人道西伯"1 条，共 7 条。

279 除《嵇中散集》卷 8〈难宅无吉凶摄生论一首〉"苟非其人道不虚行"1 条。

280 除《宋书》卷 21"真人道深"，卷 27"如有人道感己，遂有身"，卷 51"临淮海西人 / 道规从母兄，萧氏舅也"（道规人名），卷 74"用三人 / 道庆大怒"，卷 79"欲除此间民人 / 道佛苦谏得止"（道佛人名），共 5 条。

281 除《经义考》卷 52〈易经大昔·吕神序〉（唐龙撰）"不以圣人道待举千耶"，卷 151〈礼记十四·汉中庸说·汉志二篇〉"苟非其人道不传矣"，共 2 条。

282 除《陶渊明集》卷 5〈桃花源记〉"不足为外人道也"1 条。

283 除《魏书》卷 71"有部曲六百余人 / 道迁惮之"，卷 75"追杀千余人 / 道洛还走入山城"，卷 105 之四"小人道长"，共 3 条。

284 除《十驾斋养新录》〈总目〉及卷 19"道人道士"3 条，卷 13"未有圣人道在天地"1 条，共 4 条。

285 除《陆贽集》卷 17、21"小人道"4 条，卷 20"约有二百许人道路须计其远迩之差"，共 5 条。

286 除《南史》卷 13"慧明淮南海西人 / 道规从母兄"，卷 14"欲烧除此间人 / 道佛苦谏"，卷 37"用三人 / 道庆大怒"，卷 57"慎勿向人道"，卷 76"道人 / 道士并在门中"，卷 77"兼中书通事舍人 / 道隆为明帝所委"，共 6 条。

287 除《挈经室集》〈文选楼诗存·岭南荔支词〉"人道骊山驿骑长"，〈续集集八·南诏残碑〉"文为同姓人道庆作"，〈外集卷二·孙子十家注十三卷提要〉"唐人道藏原本"，共 3 条。

288　除《韩愈集》卷 7〈送僧澄观〉"借问经营奈何人 / 道人澄观名籍籍"，卷 20〈送何坚序〉"坚道州人道之守阳公贤也"，共 2 条。

289　除《北史》卷 15 "舞剑骑射绝人 / 道武幸贺"，卷 35 "其人道通德大"，卷 56 "为俗人道也"，卷 76 "人道公清定，如此不"，卷 86 "道人道研为济州沙门"，卷 89 "其人道家符水禁咒阴阳历数天文药性无不通解"，卷 98 "死者数千人道武闻之"，共 7 条。

290　《老子》第 77 章 "人之道则不然"，其中 "人之道" 亦有作 "人道"。

291　除《柳宗元集》卷 12〈表志·唐次〉"召以为中书舍人 / 道病"，卷 30〈寄许京兆孟容书〉"不敢为他人道"，共 2 条。

292　除《旧唐书》卷 9、71、77、187 上 "小人道长" 4 条，卷 18 上 "妨平人道路" 及 "但要此人道话耳" 2 条，卷 47 "南华真人道德论"，卷 60 "死者数万人道彦退"，卷 164 "与山人道士游"，卷 199 上 "死万余人道琛等乃释"，共 10 条。

293　除《墨子·非儒下》"然则其所循皆小人道也" 1 条。

294　除《范文正公集》卷 5 "小人道微"，卷 11 "死者百余人道路飞语"，卷 13 "与家人道先君事""邦之令人道醇德懿" 2 条，〈别集卷第一〉"谈圣人道"，〈别集卷第四〉"惟设圣人道"，〈政府奏议卷上〉"福及兆人 / 道光千载"，〈政府奏议卷下〉"内有小弱怯懦之人 / 道路指笑"，共 8 条。

295　除《新唐书》卷 35、36、97、124 "小人道长（或消）" 4 条，卷 46 "防人道路之远近"，卷 59 "南华真人道德论"，卷 78 "王者七人 / 道彦"（道彦为人名），卷 115 "行人道不通"，卷 124 "二人道不同"，卷 163 "纵兵剽行人 / 道路几绝"，卷 222 下 "族人道明为南越州刺史"，共 11 条。

296　除《欧阳修文集·居士集卷第十》"襄阳人道扶白发"，〈居士集卷第二十一〉"为博野人 / 道德家潜"，〈居士集卷第三十五〉"虏人道自古北口回曲"，〈外集卷十〉"小人道" 2 条，〈易童子问卷第一〉"小人道"，〈书简卷第五〉"此事难为他人道"，〈书简卷第六〉"信他人道"，〈书简卷第七〉"事任人道，过当方得恰好"，〈附录〉卷第三、第四 2 条，共 11 条。

297　除《宋史》卷 9 "诏流配人 / 道死者"，卷 109 "内侍七人 / 道士十人"，卷 175 "至数千人 / 道毙者不在"，卷 296 "质女婢于人 / 道为赎之"（道指查道），卷 298 "其贼二十四人 / 道遇希亮"，卷 319、385、437、463 "小人道长（或盛）" 4 条，卷 381、389 "蜀人道" 2 条，卷 418 "以兵二十人道之"，卷 438 "僧人道士"，卷 458 "时时为人道之"，卷 464 "杀县令 / 略人道中"，卷 468 "百余人道路流涕"，卷 472 考证 "为诸人道之"，卷 478 "江东士人道释载金帛以求"，共 18 条。

298　除《司马光文集》卷 57〈为庞相公谢官表〉"陛下用人道广，爱物义深" 1 条。

299　除《元史》卷 147 "降人道饥"，卷 175 "学圣人道"，卷 190 "有所谓道人道民行童者"，共 3 条。

300　除《元丰类稿》卷 3〈一昼千万思〉"故人道何如" 1 条。

301　除《明史》卷 63 "圣人道大"，卷 71 "科止数人 / 道止二人"，卷 74 "觉义二人 / 道录司"，卷 210 "四千余人 / 道路恟惧"，卷 251 "勋之借题倾人 / 道浚之出位乱政"，卷 255 "用杨嗣昌等五人 / 道周乃草三疏" 及 "不祥之人 / 道周曰" 2 条，卷 274 "振熙临海人 / 道正余姚人"，卷 305 "咸宁人道行遇盗"，卷 307 "僧官一百二十人 / 道士自"，共 10 条。

302　除《文子·微明》"有二十五人也上五有神人真人道人至人圣人"，〈自然〉"强固而不以暴人道深即德深"，共 2 条。又〈精诚〉"夫入道者全性保真不亏其身"，其中 "入道" 他本或作 "人道"，此处依四库全书本。

303　除《临川文集》卷 4 "此语难为常人道"，卷 9 "圣人道大"，卷 66 "苟非其人道不虚行"，卷 90 "未尝为人道"，卷 91 "为人道之"，共 5 条。

304　除《清史稿》卷 508〈列女传一·王钺妻隋〉"是时贼方盛，行人道绝" 1 条。

305　除《栾城集》卷 11 "今日共公判一醉，从教人道亦高阳"，卷 50 "伏惟知府舍人 / 道德精醇"，〈三集卷第七〉"苟非其人 / 道虽存" 共 3 条。

306　除《资治通鉴》卷 21 "路人道死"，卷 28 "小人道长" "小人道消" 2 条，卷 55 "小人道长"，卷 124 "天人道殊"，卷 134 "宜得其人 / 道成与赜书曰"，卷 146 "六百余人 / 道迁惮之"，卷 200 "万余人 / 道琛等乃释府城之围"，卷 291 "万余人 / 道州刺史"，共 9 条。

307　除《荀子·荣辱》"故君子道其常而小人道其怪也" 1 条。

308　除《东坡七集》〈东坡集卷第六·梅圣俞诗〉（原诗题过长只录前四字，下同）"人道狝猴骑土牛"，〈东坡集卷第八·董储郎中〉"至今人道最能文"，〈东坡集卷第十三·邓忠臣母周挽词〉"若人道德人视此亦戏剧"，〈东坡集卷第十四·记梦并叙〉"旁有人道衣古貌"，〈东坡集卷第十八·游宝云寺〉"人道黄门有父风"，〈东坡集卷第四十·寿圣聪长老偈一首并叙〉"苟非其人道不虚行"，〈东坡后集卷第九·书东皋子传后一首〉"入野人道士腹中矣"，〈东坡续集卷第三·和停云〉"嗟我怀人道修且阻",〈东坡续集卷第三·襄阳乐〉"人道使君似羊杜",〈东坡续集卷第六·与赵德麟二首〉"况其人道德文采"及〈答参寥二首〉"颖上人道业必进",〈东坡续集卷第八·序·送人序〉"古之人道其聪明广其闻见",共12条。

309 除《续资治通鉴》卷38"流配人道死者",卷55"辽人道之行",卷87"小人道长",共3条。

310 除《吕氏春秋·慎行论·察传》"国人道之"1条。

311 除《朱子文集》卷4"不足为外人道也",卷5"人道心情顽似汝"及"人道归云未足夸",卷25"未易与外人道",卷26"不足为外人道",卷38"实有后人道不到处""不足为外人道"及"不足为故人道",卷39"圣人道德纯备",卷40"不足为外人道",卷41"乾是圣人道理,坤是贤人道理",卷43"圣人道在六经",卷47"切勿为外人道",卷60"勿为外人道",〈续集卷第四上〉"要人道好之意",〈续集卷第七〉"未尝为他人道",共17条。

312 除《群书治要》卷1"小人道"2条,卷3"候人道路送迎宾客者也",卷15"小人道"3条,卷24"小人道",卷37"乱世之人道不偏于其臣",卷42"子产杀一人刑二人道不拾遗",卷48"苟非其人道不虚行",卷49"明主任人之道专,致人之道博。任人道专,故邪不得间;致人之道博,故下无所壅",共11条。

313 除《贞观政要》卷5、8"小人道长",共2条。

314 除《真德秀文集》卷2"小人道长",卷20、37"小人道消",卷31"圣人道大德宏"2条,共5条。

315 除《名臣言行录》〈后集卷四〉"敌人道自古北口",〈后集卷十四〉"僧人道士",〈别集上卷七〉"天人道德之旨",〈外集卷五〉"这个意思元古未有人道来",〈外集卷十六〉"夫人只是这个人/道只是这个道",共5条。

316 除《水心文集》卷6"古人道大何不容",卷16"中兴用人道广戚畹",卷18"好机会,无人道此",共3条。

317 除《风俗通义》卷9〈怪神·鲍君神〉"泽中非人道路"1条。

318 除《逊志斋集》卷9"先人道德之奥",卷11"古人道德",卷14"古人道德"及"上人道古言行",卷15"推是以事君治人道德功业之成可望矣",卷20"举世不能知公之为人/道可以陶冶造化",卷21"闻人道当时",卷24"汉上畸人道术卑",〈附录〉"圣人道德之所著"(他人著),共9条。

319　除《天下郡国利病书》册 34 "听商自择牙人道为填"，册 42 "族人道明为南越州刺史"，及《年谱》2 条，共 4 条。

320　除《太玄经》卷 10〈玄图〉"君子道全，小人道缺" 1 条。

321　除《姜斋诗文集》〈七十自定稿〉"人道是今朝"，〈鼓棹初集〉"人道森寒清彻髓"，〈鼓棹二集〉"人道是祥云"，共 3 条。

322　除《南雷集·诗历卷第一》"瀑布留人道路旁" 1 条。

323　除《皇朝经世文》卷 4〈与友人书十首〉（顾炎武撰）"未敢为今人道也"，卷 13〈乡愿论〉"小人道消"，共 2 条。

324　除《亭林诗文集》卷 2 "同人道不孤"，卷 4 "未敢为今人道也"，共 2 条。

325　不包括此书明确引用古籍中的文字。除《北堂书钞》卷 136 "至人道不如镜"，卷 152 "道不通人 / 道路绝食"，共 2 条。

326　除《方望溪全集》卷 17 "相与为三人 / 道章之生也"，〈集外文卷第五〉"不敢为世人道"，〈集外文卷第七〉"每流涕为人道之"，〈集外文补遗〉"济泰雍正丙午举人道济己酉举人"，共 3 条。

327　除《艺文类聚》卷 30 "殷勤为人道"，卷 32 "昔仙人道引"，卷 37 "小人道长"，卷 94 "主人便先割以啖道人 / 道人食炙下喉"，共 4 条。

328　除《惜抱轩集》〈文集卷八〉"为乡人道焉"，〈诗集二〉"人道左迁原不觉"，《诗集四》"人道此闲尝隐几"，共 3 条。

329　除《太平御览》卷 54 "山人道士"，卷 77 "制人道德"，卷 136 "得妇人道"，卷 177 "行步之人 / 道死巷哭"，卷 209 "以小人道相持"，卷 248 "忽闻有人道弸姓字者"（弸指朱弸），卷 262 "人道公清定，如此不？"，卷 360 "上五有神人 / 真人 / 道人 / 至人 / 圣人"，卷 385 "孟孺子无介而见，大人道说敬之"，卷 458 "妇人道也"，卷 461 "上曰卿若东，得无为人道之。弇曰此重事不敢为人道也"（2 条），卷 592 "子临兆人 / 道存化育"，卷 637 "圣人道"，卷 659 "仙人道士" 及 "苟非其人道不虚授"（2 条），卷 660 "变化为真人 / 道之积成"，卷 661 "紫阳真人道诀"，卷 668、670 "真人道士"（2 条），卷 678 "仙人道箓"，卷 751 "与俗人道"，卷 902 "主人先割以啖道人 / 道人食炙下喉"，共 23 条。

330　除《册府元龟》卷 1 "诗人道西伯"，卷 127、451、982 "路人道死" 3 条，卷 218、287、313、325、327、530、544、545、789 "小人道长 / 消" 11 条，卷 255、953 "受业子思之门人道既通" 2 条，卷 271 "舞剑骑射绝人 / 道武幸"，卷 274 "不曾闻人道此"，卷 277 "赐奴婢四十人 / 道宗在阵损

足"，卷 309 "已启大人道"，卷 348、447 "伏波将军将罪人道远后期" 2
条，卷 352 "刘库仁昭成末为南部大人 / 道武未立苻坚以库仁为陵江将军"，
卷 360 "从乱者数万人道昭佐周彝"，卷 528 "羌人道远"，卷 616 "只向韦
秀一人道"，卷 652、663 "使人道送我" 2 条，卷 662 "二人道路至王宫"，
卷 673 "人道公清定"，卷 674 "道人道研为济州沙门"，卷 690 "圣人道何
也"，卷 761 "后魏尉古真代人道武之在贺兰部"，卷 765 "长孙肥代人道武
之在独孤"，卷 796 "若使人道意归"，卷 821 "他人道高" "他人道劣" 2 条，
卷 876 "其人道家符水"，卷 898 "道人道士并在门中"，卷 943 "谋事人 /
道士褚玄"，卷 950 "欲烧除此间人道佛苦谏"，共 42 条。

331　除《鲒埼亭集》卷 23 "唐人道之者"，〈经史问答卷一〉"小人道消" 2 条，
　　　〈外编卷十二〉"不欲人道其父兄之耻"，〈外编卷三十一〉"家藏而人道之"，
　　　〈外编卷四十六〉"无可为故人道者"，共 6 条。

332　除《通典》卷 12 "国中之人道路扬尘"，卷 169 "只向韦秀一人道"，卷
　　　188 "伏波将军将罪人道远后期"，共 3 条。

333　除《中说》卷 4〈周公篇〉"苟非其人道不虚行"，卷 10〈关朗篇·录关子
　　　明事〉"此人道微言深"，共 2 条。

334　除《抱经堂文集》卷 10 "无知之人道听涂说" 1 条。

335　除《通志》卷 19 "得妇人道尝许嫁"，卷 38 "鱼行人道"，卷 78 上、112、
　　　113 上、142 "小人道" 6 条，卷 81 "淮南海西人道规从母兄" 及 "欲烧
　　　除此间人道佛苦谏"（2 条），卷 84 上 "舞剑骑射绝人道武幸贺兰部"，卷
　　　88 "受业子思之门人道既通"，卷 99 "使人道送我"，卷 102 上 "圣人道何
　　　也"，卷 136 "唯用三人道庆大怒"，卷 140 "勿向人道"，卷 155 "为俗人道"，
　　　卷 162 "其人道通德大"，卷 163 "人道公清定"，卷 165 "贺讷代人道武皇
　　　帝之舅"，卷 170 "道人道研为济州沙门"，卷 178 "道人道士并在门中"，
　　　卷 182 "仙人道君授道诀"，卷 183 "得其人道家符水"，卷 184 "兼中书通
　　　事舍人道隆为明帝所委"，卷 194 "路人道死"，卷 198 "将罪人 / 道远后期"，
　　　卷 200 "死者数千人 / 道武闻之"，共 28 条。

336　除《张子全书》卷 9〈易说上·泰〉"君子道长，小人道消也"，卷 9〈易说
　　　上·否〉"小人道长，君子道消"，卷 9〈易说上·观〉"童观，小人道也"，
　　　卷 10〈易说中·家人〉"家人道在于烹爨"，卷 10〈易说中·兑〉"小人道
　　　长而不宁"，卷 11〈易说下·系辞上〉"神而明之存乎其人道至有难明处"，
　　　卷 15〈附录〉"横渠教人道夜间自不合睡"，共 7 条。

337 除《潜研堂文集》卷23"于未经人到之地作未经人道之语，遂于李杜韩苏而外别开生面"，〈续集卷第三〉"嚏嫌人道我"，共2条。

338 除《文献通考》卷37、296、301"小人道（废）（长）"3条，卷94"内侍七人／道士十人"，卷194"其书为诸家人道之"，卷227"羽人道士辈"，卷234"喜为人道之"，卷243"逆旅主人道承平"，卷273"……人／道武时"11条，卷273"邑人道武以来有受封"，卷279"鱼行人道"，卷308"知其非人／道住止而待之"，共22条。

339 除《二程集》〈遗书·二先生语二上〉"要人道如何""元未有人道来"2条，〈遗书·二先生语五〉"圣人道理""贤人道理"2条，〈遗书·伊川语一〉"得他人道是"，〈遗书·伊川语四〉"人自是人道自是道"及"曾子传圣人道"2条，〈遗书·伊川语五〉"因他人道是了方是""人道不是便不是"及"人道汉高祖能用张良"3条，〈遗书·伊川语八上〉"无一人道西京有程某"，〈外书·罗氏本拾遗〉"圣人道弘"，〈伊川文集·表疏〉"闻圣人道"，〈周易程传〉"小人道（长）（消）（盛）（也）"12条，〈经说·诗解〉"诗人道是意"，〈粹言卷第二〉"小人道盛""圣人道大"2条，共28条。

340 除《定盦文集》〈题辞〉〈补编〉3条，〈续集卷四〉"小人道长"，〈古今体诗上卷〉"矧向生人道"，〈古今体诗下卷〉"长安人道青春回"，共6条。

341 《老子》第77章原文"人道"，各本皆作"人之道"，然亦有作"人道"者，见严可均《老子唐本考异》（转引自朱谦之，《老子校释》，北京：中华书局，2006年，第299页）。

342 《世说新语》"人道"共7条，皆非其义，除。

343 除《王文成全书》卷7"允执厥中道心者率性之谓"1条及卷37〈附录〉"中道"（徐玺、黄宗明文）2条，共3条。

344 除《宋元学案》卷55〈水心学案下〉"吴中道人"，卷69〈沧洲诸儒学案上〉"方究得彼中道理"，卷90〈鲁斋学案〉"陕西、汉中道廉访使"，共3条。

345 除《明儒学案》除卷17、21"未发之中道心惟微"2条，卷35"其中道理则极精微"，卷41"虞廷之相传者在中道心人心总皆属用"，卷58"犹论水于净垢器中，道着性字只是此性，道着水字只是此水"，卷62"凡口中道不出者"，共8条异义。

346 除〈考证〉中道2条，卷6、25下"通回中道"2条，卷69"治湟峡中道桥"，共5条。

347 除〈考证〉2条，卷13"二至之中道齐景正""极建其中道营于外"2条，

355

卷 114 "适河东卫仲道"，共 5 条。

348　除〈续集集六〉"小隐深篁中道是人家非我宅" 1 条。

349　除卷 94 "董养字仲道"，卷 98 "徙于长沙济字仲道"，卷 100 "董仲道见而谓之曰"，共 3 条。

350　除卷 1 "刘怀玉慎仲道索邈等"，卷 43 "董仲道"，卷 81 "仲道"，共 3 条。

351　除 18 "高祖德溢寰中道超无外"，卷 66 "显丽于中道发明"，卷 75 "天光复射中道雏臂"，卷 90 "山中道俗营助者百余人"，共 4 条。

352　除卷 35 "大业中道士以术进者甚众" 1 条。

353　除名称卷 14、40、184 "黔中道" 3 条，卷 25 "中道门"，卷 60 "关中道"，共 5 条。

354　除卷 40 "无取喜怒于其中道之出者多其合焉者" 1 条。

355　除卷 37、139 "黔中道"，卷 43 下 "大同云中道"，卷 78 "关中道"，卷 103 "土中道里所"，共 5 条。

356　职衔名甚多，未删。除卷 205 "黄老中道君洞房内经一卷"，卷 317 "即字中道吴越王诸孙也"，卷 402 "汉中道"，卷 444 "车中道士"，共 4 条。

357　除《居士集》卷 10 "白马关中道"，卷 21 "入见禁中道蜀事"，〈集古录跋尾〉卷 3 "高祖受命，兴于汉中，道由子午"，〈书简〉卷 4 "与王郎中道损"，共 4 条。

358　除卷 134 "窒于外而塞于中道义之言"，卷 137、140、163、167、168（2 条）、170（3 条）、174 等 "陕西汉中道" 18 条，卷 202 "金天眷中道士萧抱珍"，共 20 条。

359　除〈目录〉、卷 3 "次道中道" 各 1 条，共 2 条。

360　除卷 99 人名 "袁中道"，卷 159 "诸县中道路"，卷 208 人名 "罗玉查仲道"，卷 288 "兄宗道弟中道""中道字小修" 2 条，〈考证〉"中道" 2 条，共 7 条。

361　除人名 "宋中道" 6 条。

362　除《清史稿》卷 380 "嘉庆中道员傅鼐所经营" 1 条。

363　除卷 8 "脱身声利中道德自濯澡"，卷 10 "不知诗中道何语"，卷 11 "唐神龙中道岸禅师"，卷 19 "悬知一生中道眼无由浑"，卷 23 "山中道士"，卷 73 "醒后不复记忆其中道何等语也"，卷 85 "独山中道友契好"，共 7 条。

364　除卷 21 "通回中道"，卷 26 "治湟峡中道桥"，卷 72 "自案中道向亮"，卷 116 "迁席于舟中道规刑之于"，卷 153 "洽寰中道超无外肃"，卷 184 "关中道行军总管"，卷 198 "临城中道宗使果毅傅伏"，卷 206 "天兵中道大总管"，卷 212 "黔中道"，卷 288 "河中道远"，共 10 条。

365　除卷 43 "不偏之谓中，道无不中"，卷 53 "究得彼中道理"，〈别集〉卷 3 "某还自莆中道间大病几"，共 3 条。

366　除《象山全集》卷 36〈年谱〉"从容中道" 1 条。

367　除卷 18 "夷仲道临海县" 1 条。

368　除续集卷 2 "字中道世为开封人"，外集卷 12 "意中道禅亦自在"，共 2 条。

369　除卷 19 "不复知其中道何等语" 1 条。

370　除卷 15 "及与之言皆中道理" 1 条，及〈附录〉他人 "中道" 用语 2 条，共 3 条。

371　除册 25 "汉回中道" 1 条。

372　除〈诗历卷第一〉"经中道藏只言星" 1 条。

373　除卷 13 "合一履中道心玄玄"，卷 44 人名 "卫仲道"，卷 48 "体亚黄中道及微管"，共 3 条。

374　除卷 45 "谷中道险"，卷 72、88 "通回中道" 2 条，卷 291 "乃使张合攻无当监何平于南国自案中道向亮""仲道" 9 条，卷 556 "元嘉中道士"，卷 653 "会昌中道士赵归真"，卷 668 "亦时时出市中道间忽见一人"，卷 674 "三元布人在其中道迹经曰"，卷 675 "紫微宫中道君"，卷 736 "下入涧中道人急性"，卷 757、869 "汉中道人" 2 条，卷 828 "有女婢沽酒卖肉于其中道子将见幸"，共 21 条。

375　除卷 20 "嘉定中道士叶子琬奏请" 2 条。

376　除卷 41、631 "黔中道" 2 条，卷 65 "中道行营"，卷 99 "二十一人中道武爱其艺能"，卷 112、489 "通回中道" 2 条，卷 137 "名冠军中道武猜忌"，卷 184、520 下、727、790、796、843（2 条）、860 "仲道"，共 8 条，卷 269 "关中道行军总管"，卷 288 "德溢寰中道超无外"，卷 369 "俯临城中道宗遣果毅"，卷 428 "遣使至羌中道"，卷 432 "射中道雊臂"，卷 476 "绝天津桥中道"，卷 503 "治湟峡中道桥"，卷 724 "后魏延昌中道人法庆作乱冀方"，卷 898 "并在门中道人左道士右"，卷 986 "为清边中道前军总管"，卷 986 "天兵中道大总管"，共 26 条。

377　除《二程集·外书·传闻杂记》"经中道理受用" 1 条。

378　除卷 119 "又于山中道设止息"，卷 175、183 "黔中道"，卷 198 "天兵中道大总管"，共 4 条。

379　除卷 5 下 "通回中道"，卷 34 "术邑中道也"，卷 84 上 "崇子逐留在伏士中道武召之将有所使"，卷 84 上 "德溢寰中道超无外"，卷 100 "更遣使至羌中道从沙阴地"，卷 100 "治湟峡中道桥"，卷 126 "又表为侍中道险不行"，卷 130（2 条）、131（2 条）、177、185 "仲道"，共 6 条，卷 141 "郡中道俗六百人诣阙"，卷 147 "即位为中道都将""北征中道都大将""列在酷吏传中道元弟道慎字善季"，卷 150 下 "汉中道"，卷 153 "延昌中道人法庆作乱冀方"，卷 157 "昆季之中道邕居长"，卷 174 "永安中道源劝令入仕"，卷 178 "并在门中道人左"，卷 178 "山中道俗"，卷 197 "中道大都督"，共 24 条。

380　除卷 5 "性中道理"，卷 6 "正如易中道立天之道曰阴与阳"，卷 52 "讲究书中道理"，卷 75 "他尽是说爻变中道理"，卷 97 "便有一卷经中道理受用"，卷 100 "此理之中道之骨子便是性"，卷 104 "某遂将那禅来权倚阁起意中道禅亦自在"，卷 120 "中庸大学中道理来涵养"，共 8 条。

381　除〈续集卷四〉"中道光丙申进士"，〈补编〉"重门洞开表中道"，共 2 条。

382　除卷 7 "治湟峡中道桥"，卷 84 "又于山中道设止息"，卷 113 "乃中道家法服之制"，卷 119 "王公以下卤簿之制中道清道六人""中道清道四人""中道清道二人"（2 条）4 条，卷 224 "大业中道士以术进者"，卷 319、321 "黔中道" 2 条，卷 343 "天兵中道大总管"，共 11 条。

383　吴大澂：《说文古籀补》〈第一・中〉，北京：中华书局，1988 年，第 2 页；罗振玉：《殷墟书契考释》（三种），北京：中华书局，2006 年，第 411—412 页；王国维：《史籀篇疏证》，见《王国维遗书》（全十六册）第六册，上海：上海古籍书店，1983 年，第 3 页（单篇页码，影印各册无统一页码）。

384　唐兰：《释⿰阝⿱丿中》，见唐兰：《殷墟文字记》，北京：中华书局，1981 年，第 48—54 页。唐说："余谓中者最初为氏族社会中之徽帜"，上或九斿，或六斿，或四斿，"盖古者有大事，聚众于旷地，先建中焉，群众望见中而趋附，群众来自四方，则建中之地为中央矣"（第 53—54 页），"然则中本徽帜，而其所立之地，恒为中央"（第 54 页），"后人既习用中央等引申之义，因更假常以称之……而中字遂无用为徽帜之义矣"（第 54 页）。关于中圈，唐的解释是："凡垂直之线，中间恒加一点，双钩写之，因为⿰形及⿰形，而⿰盛行，由以省变，遂为φ形矣。"（第 53 页）

385　郭沫若：《两周金文辞大系图录考释》下册〈中子化盘〉，上海：上海书店出版社，1999年，第167页。

386　姜亮夫认为中的初形 ϕ 本义是日中（即正午时分），其中 ⊙ 为日影，而写
　　　作上下两斿，下面之斿乃是上斿之影。"一日间之时刻，为齐民之所最易
　　　审和，最易考验者，莫如施斿之橛所投之日影，而日影之分齐最明，无所
　　　游移省，莫如日中之所投，故以 ϕ 字为一日之中"（第353页）；中之另一
　　　义，即"不偏"，是从正午之义引申出来的，"日在中为正午，凡中则不偏"
　　　（第364页）（姜亮夫：《释中》，载氏著：《姜亮夫全集》第十八册《古汉语
　　　论文集·文字朴识》，昆明：云南人民出版社，2002年，第346—371页）。

387　萧良琼："卜辞中的'立中'与商代的圭表测景"，见中国天文学史整理研
　　　究小组编，《科学史文集第10辑　天文学史专辑（3）》，上海：上海科学技
　　　术出版社，1983年4月，第27—44页。曹一批评萧说，认为古人测影与
　　　观风向无关，萧说不成立；又为圭表测影说辩护，且提出"中"引申为标
　　　准、法度——即"极"——之义之原因，因为古人以天意为准则；亦批评
　　　黄德宽、李圃（曹一：《卜辞'立中'新证》，《汉语史研究集刊》，2009年
　　　第12辑，第370—384页）。

388　李圃：《甲骨文选注》，上海：上海古籍出版社，1989年，第68页。李圃
　　　认为："𠂤或为古代测天仪，丨当为垂直长杆形之表，饰以飘带以观风向，
　　　作𣃠，……卜辞习见'立中，亡风''立中，允亡风'是其证。架以方形
　　　框架以测日影。引申为方位名词中。卜辞中日为纪时之专名，相当于中午
　　　十二时前后。"（第68页）李说当从姜亮夫、萧良琼而来。

389　黄德宽认为"中""乃是一个象形字，中竖像长杆，上下等数典画像'𣃐'，
　　　中方框代表四方的坐标"，"'中'作为测风器，其标杆立于四方坐标（口）
　　　之中心，故'中'有中央之义"（黄德宽：《卜辞所见"中"字本义试
　　　说》，原载《文物研究》，1988年第3期，此据黄德宽：《开启中华文明的
　　　管钥——汉字的释读与探索》，北京：北京师范大学出版社，2011年，第
　　　153—154页）。

390　朱骏声：《说文通训定声》，北京：中华书局，1984年，第37页。

391　姜亮夫：《释中二》，见《姜亮夫全集》第十八册，第371页。

392　郭沫若：《两周金文辞大系图录考释》下册〈中子化盘〉，第167页。

393　林义光：《文源》，上海：中西书局，2012年，第278—279页。

394　王筠：《说文释例》，北京：中华书局，1987年，第125页。于省吾："释
　　　中宗祖丁和中宗祖乙"，见于省吾：《甲骨文字释林》，北京：中华书局，

2009 年，第 222—226 页。罗说参唐兰文。

395　唐兰：《释𤔲𤔲》，见唐兰：《殷墟文字记》，第 51—52 页。

396　姜亮夫：《释中》，见《姜亮夫全集》第十八册，第 371 页。

397　《甲骨文合集》06448—07692、00811 等；《东京大学东洋文化研究所藏甲骨文字》D00327、D00378 等。参香港中文大学中国文化研究所刘殿爵中国古籍研究中心，《汉达文库》（http://www.cuhk.edu.hk/ics/rccat/database.html）有关数据。

398　郭沫若：《两周金文辞大系图录考释》下册〈中子化盘〉，第 167 页。

399　关于何尊铭文，参《文物》1976 年第 1 期唐兰、马承源、张政烺专文（第 60—65、93 页），进一步讨论参杨宽，《释何尊铭文兼论周开国年代》，《文物》，1983 年第 6 期，第 53—57 页。

400　段玉裁：《说文解字注》，第 20 页。

401　清华大学出土文献研究与保护中心：《清华大学藏战国竹简〈保训〉释文》，见《文物》，2009 年第 6 期，第 73—75 页。

402　李学勤："周文王遗言"，见《光明日报》2009 年 4 月 13 日；李学勤：《论清华简〈保训〉的几个问题》，见《文物》，2009 年第 6 期；梁涛：《清华简〈保训〉与儒家道统说——兼论荀子在道统中的地位问题》，《邯郸学院学报》，2013 年第 1 期，第 86—105 页。

403　廖名春，《清华简〈保训〉篇"中"字释义及其他》，《孔子研究》，2011 年第 2 期，第 30—39 页。

404　程颢、程颐：《二程集》，第 606 页。

405　许慎：《说文解字》，第 65 页。

406　朱骏声：《说文通训定声》，第 37 页。

407　吴大澂：《说文古籀补》，第 2 页。

408　姜亮夫：《释中》，见《姜亮夫全集》第十八册，第 370 页。

409　程颢、程颐：《二程集》，第 863 页。

410　《宋元学案》卷 46〈玉山学案〉，第 1456 页。

411　张栻：《张栻集》（全五册），北京：中华书局，2015 年，第 147—148 页。

412　"出治道"指合乎治道的政治局面产生出来，"治道备""治道具""治道尽""治道具"及"治道终"皆指治道完备。

413　除《孟子·离娄下》"孟子曰惠而不知为政岁十一月徒杠成十二月舆梁成民未病涉也"，赵岐注："法地治道。""之于治道"指"墨杨申商之于治道"

（当源于《淮南子》）。

414　"治道之遗化"注、疏共出现 4 条，其中郑注 1 条（卷 45 "教六诗曰"句注）。除《周礼正义》指治道路、治道途、治道沟渠、治道人等异义共 17 条（卷 19 共 3 条，卷 29 共 2 条，卷 31 共 2 条，卷 34 共 1 条，卷 58 共 3 条，卷 65 共 3 条，卷 70 共 3 条）。例如：卷 31〈地官师徒·山虞〉"若祭山林则为主而修除且跸"注及疏"治道路场坛" 2 条，卷 34〈春官宗伯·大宗伯〉"以荒礼哀凶札"疏文"不治道为妨民"，卷 58〈夏官司马·候人〉"人各掌其方之道治与其禁令以设候人"注及疏"治道"或"治道路" 3 条（皆指治道路），卷 65〈秋官司寇·司隶〉"司隶中士二人下士十有二人府五人史十人胥二十人徒二百人"注及疏"使将徒治道沟渠" 3 条，卷 70〈秋官司寇·禁暴氏〉"凡国之大事比修除道路者"疏"治道" 3 条。

415　《四部备要》3 条，增翁注目录"李延平论治道四言" 1 条。

416　"治道部"指《太平御览》之〈治道部〉，3 条出现情况同。

417　除〈续集集二·英清峡钻路造桥记〉"凡平治道路" 1 条。

418　何晏《论语集解·公冶长》"子见南子"章，注有"使行治道"。

419　王弼注《老子》第 8 章（上善若水章）注有"言人皆应于治道也"。

420　除《管子·心术下·短语十一》章"民人操／百姓治／道其本／至也"条。另外《管子》"治道"皆为动宾结构，治为动词。

421　《庄子》"治道"皆指个人修道，本节所讲治理天下之道不同。〈天地〉"有人治道若相放，可不可，然不然……若是则可谓圣人乎？"，〈缮性〉"古之治道者，以恬养知……知与恬交相养，而和理出其性"。

422　按《中论·修本》"人心莫不有理道"，《群书治要》引作"民心莫不有治道"。据此"理道"本或作"治道"。此处依四部丛刊本。

423　〈二程遗书〉5 条，〈二程外书〉1 条，〈粹言〉4 条。

424　见《近思录》卷 8〈治体〉4 条，卷 9〈治法〉2 条，卷 10〈政事〉1 条，卷 11〈教学〉2 条。

425　除［明］彭时〈原序〉"治道不能复古"及〈门目·孔孟周程张邵朱子〉"论治道一卷"，共 2 条。

426　除卷 6〈外篇一〉及卷七〈外篇二〉后人注释及异义，共 2 条。

427　"有资治道"谓《资治通鉴》可为治道之资；"根源治道"指构成治道之根源。

428　除卷 5〈秋居书怀〉"况无治道术" 1 条。从上下文"况无治道术，坐受官

家禄"看，"治道术"似指个人修习道术以治理天下，因本句"治道"不构
成术语故除。

429　除附录〈天论三篇·天论上〉中"治道"1 条，此文为刘禹锡作。

430　"思复治道"指"思复虞夏商周之治道"。

431　除卷 77〈礼部尚书张公墓志铭〉"伐墓中柏以治道路"1 条。

432　《临川文集》四库全书检索结果也是 10 条。除卷 95〈度支员外郎郭公墓志
铭〉"吏不治道，闻公至往往豫以事求"1 条。"治道终"谓不留狱正是
治道之义。

433　除卷 36〈送知县苏秘丞移英州〉"唯君治道行"1 条。

434　除〈年谱〉〈附录卷第一·谥诰〉中"治道"2 条，非本人撰。

435　除卷 97〈敷文阁直学士陈公行状〉"母得治道路饰供张"1 条。"与治道相
乱"指不合于治道；"出治道"指产生跟治道一致的局面；"治道毕""治道
备"皆指治道完备。

436　《四部丛刊》与《四库全书》同。"先治道"指申商以险刻为治道之先。

437　除卷 42〈通议大夫宝文阁待制李公墓志铭〉"治道路以便行旅"1 条。

438　《四部丛刊·龙川文集》检索结果同。"所以根源治道者"指所以为治道之
根源者。

439　皆见于所作〈子刘子行状〉。《明夷待访录》《南雷文定》皆未见。

440　除《方望溪全集》〈集外文卷第八·拟除泰安州香税制〉"守祠者贮之以
待修葺舍宇平治道涂"1 条，〈文集卷七·赠送序·送李雨苍序〉及〈集
外文卷四·朱字绿文稿序〉"治道术者"2 条，共 3 条。

441　除卷 5〈贵州水道考中〉"发巴蜀卒治道"1 条。

442　除《魏源集》〈新乐府·都中吟〉"除梁治道省边民"1 条。

443　除〈文集·张君树程墓志铭〉"遗怀望治，道吉语以忘忧"1 条。

444　除卷 34〈方灵皋送李雨苍序〉"古之治道术者"1 条。"通治道"指治道畅行。

445　据《四库全书·战国策校注》《四部备要·战国策》及《四部丛刊·战国策
校注》检索。

446　除卷 30〈平准书〉"豫治道桥"，卷 116〈西南夷列传〉"发巴蜀卒治道"，
卷 117〈司马相如列传〉"发巴蜀广汉卒作者数万人治道"，共 3 条，皆指
修缮道路。

447　除卷 24 下〈食货志下〉"郡国皆豫治道"，卷 25 下〈郊祀志五下〉"郡县治
道共张"，卷 57 下〈司马相如传〉"数万人治道"，卷 64 上〈严朱吾丘主父

徐严终王贾传〉"妻夫治道"，卷72〈王贡两龚鲍传〉"颇废耕桑治道牵马"，卷95〈西南夷两粤朝鲜传〉"发巴蜀卒治道"，卷98〈元后传〉"发民治道"共7条，皆指修理道路。另除〈卷十九上考证〉"使将徒治道沟渠"，非班氏原文。

448　除《三国志》之〈魏志卷四·齐王芳〉"昨出已见治道得雨"，〈魏志卷十三·王朗子肃〉"行裁半谷治道功夫"，〈魏志卷二十八·钟会〉"先命牙门将许仪在前治道"，〈吴志卷二·孙权〉"世治道泰"，共4条。

449　除《宋书》卷14〈礼志一〉有"世不常治，道亦时亡"条。"庶几治道"指治道近乎实现。

450　除《南齐书》卷15〈州郡志下·荆〉"东南出州治道带蛮蜑"，卷57〈魏虏〉"大治道路"，共2条。

451　除《梁书》卷45〈王僧辩传〉"分入港中登岸治道"1条。

452　除《魏书》卷7〈高祖纪下〉"有司奏请治道帝曰粗修桥梁"1条。"治道明范"谓治道之典范，"不及治道"谓"朝廷……察孝廉唯论章句，不及治道"。

453　除《隋书》卷67〈虞世基传〉"未明思治/道藏往而知来"。〈治道集〉（十卷）为书名。

454　"治道同归"谓"化人成俗必务于学"，故治道同归于师。

455　除《新唐书》卷107〈傅吕陈传〉"令百姓治道路"，卷108〈刘裴娄传〉"缮桥治道"，卷112〈王韩苏薛王柳冯蒋传〉"雍丘令尹元贞坐妇女治道免官"，卷114〈崔徐苏豆卢传〉"不治道/辒车留渭桥久不得进"，卷158〈韦张严韩传〉"或告师古/治道矣/兵且至"，卷164〈归崇三崔卢二薛卫胡丁二王殷传〉"治道前驱"，卷222上〈南蛮传〉"谋袭南诏/阅众治道"，卷225中〈逆臣传〉"运土木治道"，共8条。

456　除《宋史》卷3〈太祖本纪三〉"文物之治道德仁义之风"，卷432〈儒林传二·王回〉"世治道行"，卷436〈儒林传六·李道传〉"城圮弗治道传甓之"，共3条（义异）。又除卷4〈太宗本纪一〉"雄州民治道"，卷5〈太宗本纪二〉"愿率子弟治道"，卷7〈真宗本纪二〉"开封府毋治道役民"，卷114〈礼志十七·嘉礼五〉"行邮治道"，卷165〈职官志五·都水监〉"辖治道路人兵"，卷192〈兵志六·乡兵三〉"治道路给夫役"，卷262〈边光范传〉"遣使督治道"，卷275〈李斌传〉"督役治道"，卷328〈薛向传〉"涿、易治道"，卷378〈刘珏传〉"除治道路科"，卷380〈范同传〉"调夫治道"，卷 415〈傅伯成传〉"治道千二百丈"，共 12 条，"治道"皆指修缮道路。共 15 条。"与治道通"指乐音"调和谐合"，合于治道；"适治道"谓"皇王之道非有迹，但庶事适治道，则近之矣"；"治道本天"指治道本于天意；"资治道"指有助于治道；"治道中说"（30 篇）、"治道中术"（3或 6 卷）、"治道要言"（10 卷）、"治道集"（10 卷）皆为书名。

457　除《金史》卷 16〈宣宗本纪下〉"免百官送迎且勿令治道"，卷 84〈列传第二十二·杲〉"都水监丞高杲寿治道路不如式"，共 2 条。

458　除《元史》卷 10〈世祖本纪七〉"于叙州等处治道"，卷 13〈世祖本纪十〉"治道立站有功"，卷 21〈成宗本纪四〉"其土军修治道路"，卷 75〈祭祀志四〉"平治道路"，卷 83〈选举志〉"合回避按治道分选取"，共 5 条。"创始治道"谓元世祖忽必烈初立治道。

459　除《明史》卷 19〈穆宗本纪〉"总兵官王治道等战死"，卷 75〈职官志四〉"盐法道抚治道"，卷 213〈张居正传〉"有司饬厨传治道路"，卷 22〈张学颜传〉"大将王治道郎得功战死"，卷 228〈魏学曾传〉"王治道等追击"，卷 238〈李成梁传〉"总兵王治道战死"及"杨照、王治道皆战死"，卷 239〈张臣传〉"辽帅王治道曰"，卷 307〈陶仲文传〉"何以不治？道行故恶严嵩"（道行为人名），卷 311〈四川土司传·乌蒙乌撒东川镇雄四军民府〉"乘兵势修治道途"，卷 327〈鞑靼传〉"总兵王治道"，共 11 条。"为治道辅"指明仁宗称杨溥"用卿左右，非止学问，欲广知民事，为治道辅，有所建白。"

460　除《清史稿》卷 7〈圣祖本纪二〉"诏所过勿令民治道"，卷 24〈德宗本纪二〉"平治道涂"，卷 115〈职官志二〉"平治道路"，卷 119〈职官志六〉"修治道路"，卷 122〈食货志三·漕运〉"治道久则穷……河道既阻"，卷 324〈方观承传〉"缮治道路沟洫"，卷 326〈阿尔泰传〉"议平治道路"，卷 333〈乌什哈达传〉"以镶红旗蒙古副都统从，先行治道"，卷 416〈吴长庆传〉"修治道涂"，卷 454〈明春传〉"凡治道路"，卷 460〈戴宗骞传〉"宗骞为治道路"，卷 479〈循吏传四·陈文䗈〉"因其众治道路"，共 12 条。"清治道"指"政体宜崇简要"，"议处愈增愈密，规避亦愈出愈奇，彼此相遁，上下相诡，非所以清治道也"。

461　除《嘉庆一统志》卷 43〈承德府二〉"平治道涂"，卷 53〈深州一·古迹〉"后魏武邑郡治道"，卷 56〈定州二·人物〉"发民夫治道"，卷 66〈锦州府三·人物〉"王治道"（2 条）及"治道"（3 条），皆为人名，卷 98〈扬州府三·名宦〉"真州城圮弗治，道传甓之"（道传为人名），卷 99〈扬州府四·列女〉"陈治道妻宁氏"，卷 120〈太平府一·古迹〉"在州治道院南道院"，卷 341〈黄州府·名宦〉"治道路筑堤防"，卷 352〈荆门州·古迹〉"东南出州治，道带蛮蜑"，卷 386〈成都府三·仙释〉"李常在……治道术"（指治病），卷 395〈叙州府一·山川〉"使唐蒙治道"，卷 429〈漳州府·名宦〉"治道千二百丈"，卷 511〈遵义府·津梁〉"发卒治道"，共 17 条。

462　除《资治通鉴》〈御制序〉"明君良臣切劘治道"，卷 18〈汉纪·世宗孝武皇帝上之下〉"发巴蜀卒治道"，卷 71〈魏纪·烈祖明皇帝上之下〉"治道功夫，战士悉作"，卷 195〈唐纪·太宗文武大圣大广孝皇帝中之上〉"治道葺桥，动费一二万"，共 4 条。"治道集"指"李文博所撰《治道集》"，为书名（卷 179〈隋纪·高祖文皇帝中二年〉）。

463　"为治道"当指实现治道或落实治道，"赞治道"指帮助实现治道。

464　除〈忧边第十二〉"不通于论者难于言治道不同者不相与谋"及〈水旱第三十六〉"缮治道桥"2 条。

465　据杨琪《〈贞观政要〉研究》为 8 条，相关用语还有"留心治道，守今日治道，以成治道，存心治道，治道政术，不益治道，治道过于尧舜"。杨书指出古本为避唐高宗李治讳，将"治道"改为"理道"。

466　除《群书治要》卷 14〈汉书二·志〉"郡国皆豫治道，修缮故宫"1 条。

467　《四库全书》电子检索时未见，通过其他途径查到后核实，见于四库本卷 20〈政理部·荐举第四·诏·隋江总举士诏〉。

468　除《北堂书钞》卷 78〈设官部·县令一百七十六〉"百姓以治道德齐礼"1 条。

469　除《艺文类聚》卷 50〈职官·太守〉"发民治道"1 条。其中卷 99〈祥瑞部下·马〉"因时而治道"中的"治道"为动宾结构。

470　除《太平御览·原序》（蒲叔献撰）"治道之兴亡"，卷 73〈地部三十八·桥〉"遣牙将许仪在前治道"，卷 266〈职官部六十四·令长〉"敕诸县治道"，卷 649〈刑法部十五·鞭〉"父给亭治道"，卷 659〈道部 1·道〉"欲治道术当得《洞中皇宝图》"（指治道家方术），共 5 条。"治道所司"从上下文指治道支配"天生五材"。

471　除《册府元龟》卷 18〈帝王部·帝德〉"奏请治道帝曰粗修桥梁"，卷 114〈帝王部·巡幸第三〉"开治道路"，卷 135〈帝王部·愍征役〉"当以十九日亲祀而昨出已见治道"及"发巴蜀卒治道"，卷 401〈将帅部·行军法〉

"命牙门将许仪在前治道"，卷429〈将帅部·拓土〉"发巴蜀卒治道"，卷518〈宪官部·弹劾〉"发民治道"，卷526〈谏诤部·规谏第三〉"行裁半谷治道功夫"，卷535〈谏诤部·直谏第二〉"治道牵马"，卷573〈掌礼部·奏议〉"郡县治道共张"，卷653〈奉使部·称旨〉及卷662〈奉使部·绝域〉"发……数万人治道"，卷701〈令长部·总序〉"敕诸县治道"，卷712〈宫臣部·规讽〉"百姓颇废耕桑治道"；又除异义句，卷610〈刑法部·定律令〉"世治道泰，上下无事"，卷782〈总录部·荣遇〉"妻夫治道"，共16条。"暗于治道"，这里指不熟悉治道；"上下治道"谓上下探求治道，"发挥治道"谓以文辞发挥治道之义。

472　除3条，或治道术，或治道路。

473　除《通志》卷7〈魏纪第七·齐王〉"治道得雨"，卷19〈后妃传第一·前汉〉"发民治道"，卷98下〈列传第十一下〉"治道二岁道不成"，卷99〈列传第十二·朱买臣〉"妻夫治道"，卷100〈列传第十三·前汉〉"治道牵马"，卷115〈列传第二十八上·魏〉"行裁半谷治道功夫"，卷117〈列传第三十·魏〉"先命牙门将许仪在前治道"，卷142〈列传第五十五·梁·王神念〉"船舰并集登岸治道"，卷197〈四夷传第四·南蛮上〉"发巴蜀卒治道"，共9条。"治道集"为书名。

474　除《文献通考》〈御制序〉〈抄白〉中"治道"各1条，卷69〈郊社考二·郊〉"郡县治道共张"，卷84〈郊社考十七·封禅〉"益治道徒千人"，卷109〈王礼考四·巡狩〉"行邮治道"，共5条。

475　全名"赐通奉大夫权刑部尚书兼太子右庶子兼同修国史实录院同修撰兼给事中兼学士院曾从龙辞免除礼部尚书兼职并依旧日下供职恩命不允诏"，此处简化。

476　全名"观文殿学士大中大夫知建康军府事兼管内劝农使充江南东路安抚使马步军都总管营田使兼行宫留守彭城郡开国侯食邑一千六百户食实封二百户赐紫金鱼袋赠光禄大夫刘公行状"，此处简化。

477　郭庆藩，《庄子集释》，《诸子集成》第3册，上海：上海书店出版社，1986年，第227页。

478　比如卷723〈方术部·医三〉"朕每留情，颇识治体"，卷951〈虫豸部八·地胆〉"大都治体略同"，盖指治病。

479　陈寿祺注："《外纪》卷二此句上有'成汤之后'四字，下有'王道亏'三字。《困学纪闻》卷二此句下有'先王道亏，刑罚犯'七字。"

480 张双棣等译注，《吕氏春秋译注》，长春：吉林文史出版社，1987年，第376页。

481 全名"朝请大夫主管冲佑观焕章侍郎陈公墓志铭"，此处简化，下条文献同。

482 参下面三段引文（同出《正蒙·中正篇》）：

例一："中正然后贯天下之道，此君子之所以大居正也。盖得正则得所止，得所止则可弘而致于大。"方按："大居正"对应"中正"。后面"得正则得所止"，与上引"中道而立，而有位以弘之"相应。居、止、位三字义通。居、止、位并非物理意义上的位置，与〈易象传〉"中道"之中指物理意义上的位置不同，此处"有位以弘之"指己居中正之位以弘道。

例二："体正则不待矫而弘，未正必矫，矫而得中，然后可大。"方按：此处"中"当读恰当，喻正。

例三："极其大而后中可求，止其中而后大可有。"方按："中"有独立价值，并非工具性含义，不是指符合（"时中"之中），而指高明不可穷，博厚不可极，则中道不可识，盖颜子之叹也。

483 全名"唐故邕管经略招讨等使朝散大夫持节都督邕州诸军事守邕州刺史兼御史中丞赐紫金鱼袋李公墓志铭"，从简。

484 全名"太常少卿直昭文馆知广州军州事贾公墓志铭"，从简。

485 全名"少师保信军节度使魏国公致仕赠太保张公行状下"，从简，下条同。

486 全名"明骠骑将军镇守福建总兵官左军都督府都督佥事瑞岩万公墓表"，从简。

487 全名"湖北荆宜施道前翰林院修撰陈公墓志铭"，从简。

参考文献

（一）电子数据库古籍

本书涉及大量统计性数据均依据电子版检索。电子版古籍来源主要如下：

（1）北京书同文数字化技术有限公司制作的"《四部丛刊09增补本》全文检索系统"。其中《四部丛刊》底本采用北京大学图书馆善本部藏上海涵芬楼影印《四部丛刊》。其中包括：《四部丛刊初编》民国十一年（1922）上海商务印书馆再版影印本；《四部丛刊续编》民国二十一年（1932）上海商务印书馆再版影印本；《四部丛刊三编》民国二十五年（1936）上海商务印书馆初版影印本。本数据库含图书页面图像，本书引用简称《四部丛刊》。五经、诸子、集部文献多采自此库。

（2）"文渊阁四库全书电子版—原文及全文检索版"，含页面图像，底本采用台北商务印书馆1986年版《影印文渊阁四库全书》，由迪志文化出版有限公司及书同文计算机技术开发有限公司承办制作，上海人民出版社和迪志文化出版有限公司出版，1999年11月发行，产品代号：SKQS-V- 02，中华人民共和国国家标准书号：ISBN 7-980014-91-X/Z52。本书引用此数据库简称《四库全书》。二十四史、三通、类书采自此库。本书写作时用此库，校对时用了下面的"雕龙"数据库。

（3）"雕龙：中日古籍全文资料库"，由中国大陆、中国台湾、日本三方古籍研究专家研制之超大型中日古籍全文检索数据库（包含《四库全书》《四部丛刊》《四库备要》《续修四库全书》《四库未收书》《四库禁毁书》《永乐大典》《古今图书集成》等多个与本书有关的丛书库），其中与本书有关的《四部备要》（数据库称《续四部丛刊》），依据中华书局1920—1936年排印本（个别为影印本）。资料库提供"原文图像"及"全文文本"两种阅读接口，数据查证与对照方便。资料库由日本凯希多媒体公司和得弘信息有限公司共同研制，并由大铎信息股份有限公司（台北）负责WEB版系统设计。中方主编为陕西师范大学袁林教授，日方主编则为爱知大学中岛敏夫教授。本书引用此数据库简称"雕龙"。

（4）"中华经典古籍库"，是中华书局首次推出的大型古籍数据库产品（2017），收录了中华书局及其他出版社正式出版的整理本古籍图书，前三期数据资源全部为中华书局出版的整理本古籍，从第四期开始收入其他出版社的优质资源，合作出版社包括凤凰出版社、巴蜀书社、齐鲁书社等十余家。本库所采纸版底本多半为近期精校本，质量较高，且原书图像清晰，对照阅读方便；可惜目前所收古籍有限（远不及"雕龙"）。本书此库简称"中华古籍"，各书底本信息见"（二）主要纸本文献"中加 * 者。

数据库均为清华大学图书馆提供。本书写作时根据自己对图书馆当时资源的熟悉程度，以《四部丛刊》为主（特别是子、集部文献），《四库全书》为辅（主要是史书、类书和通书）；后期重点采用了"中华古籍"和"雕龙"两个库，其中"雕龙"主要检索的是《四部备要》所收图书〔库称《续四部丛刊》，即中华书局1920—1936年排印本，故表中库名称"雕龙（备要）"〕及一部分《四库全书》，《中华古籍》检索的多为现代新校版古籍，但数量有限。

检索日期：截止到2020年6月30日。

表16详列本书所用古籍的全名、简称及来源数据库。注意：（1）下页表及本书各表古籍入经、史、子、集方式与《四库全书》《四

部丛刊》或《四部备要》可能有别。《大戴礼记》虽不在传统十三经之列,本书各处归入经部;《困学纪闻》《日知录》《十驾斋养新录》《挈经室集》等小学和注疏解经类著作通常放入子部,本表放入经部,因为解经特点明显;《韩诗外传》《春秋繁露》等通常放入经部,本表放入子部,因为更多反映作者本人思想;《校雠通义》通常入史部,本表因其小学性质入经部。(2)史部放在集部后面,因集部所选内容与诸子相近。从撰书年代看,诸子及集部许多内容均早于史部。(3)《二程集》《近思录》《宋元学案》《明儒学案》列入子部,是考虑它们反映学者思想。(4)单列"政论"类,是考虑本书性质。类书、通书单列。(5)经、子古籍名称后以括弧方式加"注""传""笺"等者,表明该古籍带古人注解。如引用文献时带以括弧后加"注""传""笺"等,则表明所引或所统计数据包括古人注解文字,否则不包括。比如表6显示"治法"一词在"礼记(注)"中出现1次,则当指郑玄注文字,而《礼记》经文中未出现。

表16　古籍简称及电子数据库

类	简称	作者	原名	数据库
经部,含传、注、疏及小学	九经古义	惠栋	九经古义	四库全书
	周易(注)	王弼	周易(王弼韩康伯注)	四部丛刊
	周易注疏	孔颖达	周易正义(王弼韩康伯注孔颖达疏)	雕龙[备要]
	周易口义	胡瑗	周易口义	四库全书
	增补郑氏易	惠栋	增补郑氏周易	四库全书
	周易述	惠栋	周易述	四库全书
	易汉学	惠栋	易汉学	四库全书
	易例	惠栋	易例	四库全书
	尚书(传)		尚书([伪]孔安国传)	四部丛刊
	尚书正义	孔安国孔颖达	尚书正义([伪]孔安国传孔颖达疏)	中华古籍
	尚书大传	伏生	尚书大传(郑玄注陈寿祺辑校)*	四部丛刊

---

* 本书引《尚书大传》,除非特别注明,皆依陈寿祺辑本,此本晚出更精。

类	简称	作者	原名	数据库
经部，含传、注、疏及小学	尚书大传	伏生	尚书大传（孙之骥辑校）	四库全书
	书经集传	蔡沈	书经集传	四库全书
	书经衷论	张英	书经衷论	四库全书
	洪范口义	胡瑗	洪范口义	四库全书
	尚书疏证	阎若璩	尚书古文疏证	四库全书
	诗		毛诗（毛亨传郑玄笺）	四部丛刊
	毛诗（笺）		毛诗（毛亨传郑玄笺）	四部丛刊
	毛诗注疏	孔颖达陆德明等	毛诗注疏（毛亨传郑玄笺孔颖达疏陆德明音义）	四库全书
	周礼（注）		周礼（郑玄注）	四部丛刊
	周礼注疏	郑玄贾公彦	周礼注疏（郑注贾疏）	中华古籍
	周礼删翼	王志长	周礼注疏删翼	四库全书
	周礼正义	孙诒让	周礼正义	中华古籍
	仪礼（注）		仪礼（郑玄注）	四部丛刊
	礼记（注）	戴圣	纂图互注礼记（郑玄注）	四部丛刊
	礼记注疏	郑玄孔颖达	礼记注疏	四库全书
	大戴礼记	戴德	大戴礼记	四部丛刊
	左传（注）	左丘明	春秋经传集解（杜预注）	四部丛刊
	公羊传（注）	公羊高	春秋公羊经传解诂（何休注）	四部丛刊
	穀梁传（集解）	穀梁赤	春秋穀梁传（范宁集解）	四部丛刊
	左传补注	惠栋	惠氏春秋左传补注	四库全书
	叶氏春秋传	叶梦得	叶氏春秋传	四库全书
	论语		论语（何晏集解）	四部丛刊
	论语学案	刘宗周	论语学案	四库全书
	孟子（注）	孟轲	孟子（赵岐注）	四部丛刊
	孟子正义	焦循	孟子正义	中华古籍
	四书集注	朱熹	四书章句集注	中华古籍
	日讲四书	康熙御定	日讲四书解义	四库全书
	四书释地	阎若璩	四书释地	四库全书
	经典释文	陆德明	经典释文	四部丛刊

类	简称	作者	原名	数据库
经部，含传、注、疏及小学	潜邱札记	阎若璩	潜邱札记	四库全书
	经义述闻	王引之	经义述闻	中华古籍
	经义考	朱彝尊	经义考	四库全书
	困学纪闻	王应麟	困学纪闻	四库全书
	玉篇	顾野王编陈彭年重修	玉篇	四部丛刊
	类篇	司马光	类篇	四库全书
	韵会	黄公绍原编熊忠举要	古今韵会举要	四库全书
	正韵	乐韶凤等	洪武正韵	四库全书
	广韵	陈彭年等	大宋重修广韵（原本为景海盐张氏涉园藏宋刊巾箱本）	四部丛刊
	集韵	丁度等	集韵（底本为栋亭五种本）	雕龙［备要］
	方言疏证	戴震	方言疏证	雕龙［备要］
	说文解字注	戴震	说文解字注	雕龙［备要］
	六书音韵表	戴震	六书音韵表	雕龙［备要］
	广雅疏证	王念孙	广雅疏证	雕龙［备要］
	十驾养新录	钱大昕	十驾斋养新录	雕龙［备要］
	校雠通义	章学诚	校雠通义	雕龙［备要］
	日知录	顾炎武	日知录集释（黄汝成集释）	四库全书
	揅经室集	阮元	揅经室集	四部丛刊
子部	老子	老子	老子道德经（河上公章句）	四部丛刊
	庄子	庄周	南华真经（郭象注）	四部丛刊
	墨子	墨子	墨子	四部丛刊
	孔子家语		孔子家语（王肃注）	四部丛刊
	管子		管子（房玄龄注）	四部丛刊
	鹖冠子		鹖冠子（陆佃解）	四部丛刊
	吕氏春秋	吕不韦	吕氏春秋（高诱注）	四部丛刊
	晏子春秋		晏子春秋	四部丛刊
	慎子	慎到	慎子（附逸文）	四部丛刊
	文子	辛钘	文子	四库全书
	尹文子	尹文子	尹文子	四部丛刊
	孔丛子	孔鲋	孔丛子	四部丛刊

类	简称	作者	原名	数据库
子部	六韬		六韬	四部丛刊
	荀子	荀况	荀子（杨倞注）	四部丛刊
	韩非子	韩非	韩非子（阙名注）	四部丛刊
	韩非子集解	王先慎	韩非子集解	中华古籍
	商君书	商鞅	商子	四部丛刊
	孙子	孙武	孙子集注	四部丛刊
	淮南子	刘安	淮南子（许慎注）	四部丛刊
	韩诗外传	韩婴	韩诗外传	四部丛刊
	春秋繁露	董仲舒	春秋繁露	四部丛刊
	太玄经	扬雄*	太玄经（范望注）	四部丛刊
	新序	刘向	新序	四部丛刊
	盐铁论	桓宽	盐铁论	四部丛刊
	说苑	刘向	刘向	四部丛刊
	申鉴	荀悦	申鉴（黄省曾注）	四部丛刊
	风俗通义	应劭	风俗通义	四部丛刊
	新书	贾谊	新书	四部丛刊
	新语	陆贾	新语	四部丛刊
	论衡	王充	论衡	四部丛刊
	潜夫论	王符	潜夫论	四部丛刊
	傅子	傅玄	傅子	四库全书
	白虎通	班固	白虎通德论	四部丛刊
	法言	扬雄	扬子法言	四部丛刊
	中论	徐干	徐干中论	四部丛刊
	新论	桓谭	新辑本桓谭新论（朱谦之校辑）	中华古籍
	颜氏家训	颜之推	颜氏家训	四部丛刊
	世说新语	刘义庆	世说新语（刘孝标注）	四部丛刊
	中说	王通	文中子中说（阮逸注）	四部丛刊
	长短经	赵蕤	长短经	四库全书

* 扬雄，或作杨雄。古籍中常不统一，本书一律写作扬雄。

类	简称	作者	原名	数据库
子部	皇极经世书	邵雍	皇极经世书	雕龙［备要］
	张子全书	张载	张子全书	四库全书
	二程集	程颢程颐	二程集	中华古籍
	近思录	朱熹吕祖谦	近思录（叶采集解本）	四库全书
	朱子语类	朱熹	朱子语类	四库全书
	王文成全书	王阳明	王文成公全书	四部丛刊
	读书录	薛瑄	读书录	四库全书
	文史通义	章学诚	文史通义校注（叶瑛校注）	中华古籍
	宋元学案	黄宗羲全祖望	宋元学案	中华古籍
	明儒学案	黄宗羲	明儒学案	四库全书
集部	楚辞	屈原	楚辞（王逸章句洪兴祖补注）	四部丛刊
	楚辞集注	朱熹	楚辞集注（王逸章句洪兴祖补注朱熹集注）	中华古籍
	文选	萧统	六臣注文选	四部丛刊
	昭明太子集	萧统	梁昭明太子文集	四部丛刊
	曹子建集	曹植	曹子建集	四部丛刊
	嵇中散集	嵇康	嵇中散集	四部丛刊
	陆士衡文集	陆机	陆士衡文集	四部丛刊
	陆士龙文集	陆云	陆士龙文集	四部丛刊
	江文通集	江淹	江文通集汇注（胡之骥注）	中华古籍
	王右丞集	王维	须溪先生校本唐王右丞集	四部丛刊
	孟浩然集	孟浩然	孟浩然集	四部丛刊
	白氏长庆集	白居易	白氏长庆集	四部丛刊
	刘禹锡集	刘禹锡	刘禹锡集	中华古籍
	李义山文集	李商隐	李义山文集	四部丛刊
	李文公集	李翱	李文公集	四部丛刊
	范文正公集	范仲淹	范文正公集	四部丛刊
	包拯奏议集	包拯	包孝肃奏议集	四库全书
	栾城集	苏辙	栾城集（郎晔注）	四部丛刊
	演山集	黄裳	演山集	四库全书
	伊川击壤集	邵雍	伊川击壤集	四部丛刊

类	简称	作者	原名	数据库
集部	吴都文粹	郑虎臣	吴都文粹	四库全书
	姜斋诗文集	王夫之	姜斋诗文集	四部丛刊
	亭林诗文集	顾炎武	亭林诗文集（孙毓修校补）	四部丛刊
	南雷集	黄宗羲	南雷集（黄百家附录）	四部丛刊
	鲒埼亭集	全祖望	鲒埼亭集	四部丛刊
	见素集	林俊	见素集	四库全书
	逊志斋集	方孝孺	逊志斋集	四部丛刊
	戴东原集	戴震	戴东原集	四部丛刊
	抱经堂文集	卢文弨	抱经堂文集	四部丛刊
	潜研堂文集	钱大昕	潜研堂文集	四部丛刊
	定盦文集	龚自珍	定盦文集（吴氏刊本）	四部丛刊
	陶渊明集	陶渊明	笺注陶渊明集	四部丛刊
	陆贽集	陆贽	陆宣公翰苑集	四部丛刊
	初唐四杰集	王勃等	初唐四杰集	雕龙［备要］
	李太白全集	李白	李太白全集（王琦注）	中华古籍
	杜工部集	杜甫	杜工部集	雕龙［备要］
	李义山文集	李商隐	李义山文集	四库全书
	韩愈集	韩愈	朱文公校昌黎先生集	四部丛刊
	柳宗元集	柳宗元	增广注释音辨唐柳先生集（童宗说注释）	四部丛刊
	孙明复小集	孙复	孙明复小集	四库全书
	徂徕集	石介	徂徕集	四库全书
	司马光文集	司马光	温国文正司马公文集	四部丛刊
	临川文集	王安石	临川先生文集	四部丛刊
	欧阳修文集	欧阳修	欧阳文忠公文集	四部丛刊
	李觏文集	李觏	直讲李先生文集	四部丛刊
	东坡七集*	苏轼	东坡七集	雕龙［备要］

---

* 《东坡七集》与《东坡全集》内容大体相同，均能反映东坡用法，因笔者在不同时期用书不同故两存之，每一术语凡用《七集》则不用《全集》，反之亦然。

类	简称	作者	原名	数据库
集部	东坡全集	苏轼	东坡全集	四库全书
	元丰类稿	曾巩	南丰先生元丰类稿	四部丛刊
	朱子文集	朱熹	晦庵先生朱文公文集	四部丛刊
	真德秀文集	真德秀	西山先生真文忠公文集	四部丛刊
	龙川集	陈亮	龙川集	四库全书
	洺水集	程珌	洺水集	四库全书
	象山全集	陆九渊	象山先生全集	四部丛刊
	水心文集	叶适	水心先生文集	四部丛刊
	方望溪全集	方苞	方望溪先生全集	四部丛刊
	洪亮吉集	洪亮吉	洪亮吉集	中华古籍
	魏源集	魏源	魏源集	中华古籍
	曾国藩集	曾国藩	曾文正公诗文集	四部丛刊
	惜抱轩集	姚鼐	惜抱轩诗文集	四部丛刊
	古文辞类纂	姚鼐	古文辞类纂	雕龙［备要］
史部	国语		国语（韦昭注）	四部丛刊
	战国策	刘向	战国策校注（鲍彪原注吴师道补正）	四库全书
	史记	司马迁	史记（裴骃集解司马贞索隐张守节正义）	四库全书
	汉书	班固	前汉书（颜师古注）	四库全书
	后汉书	范晔	后汉书（章怀太子贤注）	四库全书
	前汉纪	荀悦	前汉纪	四库全书
	后汉纪	袁宏	后汉纪	四库全书
	三国志	陈寿	三国志（裴松之注）	四库全书
	晋书	房乔等	晋书	四库全书
	宋书	沈约	宋史	四库全书
	南齐书	萧子显	南齐书	四库全书
	北齐书	李百药	北齐书	四库全书
	梁书	姚思廉	梁书	四库全书

类	简称	作者	原名	数据库
史部	陈书	姚思廉	陈书	四库全书
	魏书	魏收	魏书	四库全书
	周书	令狐德棻等	周书	四库全书
	南史	李延寿	北史	四库全书
	北史	李延寿	南史	四库全书
	隋书	魏征等	隋书	四库全书
	旧唐书	刘昫	旧唐书	四库全书
	新唐书	欧阳修宋祁等	新唐书	四库全书
	旧五代史	薛居正等	旧五代史	四库全书
	新五代史	欧阳修	新五代史（徐无党注）	四库全书
	宋史	托克托等	宋史	四库全书
	辽史	托克托等	辽史	四库全书
	金史	托克托等	金史	四库全书
	元史	宋濂等	元史	四库全书
	明史	张廷玉等	明史	四库全书
	清史稿	赵尔巽等	清史稿	中华古籍
	嘉庆一统志		嘉庆重修一统志	四部丛刊
	资治通鉴	司马光	资治通鉴	四部丛刊
	资治通鉴外纪	刘恕	资治通鉴外纪	四部丛刊
	续资治通鉴	毕沅	续资治通鉴	中华古籍
	唐才子传	辛文房	唐才子传	四库全书
政书	群书治要	魏征等	群书治要	四部丛刊
	贞观政要	吴兢	贞观政要（戈直集论）	四库全书
	名臣言行录	朱熹/李幼武	宋名臣言行录	四库全书
	读通鉴论	王夫之	读通鉴论	中华古籍
	宋论	王夫之	宋论	中华古籍
	郡国利病书	顾炎武	天下郡国利病书	四部丛刊
	明夷待访录	黄宗羲	明夷待访录	中华古籍
	皇朝经世文	魏源	皇朝经世文编	中华古籍

类	简称	作者	原名	数据库
通书	通典	杜佑	通典	四库全书
	通志	郑樵	通志	四库全书
	文献通考	马端临	文献通考	四库全书
	皇朝通考	乾隆	皇朝文献通考	四库全书
类书	初学记	徐坚	初学记	四库全书
	北堂书钞	虞世南	北堂书钞	四库全书
	白孔六帖	白居易	白孔六帖	四库全书
	艺文类聚	李昉等	艺文类聚	四库全书
	太平御览	李昉等	太平御览	四库全书
	册府元龟	王钦若等	册府元龟	四库全书
	文苑英华	李昉等	文苑英华	四库全书
	太平广记	李昉等	太平广记	四库全书

（二）主要纸本文献

因所用古籍数量较多，为便于校对，纸本古籍主要依赖三个大的、与前述电子数据库所用底本完全一致的古籍丛书（即《四库全书》《四部丛刊》和《四部备要》之影像版）。具体每本古籍所采自何丛书，见表16。凡出自上述三套丛书的古籍引用时不注页码，但尽可能详列卷、章、题名等信息。很多文献的纸质本今天已有较好的精校本，但本书在采用古籍方面力求与电子版数据库一致，故而没有利用。凡是上述三大丛书之外的纸版图书引用时尽量注明页码。下面凡本书检索用到的"中华经典古籍库"（中华书局主办）所采用版本，皆在作者名右上角加 * 号。有个别文献，如黄宗羲《明夷待访录》等出现两次，其中一本作者后加 * 号，是校对用底本。以下所列只是一部分主要文献，并非全部。

毕沅*,《续资治通鉴》(全十二册),"标点续资治通鉴小组"校点,
　　北京:中华书局,1957 年(1999 年 8 刷);

陈彭年,《钜宋广韵》,上海,上海古籍出版社,2017 年;

程颢、程颐*,《二程集》(全二册),王孝鱼点校,北京:中华书局,
　　2004 年第 2 版;

程洁,《治道与治权:中国宪法的制度分析》,北京:法律出版社,
　　2015 年;

戴望,《管子校正》,见《诸子集成》第 5 册,上海:上海书店出版
　　社,1986 年版;

窦文宇、窦勇,《汉字字源:当代新说文解字》,长春:吉林文史出版
　　社,2005 年;

杜预注、孔颖达疏,《春秋左传正义》,见阮元校刻,《十三经注疏》
　　(影印本),1980 年;

段玉裁,《说文解字注》,上海:上海古籍出版社,1988 年第 2 版;

高亨,《商君书注译》,北京:中华书局,1974 年;

谷衍奎,《汉字源流字典》,北京:华夏出版社,2003 年;

桂馥,《说文解字义证》,济南:齐鲁书社,1987 年;

郭沫若,《管子集校》(一),见郭沫若著作编辑出版委员会编,《郭沫
　　若全集·历史编第五卷》,北京:人民出版社,1984 年;

郭沫若,《管子集校》(三),见郭沫若著作编辑出版委员会编,《郭沫
　　若全集·历史编第七卷》,北京,人民出版社,1984 年;

郭璞注、邢昺疏,《尔雅注疏》,见阮元校刻,《十三经注疏》,1980 年;

郭忠恕编,《汗简》北京:中华书局,1983 年;

哈耶克,《法律、立法与自由》(第二、三卷),邓正来、张守东、李
　　静冰译,北京:中国大百科全书出版社,2000 年;

汉语大字典编辑委员会编,《汉语大字典》(缩印本),武汉:湖北辞
　　书出版社 / 四川辞书出版社,1992 年;

何宁,《淮南子集释》,北京:中华书局,1998 年(2011 年 4 刷)

河北省文物研究所，"定州西汉中山怀王墓竹简《文子》释文"，《文物》，1995 年第 12 期，第 27—34 页；

洪亮吉*，《洪亮吉集》（全五册），刘德权点校，北京：中华书局，2001 年（2011 年重印）

桓宽，《盐铁论》，载《诸子集成》第 8 册，上海：上海书店出版社，1986 年；

桓谭*，《新辑本桓谭新论》，朱谦之校辑，北京：中华书局，2009 年；

皇侃*，《论语义疏》，高尚榘校点，北京：中华书局，2013 年。

皇侃，《论语集解义疏》（卷四），见王云五主编，《丛书集成初编》，全四册，上海：上海商务印书馆，1937 年；

黄德宽主编，《古文字谱系疏证》（全四册），北京：商务印书馆，2007 年；

黄怀信主撰，《论语汇校集释》（全二册），上海：上海古籍出版社，2008 年；

黄宗羲*，《明夷待访录》，何朝晖点校，南京：凤凰出版社，2017 年；

黄宗羲，《明夷待访录》，见吴光主编，《黄宗羲全集》第 1 册，杭州：浙江古籍出版社，2012 年；

黄宗羲原撰*，全祖望补修，《宋元学案》（全四册），陈金生、梁运华点校，北京：中华书局，1986 年；

黄宗羲，《明儒学案》（全二册，修订本），沈芝盈点校，北京：中华书局，1985 年（2015 年 7 刷）；

江淹*，《江文通集汇注》，胡之骥注，李长路、赵威点校，北京：中华书局，2006 年；

焦循*，《孟子正义》，沈文倬点校，北京：中华书局，1987 年（2011 年重印）；

孔安国传、孔颖达疏*，《尚书正义》，见阮元校刻，《十三经注疏》（影印本），2009 年；

黎红雷，《为万世开太平——中国传统治道研究引论》，《云南大学学报》社会科学版，2007 年第 6 期，第 36—45 页；

黎靖德编，《朱子语类》（全八册），王星贤点校，北京：中华书局，
1994 年；

李白*，《李太白全集》（全三册），［清］王琦注，北京：中华书局，
1977 年（2010 年 11 刷）；

李轨注，《法言》，见《诸子集成》第 7 册，上海，上海书店出版社，
1986 年；

李圃主编，《古文字诂林》（第三册），上海：上海教育出版社，
2001 年；

李守奎等编著，《上海博物馆藏战国楚竹简（一——五）文字编》，北
京：作家出版社，2007 年；

李学勤主编，《字源》（上中下），天津：天津古籍出版社，沈阳：辽
宁人民出版社，2012 年；

里耶秦简博物馆、出土文献与中国古代文明研究协同创新中心中国人
民大学中心编著，《里耶秦简博物馆藏秦简》，上海：中西书局，
2016 年；

梁启超，《管子评传》，见《诸子集成》第 5 册，上海：上海书店出版
社，1986 年；

梁启超，《中国法理学发达史论》，见梁启超著，《饮冰室合集》（典藏
本，全四十册）第五册《文集》，北京：中华书局，2015 年，第
1311—1364 页；

刘安撰，高诱注，《淮南子注》，见《诸子集成》第 7 册，上海：上海
书店出版社，1986 年；

刘宝楠，《论语正义》（全二册），高流水点校，北京：中华书局，
1990 年（2009 年 5 刷）；

刘禹锡*，《刘禹锡集》，《刘禹锡集》整理组，卞孝萱校订，北京：中
华书局，1990 年；

刘钊主编，《新甲骨文编》（增订本），福州：福建人民出版社，2014

年，第 816 页；

陆德明，《经典释文》，北京：中华书局，1983 年；

罗仲祥，《简本〈文子〉散论》，《毕节学院学报》，2009 年第 6 期，第
　　55—59 页；

罗竹凤主编，《汉语大词典》第 4 卷，上海：汉语大词典出版社，
　　1989 年；

毛亨传、郑玄笺，《毛诗正义》，见阮元校刻，《十三经注疏》（影印
　　本），1980 年；

闵齐伋辑，［清］毕弘述篆订，《订正六书通》，上海：上海古籍书店，
　　1981 年；

牟宗三，《历史哲学》（增订八版），台北：台湾学生书局，1984 年；

牟宗三，《政道与治道》（增订新本），台北：台湾学生书局，1987 年；

任锋，"中国政学传统中的治体论：基于历史脉络的考察"，《学海》，
　　2017 年第 5 期；

任锋，《立国思想家与治体代兴》，北京：中国社会科学出版社，
　　2019 年；

容庚，《金文续编》，上海：上海书店出版社，2000 年；

容庚编，张振林、马国权摹补，《金文编》，北京：中华书局影印，
　　1985 年；

阮元校刻 *，《十三经注疏清嘉庆刊本》（全五册），北京：中华书局，
　　2009 年（2013 年 3 刷）；

阮元校刻，《十三经注疏》（全二册，影印本），北京，中华书局，
　　1980 年；

孙刚编纂，《齐文字编》，福州：福建人民出版社，2010 年；

孙诒让 *，《周礼正义》（全十册），汪少华整理，北京：中华书局，
　　2015 年；

孙诒让，《周礼正义》（全十四册），王文锦、陈义霞点校，北京，中
　　华书局，1987 年（2000 年重印）；

孙诒让,《墨子间诂》（全二册），孙启治点校，北京：中华书局 2001 年；

汤余惠编,《战国文字编》（修订本），福州：福建人民出版社, 2015 年；

王弼、韩康伯注，孔颖达疏,《周易正义》，见阮元校刻,《十三经注疏》（影印本），1980 年；

王夫之 *,《读通鉴论》，舒士彦点校，北京：中华书局，1975 年（2002 年 5 刷）；

王夫之 *,《宋论》，舒士彦点校，北京：中华书局，1964 年（2003 年 4 刷）；

王辉,《秦文字编》（全四册），北京：中华书局，2015 年（2017 年 2 刷）；

王念孙,《读书杂志》，南京：江苏古籍出版社，1985 年；

王绍光主编,《理想政治秩序：中西古今的探求》，北京：生活·读书·新知三联书店，2012 年；

王叔岷,《先秦道法思想讲稿》，北京：中华书局，2007 年；

王先谦,《荀子集解》，沈啸寰、王星贤点校，北京：中华书局，1988 年（2011 年 4 刷）；

王先慎 *,《韩非子集解》，北京：中华书局，1998 年（2011 年 7 刷）；

王引之 *,《经义述闻》，钱文忠等整理，上海：上海书店出版社, 2012 年；

王引之,《经义述闻》，南京：江苏古籍出版社，2000 年；

魏源 *,《皇朝经世文编》，魏源全集编辑委员会编校，长沙：岳麓书社，2004 年；

魏源 *,《魏源集》，中华书局编辑部，北京：中华书局，2009 年；

吴大澂,《说文古籀补》，北京：中华书局，1988 年；

夏竦编,《古文四声韵》，北京：中华书局，1983 年；

徐锴,《说文解字系传》，北京：中华书局，1987 年（1998 年 2 刷）；

徐元诰撰，《国语》，王树民、沈长云点校，北京：中华书局，2002 年；

许慎，《说文解字》（附检字），北京：中华书局，1963 年（1978 年 4
　　刷）（以同治十二年陈昌治所刻之本为底本，陈刻本所据为孙星
　　衍嘉庆十四年复刻宋本）。本书引时简称《说文》；

杨朝明、宋立林主编，《孔子家语通解》，济南：齐鲁书社，2013 年；

杨琪，《〈贞观政要〉治道研究》，成都：巴蜀书社，2011 年；

杨树达，《积微居小学述林全编》（全二册），上海：上海古籍出版社，
　　2013 年；

扬雄撰，司马光集注，《太玄集注》，刘韶军点校，北京：中华书局，
　　1998 年（2011 年 6 刷）；

姚萱，《殷墟花园庄东地甲骨卜辞的初步研究》，北京：线装书局，
　　2006 年；

于省吾，《双剑誃群经新证双剑誃诸子新证》，上海：上海书店出版
　　社，1999 年；

俞樾，《春在堂全书》（第一册），南京：凤凰出版社，2010 年；

张栻，《张栻集》（全五册），杨世文点校，北京：中华书局，2015 年；

张显成主编，《秦简逐字索引》（增订本，全二册），成都：四川大学
　　出版社，2014 年；

章学诚[*]，《文史通义校注》，叶瑛校注，北京：中华书局，1985 年；

赵尔巽等[*]，《清史稿》，北京：中华书局，1977 年（2003 年 6 刷）；

郑玄注、孔颖达疏，《礼记正义》，见阮元校刻，《十三经注疏》，
　　1980 年；

中国社会科学院考古所编，《甲骨文编》（考古学专刊乙种第十四号），
　　北京：中华书局，1965 年；

朱骏声，《说文通训定声》（影印本），北京：中华书局，1984 年；

朱熹[*]，《四书章句集注》，北京：中华书局，1983 年（2010 年 15 刷）；

朱熹[*]，《楚辞集注》，王逸章句，洪兴祖补注，朱熹集注，夏剑钦等
　　点校，长沙：岳麓书社，2013 年；

朱熹,《朱子全书》（修订本）, 朱杰人、严佐之、朱永翔主编, 共 27 册, 上海: 上海古籍出版社, 2010 年第 2 版;

Chang Hao, "The Intellectual heritage of the Confucian ideal of Ching-shih", in Tu Wei-ming, ed., *Confucian Traditions in East Asian Modernity*, Cambridge, Mass.: Harvard University Press, 1996, pp.72-91 (中文版本见张灏著, 苏鹏辉译:《儒家经世理念的思想传统》, 见《政治思想史》[天津], 2013 年第 3 期).

后 记

　　本书是电子化时代大量利用电子文献检索功能从事学术研究的一个尝试。这样做可行吗？本人战战兢兢，诚惶诚恐。本书在某种意义上有资料汇编和工具书的性质。如果有人发现拙著检索有重要遗漏或重大误差，也许证明本书的研究方式是错误的。不过，随着电子化时代的到来，利用电子文献做远甚于本书的、更大规模的学术概念研究也许势在必行。我最大的担心是文本问题，错误、讹变时有；其次是检索问题，遗漏、异义难免。

　　目前国内外古籍电子版本越来越多，质量也大幅提升。电子版古籍对于学者来说始终有这样的问题：不得不用，又不能全信。本书要对古人术语用法在大量古籍中进行全面统计分析，不得不依赖电子版检索。虽然我所用的电子版都以影像版为准，核对了不少纸本，并常在几个不同版本之间相互参照，但不能保证不出问题。此外，我在使用各种古籍的过程中，有意忽略了有些古籍可能存在版本不是最佳，甚至不确定真伪的情形，这主要是由于电子检索只能依据目前所能看到的最佳影印本。对于有些古籍可能是伪书的情况，相信读者自能鉴别。在书稿主体部分完成之际，我才发现《中华经典古籍库》《雕龙中日古籍全文资料库》等若干数据库或汇集了更好的版本，或涵盖了更多材料，虽尽可能多地采用了其中一部分内容，但因书稿已近完成，采用量仍有限（除《四部备要》采用《雕龙》外，《四库全书》文献亦常以《雕龙》或《中华古籍》影像本参校）。总之，在电子化到来的时代，学习使用电子检索手段已势在必行，但如何避免由于电子化带来的版本混乱、质量低下等问题也是一件棘手的事。非常希望看到同行、专家、学者对本书在引用文献中所出现的问题提出宝贵意见。

　　本书的出版得力于常绍民副总编及张龙编辑的大力支持，本书的索引由周秦汉制作。正式出版前又由易冬冬、曲祯明、周秦汉、王新榕、郭云鹏五人以分工方式对全书引文进行了一次通校。在此一并深致谢意！

方朝晖

2021 年 8 月 4 日星期三于清华园

索 引

【说明】考虑本书性质，本索引仅限人名和书名。一人多名，索引中只用一名。